대구고등학교 출신 문인들의 대표작품과 신작

다시 봄날의 계단에서

계단문학동인회

모악

『다시 봄날의 계단에서』는 대구고등학교 출신 문인들의 작품집이다. 67년의 전통과 역사를 가진 대구고등학교는 한국문단의 흐름 속에서 나름의 몫을 해오고 있는 시인, 소설가, 평론가, 수필가 등 50여 명의 문인을 배출하였다.

이런 문학적 역량을 키울 수 있었던 것은 대고인이 가진 기질적 저력과 '계단문학동인회'를 중심으로 선후배가 함께 호흡하는 진정한 벗이며 울고 웃는 안내자로서 창작의 기운을 북돋아 온 열정과 애정 때문이라고 생각한다.

이 책은 신동익(8회) 동문을 비롯한 여러 선후배들의 재정적 도움으로 발간됐다. 이러한 후원을 우리는 문학을 아끼고 사랑하는 따뜻한 마음으로 여기며 기껍고 자랑스럽게 받아들인다.

책을 내면서

다시 만나는 청춘의 문장들

　대구고등학교에서 문학의 불씨를 지폈던 사람들이 또 한 번 모였다. 세월은 흘렀지만, 마음 한켠에서 여전히 꺼지지 않은 그 불빛이 우리를 다시 한자리에 불러 모은 것이다. 문학이라는 이름으로 함께했던 시절의 기억, 그 젊은 날의 꿈과 시행착오, 그리고 벅찬 희망들이 다시금 우리 안에서 되살아난다.

　'계단문학동인회'는 단순한 동아리를 넘어선, 한 세대의 정신이자 우리 청춘의 상징이었다. 그 시절 우리는 교정의 바람 속에서도 시를 쓰고, 토론하며, 문학으로 세상을 이해했다. 누군가는 시인이 되었고, 누군가는 영화감독이나 평론가로, 또 누군가는 삶의 다른 현장에서 여전히 문학의 감각으로 세상을 바라보며 살아왔다. 문인수, 이하석, 이창동, 송재학, 오정국, 이인화…… 그 이름들은 여전히 우리 곁에 머물며, 계단을 함께 오르던 친구들의 열정과 꿈을 증언하고 있다.

　'계단'이라는 이름은 오르막의 상징이자 우리 삶의 은유였다. 그곳은 젊음의 숨결이 닿아 있던 문학의 계단이었고, 세상과 맞서는 언어의 학교였다. 문학청년의 열정이 펄펄 끓던 용광로처럼 우리 몸 안에 불길을 지피고 있었다는 사실을 되짚어보는 일은 문학과 함께 고민하며 살아온 우리 모두에게 서늘한 감동과 기쁨을 안겨주는 일이다.

그 시절의 교정은 늘 문학의 온기로 가득했다. 수업보다 더 중요했던 것은 한 편의 시, 한 줄의 문장이었고, 밤늦도록 문예반실에 모여 앉아 서로의 글을 읽고 비평하던 시간이었다. 우리는 시를 통해 세상을 배우고, 글을 통해 자신을 닦았다. 그 치열했던 열정의 시간들이 지금의 우리를 만들었다.

이제는 모두 다른 길을 걷고 있지만, 문학의 뿌리는 여전히 우리 안에 깊게 남아 있다. 문학은 단지 젊은 날의 취미가 아니었다. 그것은 우리 삶의 태도였고, 세계를 견디는 방식이었다. 그렇기에 이번 문집을 다시 엮으며, 우리는 그 시절의 언어와 마음을 다시 꺼내본다. 한 생애에 가장 빛나는 청춘의 시간을 다 바쳤던 문학의 샘터에서, 문학에 대한 열정과 용기로 굳세었던 황금시대, 화려했던 그 시절의 아름다운 날들을 위하여,
피 끓는 청춘의 노래를 다시 한 번 소리쳐 불러본다.

오늘의 문집은 단지 과거의 회상이 아니라, 여전히 현재진행형으로 흐르는 우리의 문학이다. 그 불씨가 또 다른 세대를 비추고, 다시금 계단을 오를 누군가의 심장에 닿기를 바란다. 문학으로 엮였던 그 시절의 우정과 열정이 이 책 속에서 다시 살아 숨 쉬길 바라며, 모든 동문들과 선후배, 그리고 문학을 사랑한 이들에게 감사의 마음을 전한다.

자문위원·이채형 이하석 서지원 서상홍 신동익 오정국
편집위원·김상윤 박상봉 노기준 서성수 김상기
심영덕 김재덕 신영곤 김영태 이인화 신종연

추천의 글

한국문학과 세계예술을 이끌어가는 큰 산맥으로 우뚝 서기를

문학을 통한 만남과 대화만큼 흥미롭고 의미 있는 일은 드물다. 특히 문학은 단순히 글을 쓰는 행위에 그치지 않고, 생각을 다듬고 본질을 성찰하게 하는 힘을 지닌다. 시와 소설, 수필은 저마다의 빛깔로 세상을 비추어주며, 그 과정에서 우리는 인간과 삶의 참모습을 새삼 깨닫게 된다. 나는 이번에 동문 문인들이 펴낸 이 작품집을 접하면서, 다시 한 번 문학이 주는 고귀한 울림을 느꼈다. 이 책은 단순한 작품 모음이 아니라, 세월 속에서 쌓아온 대구고등학교 문학의 전통과 정신을 집약한 산물이다.

사실 그동안 대구고등학교는 한국 문학사 속에서 남다른 자취를 남겨왔다. 이미 잘 알려진 바와 같이, 수많은 동문 선배들이 시인과 소설가, 평론가, 영화감독으로 활동하며 문학과 예술의 영역을 확장해왔다. 특히 주목할 점은 세계적인 명감독이자 문화부장관을 역임한 이창동 감독이 바로 대구고 문예부 출신이라는 사실이다. 그는 소설가로 출발해 영화감독으로 세계무대의 주목을 받았고, 한국 예술의 저력을 전 세계에 알린 인물이 되었다. 문인수, 이하석, 이창동, 송재학, 오정국, 이인화 등 누구나 알만한 한국문학의 독보적이고 빼어난 문인들이 자라난 대구고 문학의 토양은 국내를 넘어 세계적 수준의 창작자를 길러냈다.

최근 한강 작가가 한국인 최초로 노벨문학상을 수상하며 한국 문학이 새로운 지평을 열었다. 이는 한 개인의 영광을 넘어, 우리 문학 전체가 세계와 소통하고 있다는 증거다. 나는 이 흐름 속에서 대구고등학교 출신 문인들 가운데서도 언젠가 노벨상을 수상하는 인물이 나올 것이라 믿는다. 그만큼 대구고 문학의 전통은 깊고, 그 창작의 힘은 이미 여러 방면에서 증명되어 왔다.

내가 특히 기쁘게 여기는 것은, 이 책이 단지 동문들에게만 의미 있는 것이 아니라는 점이다. 대구고 출신이 아닌 독자라 하더라도, 이 작품집 속에서 문학의 깊은 맛을 만날 수 있으리라 확신한다. 작품 하나하나가 지닌 서정과 사유, 그리고 인간에 대한 따뜻한 시선은, 오늘날 빠르게 변해가는 사회 속에서 우리가 놓치고 있는 근본의 가치를 환기시켜줄 것이다. 문학은 결국 삶을 더 풍요롭게 하고 사람과 사람을 잇는 다리가 되기 때문이다.

대구고등학교는 '문학의 산실'이라 불려도 손색이 없는 전통을 지니고 있다. 오래 전부터 문학 동아리 활동을 통해 시를 배우고, 작품을 발표하며, 함께 토론하는 과정이 끊임없이 이어져 왔다. 그 속에서 수많은 문인들이 배출되었고, 지금도 왕성히 활동하고 있다. 나는 이러한 흐름이 대구고만의 자랑이 아니라, 한국 문학사 전체에서 의미 있는 족적이라고 믿는다. 앞으로도 이 전통은 후배들에게 귀중한 자양분이 될 것이며, 더 많은 문인들이 탄생하는 원천이 될 것이다.

이번 문집 발간은 그래서 더욱 뜻깊다. 여기 실린 작품들은 단지 한 세대의 기록이 아니라, 선후배가 함께 쌓아온 문학의 결실이다. 글을 통해 스스로를 돌아보고, 나아가 사회와 시대에 응답하는 이들의 목소리는 그 자체로 존중받을 가치가 충분하다. 나는 이 책을 통해 독자들이 문학이 지닌 힘을 새삼 확인하고, 동시에 대구고등학교가 간직해온 문화적 전통의 무게를 느끼기를 바란다. 그것이 바로 이 문집이 지닌 가장 큰 의의이자, 필자들이 지향하는 바일 것이다.

마지막으로, 귀한 원고를 내어주신 모든 동문 문인들에게 깊은 감사와 축하를 드린다. 그들의 땀과 열정이 모여 이렇듯 아름다운 결실을 맺게 되었음을 기쁘게 생각한다. 아울러 이 책을 읽게 될 모든 독자들이 문학의 깊은 울림과 참된 기쁨을 맛보기를 바란다. 문학은 언제나 우리를 더 나은 세계로 이끄는 길잡이다. 이 문집이 그 길 위에서 소중한 이정표가 되기를, 그리고 머지않아 대구고등학교 출신 문인 가운데서도 세계를 향한 노벨의 영예를 안는 인물이 나오기를 기대한다. 모쪼록 앞으로도 대구고등학교가 한국 문학과 예술을 이끌어가는 큰 산맥으로 우뚝 서기를 간절히 소망한다.

2026년 새해를 맞으며
대구고등학교 총동창회장 이기홍

| 차례 |

책을 내면서   다시 만나는 청춘의 문장들 3
추천의 글   대구고 총동창회장 이기홍 6

시
  이하석 후포 설화·낙엽 14
  김주완 말없는 것들의 입자·다운로드 17
  신동익 방물장수와 어머니·떠나가는 길 21
  이유환 사월에 내리는 눈·운동화 끈에 푸성귀 핀다 26
  이상규 나의 복수형·선 29
  김세웅 밤 언덕에 올라·그 사람의 초상 31
  박우현 길고양이처럼·끼어들기 34
  배창환 별들의 고향을 다녀오다·구두 한 켤레 36
  이동백 겨울 숲에 돌아오다·수평선에 입맞추다 39
  이종문 그만하면 됐는 기라·함박눈 오시는 날 41
  김호진 숲실마을·실크로드 43
  문상원 세한도·사모곡 45
  송재학 눈사람·밤의 장소 50
  오정국 영구결번의 밤은 없다·침묵의 도서관 53
  김 석 물금역을 지나면서·지다 57
  박종렬 부처 사진 찍기·도쿄 오츠카 공원에서 박태원 선생을 만나다 60
  권영해 쇠똥구리·동백, 지다 63
  김은철 감포 앞바다·바다가 보이는 풍경 66
  김상윤 나의 로맨스·처사김해김공지묘성묘행장 69
  김종갑 고드름·영 74
  김중희 그림 같은 집을 짓고·우리가 예술이다 76

	김헌택	판포리 앞바다에서·흰나비·하얼빈·꽃무릇 82
	허상현	고요한 날의 집 86
	최영일	흑돼지 1·흑돼지 2 89
	김성규	호박잎 91
	박상봉	비파나무악기·앵강 연서 92
	서성수	청주 아지매 사총사·하남집 보은댁 94
	서 담	다시 천년 하늘 빛나는 별이어라 99
	김재덕	어떤 곁에 대한 그리움·오래된 시간 101
	김영태	세월·상념 105
	배동호	강구항·멀리 있을 때 그리운 것은 109
	이창원	그날, 화랑로를 지나다·3월, 정암사에서 보다 113
	여 정	벌레 11호·몇 명의 내가 있는 액자 하나 117
	김사람	전쟁의 계절입니다·시인의 크리스마스 122
수필	전석길	맞춤 돼지국밥 128
	남명희	오금희의 낙 132
	김국현	쉼표의 시간·유리 액자 137
	허상현	지나간 시간, 다가올 시간 143
칼럼	이순락	들어 보세요 '보신탕' 이야기·교단에서의 추억 148
	우동기	노인을 위한 나라는 없다 156
	심영덕	경계 속을 걷는 법 159
평론	김국현	고통의 언어와 문학적 승화 166
	서영환	문학이 음악을 만났을 때 172

최　용　동심적 철학과 시적 균제미 177
여　정　무성의 메아리, 그 울(수 없)음의 풍경학 185

소설
이채형　비약 198
서지원　직파가 쉽다 210
허종구　홧김에 서방질하기와 못 먹는 감 찔러보기 231
이인화　말입술꽃 247
남명희　하보이곶의 이방인 283
이창동　작은 연두빛 새 287
여　정　영 295

문인수 추모특집
이하석　추모시·그대였기에, 우리는 서로 아름다워서 310
　　　　　추모글·새 날아간다, 한 점 시간처럼 313
　　　　　르네쌍스 318
김　석　동시랑 더 놀고 싶다 321
박상봉　홰치는 산에 긴 잠 들다 327
문인수　자전 연보·자화자찬, 나는 348

문학청년 시절의 추억여행
남명희　이 한 권의 책 356
김주완　60년 전, 그 시절의 시 2편, 단편소설 1편 359
김재덕　계단과 성종하 369
신종연　계단문학, 그 시절의 기억 372

시

이하석

후포 설화

> 너를 생각할 때/내가 부활한다.
>
> 김정환의 「혀」

우리 사랑은,
끝내 어디로 구불대는
골목일까?

길인 강이 다다르는
막다른 바다의 깊이일까?

지난 네가 나의 바다를 들고 웃는다.
바깥으로만 너의 바다냐고 내게 묻는다.
나는 강물같이 홍수진 과거를 드러낸다.

우리 사랑은
기어이 그 바다의
바닥을 기는 마침표일까?

아니, 아니,
끝이 겨우, 파도 저린
쉼표일까?

강물이 닿아 퍼덕이는
바다는 어디로 막다를까?

아무것도 없는 게 너무 구체적으로 떠올라 있어서
하늘과 땅을 구분 짓는 수평선.

저 시선으로만의 존재.

끝 모르게
웅웅대는 메아리.

내가 지나온 골목을 돌아보는 것처럼

내가, 너의
강물이 닿아 퍼덕이는
막다른 골목일까?

너는 내 강물이 드는 바다의
해안 바라는 수평선의
이름일까?

이하석

낙엽

내게서도 그대에게서도 낙엽 집니다.

가을엔 지는 사랑도 옳다면

그 가난한 마음 되려 떠받듭니다.

바람에라도 당신 기척이 쏠려 와서,
낙엽같이 내 마음 수북하게 쌓이소서.

그렇게 이 가을이 사랑이라면
우린 서로 구석이 아니지요.

이하석 대구고 7회. 1971년 『현대시학』 추천으로 등단. 시집 『투명한 속』 『김씨의 옆얼굴』 『우리 낯선 사람들』 『연애 간(間)』 『천둥의 뿌리』 『기억의 미래』, 서사 시집 『해월 길노래』 등. 김수영문학상, 김달진문학상, 이육사시문학상, 김만중문학상 등 수상. 전 대구문학관장.

김주완

말없는 것들의 입자

어둠은 부서진 유리 조각처럼 흩어져 깊이 잠긴 빛을 골라 담는데, 바람은 어두운 빛의 기운을 흔들어 존재보다 먼저 도착한 침묵의 알갱이를 흩뿌리는데, 눈에 보이지 않는 말 없는 것들의 입자는 사물의 가장 깊은 층을 밤새 받치고 있는데

너, 아니?

늙은 나무 밑동을 움켜쥔 두터운 이끼, 책장에서 고요히 잠든 먼지, 강가의 돌 위에 미끄러지는 달빛, 그 어디에도 목소리는 없어, 그러나 바로 그곳에서 그들은 스스로를 증언하지, 언어가 아직 열리지 않은 시간, 사물들은 몸으로 이미 발화하고 있거든, 새벽에

나는 그 입자들 사이를 말없이 걷는다, 흩날리는 빛의 가루 속에서, 풀잎 끝에 매달린 물방울의 눈빛에서, 오래된 철대문의 녹슨 표면에서, 그것들은 침묵으로 말을 건네며 나를 둘러싼다, 낱알 곁의 낱알로 있는 우리들의 침묵을

정리하면, 이런 거야

세계는 이 고요한 입자들의 거대한 집합이지, 아직 오지 않은 미래도, 이미 지나간 기억도, 모두 말 없는 층위에 가라앉아 있어, 존재는 말을 통해서가 아니라, 오히려 침묵의 결을 따라 드러난다구

나는 귀가 아니라 눈으로, 눈이 아니라 몸 전체로 그 침묵을 만지고 듣는다,

그 순간, 모든 사물은 말을 삼킨 채 빛나고, 나는 사라지듯 가볍게 존재해, 그때 비로소 알게 되지, 내가 세계를 바라보는 것이 아니라, 말 없는 것들의 입자가 나를 바라보고 있다는 것을, 보는 것은 보여지는 것임을, 매직펜을 기다리는 하얀 백지처럼, 연사 탄창을 새로 장착한 M249처럼

일촉즉발로 침묵하는 우리들의 입자

다운로드

 밤 깊은 달빛은 그냥 달빛이 아니다, 높은 가지를 통과하며 생선살처럼 저며져 내 피부 아래로 스며드는 면도날, 그 사이로 우리의 어제가 걸어온다, 구름 위에서 내려온 발걸음의 떨림, 그 소리와 감촉이 내 몸 깊숙이 파문을 일으킨다, 웃음과 울음은 과거의 그림자가 아니다, 지금, 여기서 울고 웃는 다시 생생한 현존의

 달빛 아래로 걸어오는 어제는 단순한 회상이 아니라, 시간의 층위를 건너오는 하나의 사건이다, 꿈틀거리는 그날의 시간을 받아들이는 것은 동의나 합의가 아니라, 내 몸의 지각이 네 몸의 잔흔에 젖어드는 혁명적 수몰이다

 어제는 언어의 파편이 되어 스며든다, 숨결과 근육의 떨림, 혈관을 타고 흐르는 리듬, 그것은 단순한 기호가 아니라 몸의 연장이며 언어의 근원이다, 분절된 감각들이 흩어져 쌓이는 생생한 현장인 거기

 심장에서 뼈로, 뼈에서 다시 살로 이어지는 흔적 속에서, 나는 달의 발걸음을 따라 아직 도착하지 않은 미래를 더듬는다. 그러나 미래는 이미 와서 내 살 속에 잠재되어 있다, 타자인 너의 살과, 미래의 과거인 현재의 파편과의 교차

속에서만 드러나는

 다운로드는 내려받기가 아니라 내려놓기이다, 내려놓는다는 것은 소유의 포기가 아니라, 세계와의 얽힘을 드러내는 일이다, 오, 끝없는 해방과 열림의 길목이여, 지난 흔적을 품는다는 것은 가두는 일이 아니라, 내 안의 무게를 풀어 놓는 일, 그 순간 나와 들판은 서로서로 물이 들고, 살과 살은 투명하게 스며들어 밤의 강물처럼 흐른다

 존재는 분리된 개체가 아니라, 서로를 비추고 침투하는 거대한 직물이다, 달빛 아래 나는 그날의 흔적과 얽혀, 과거와 미래를 동시에 살며, 그 교차점에서 비로소 다시 쓰인다, 거기서 나는 비로소 '나'라는 문장으로 살아난다, 면도날 같은 다시 길 위에서, 들판의 달빛을 내려받으며

김주완 대구고 8회. 1949년 경북 칠곡군 왜관읍 출생. 경북대, 계명대 대학원 졸업(철학박사: 예술철학 전공). 1984년 『현대시학』 등단. 시집으로 『그늘의 정체』 『주역 서문을 읽다』 『선천적 갈증』 등과 카툰 에세이집으로 『짧으면서도 긴 사랑 이야기』 등. 저서로 『미와 예술』 『아름다움의 가치와 시의 철학』 등, 논문으로 「시와 언어」 「시의 정신치료적 기능에 대한 철학적 정초」 등이 있다. 대구한의대 교수, 대한철학회장, 한국동서철학회장, 새한철학회장, 경북문협 회장 역임. 제54회 한국문학상 등 수상.

신동익

방물장수와 어머니

방물장수가 오는 날이면 어머니는
아침부터 마음이 설렌다.
한 달에 한 번 들리지만 기다림이 여삼추다.
재 넘어 열여덟 어린 나이에 시집보낸
딸의 소식이 궁금해서다.

방물장수가 전해주는 딸의 편지에
그리움으로 눈시울을 적시곤 한다.
고된 시집살이, 아픈 데는 없는지, 사위와 금실은 좋은지,
조바심이 이만저만이 아니다.
소박이라도 맞을까 언제 태기가 있는지
근심스럽게 물어볼 즈음이면
괜스런 걱정을 다 한다는 할머니의 타박이 떨어진다.

방물장수는 잽싸게 때를 놓치지 않고
수다를 떨며 갖고 온 방물함을 연다.
연지 곤지 분 동동크림 채경
챔빗 노리개 동백기름 옥비녀 등
그야말로 화려한 만물상이다.
어머니는 칭칭이 땋아 올린 뒷머리에
옥비녀를 꽂아보고 채경을 요리조리 돌려 보기도

노리개를 옷깃에 대어보고 잔잔한 미소를 짓기도
새로 나온 동동크림 향을 몇 번씩 맡아 보기도 한다.

방물장수는 아씨는 피부가 흰데다
얼굴이 곱고 단아하여
무엇이든 다 잘 어울린다고
입에 침이 마르도록 추켜세운다.
어머니의 얼굴은 불그스레 물들어 가고
할머니는 못마땅해 한다.
어머니는 할머니께 채경 옥비녀 노리개가
어머님께 잘 어울리실 것 같다고
조심스럽게 넌지시 권한다.

할머니는 며느리의 눈치라도 챈 듯 혀끝을 차며
뒤주에 쌀 두어 되박을 어머니께 슬며시 내민다.
늙은 내가 사치해서 뭐 하겠느냐, 젊은 니나 잘 갖추어라.
니 서방한테는 말 하지 말라는 당부도 잊지 않는다.

방물장수는 만면에 웃음을 띠고
다음 달 초이렛날 오겠다는 말을 남기고
떠나가는 발걸음이 가벼워 보인다.

어머니는 딸에게 인편으로 보내는 편지가
무사히 전해지기를 기원한다.

몇 해가 지나지 않아 어머니는 천수를 다하지 못하고
꽃다운 나이에 세상을 떠나셨고,
방물장수의 발걸음도 자연스레 끊어졌다.
어머니가 사용하던 화장대에는
애지중지하던 옥비녀 채경 노리개가 그대로 놓여 있었고,
서랍에는 어린 딸로부터 받은 눈물의 편지가
가지런히 쌓여 있었다.

떠나가는 길

여보시게
내가 먼저 떠나가네
그렇다고 너무 슬퍼하지 말게
어차피 생과 사는
윤회의 한 과정이 아닌가
삶은 그렇게 행복한 것도
그렇게 불행한 것도 아니었네

세월의 풍화작용에 육신은 할퀴고
갈기갈기 찢겨지는 질곡의 순간도,
더러는 사람 사는 냄새가 나는
살만한 가치가 있는
환희의 순간도 있었네

이제 모든 것을 다 내려놓으니
이렇게 마음이 편한 것을….
미움도 욕망도 안개처럼 걷히고
아름다운 산의 능선과
수평선 넘어 남실대는 어선들이
한 폭의 풍경화처럼
정겹게 다가오네.

이제 기나긴 여정의 가장행렬이 끝나가네
적멸의 시간에는 장송곡 대신
축제의 노래를 불러주게
Milva의 Aria di festa가 좋을 듯하네

유서는 별로 남길 말이 없네
떠나가는 길에 미련을 버리지 못하는
사람들의 기우일 뿐.

묘비도 세울 필요가 없네
많은 세월이 흘러 기억에 지워지고,
뭇사람들의 발에 채이고 뒹굴다
이름 모를 산하에 버려질 것을…….

해운대 달맞이 길에 만발한 벚꽃은
봄비와 강풍으로 꽃비가 되어 흩날리다
천지에는 자취도 없이 사라져가는
자연의 이치를 생각하며…….

신동익 대구고 8회. 경남 밀양 출생. 부산대 공대 금속공학과 졸, 동 대학원 졸, 공학박사. 고교시절 경북도 교육위 주최 백일장에서 입상. 60여 년간 절필, 문예활동 없음. 코로나로 생사의 갈림길에서 회생, 그 후 남은 삶 취미로 습작 활동 중. POSCO에서 30년간 근무(판매, 생산 계획실장). 현재 ㈜PSM, ㈜제철세라믹, ㈜세기, ㈜RESCO, ㈜MRC 경영(회장).

이유환

사월에 내리는 눈

사월에 내리는 눈은
아버지의 속 깊은 울음이다

눈을 펑펑 맞으며
달성군 유가읍 한정리 벚꽃은
열흘도 채 넘기지 못하고
와락 무너지고 있다

속살 젖은 꽃잎들이
상처를 보듬어 안고
기다림의 푯대를 향하여 간다

익은 노래를 부르며
뜨겁게 가슴을 달구었던
광장 위에도
눈은 내려서 쌓이고
꽃잎은 한 줌 어둠이 된다

더러는 밟히고
더러는 이름을 내팽개치며
눈물의 잔을 나누고

사월의 눈발을 연주한다

눈을 맞으며
산 넘고 강 건너 자유를 찾으러
눈발을 가슴에 안고
미치도록 걷는다

사월에 내리는 눈은
아버지의 골 깊은 침묵이다

운동화 끈에 푸성귀 핀다

오늘 백 번째 이력서 쓴다

장미 백 송이 날아갔다

시린 바람 끝에 매달려 있는 눈썹

운동화 끈에 푸성귀 핀다

이력서 헐렁한 빈칸에

꽁지가 파란

새 한 마리 앉아

적벽(赤壁)을 쪼아 먹고 있다

이유환 대구고 11회. 1985년 『현대시학』 추천, 등단. 시집 『異邦人의 강』 『용지봉 뻐꾸기』 『달의 물방울』 출간. 제39회 「대구문학상」 수상, 제8회 「도동시비문학상」 수상. 대구문인협회 부회장 역임, 한국시인협회, 대구시인협회 이사.

이상규

나의 복수형

나의 복수형 대신 끌어온 우리. 늘 분열하는 나는 복수인 나들 혹은 나희다. 선택을 해야 하는 순간 폭발적인 분열과 함께 변이되는 나를 하나로, 하나인 척 묶어야 하는 에고의 압박에 늘 내 이드는 녹초가 된다.

연어초밥, 메밀소바, 부타동, 규동, 마제소바 나희가 원하는 갈라지는 분열되는 소동은 전혀 내 몸밖으로 표출되지 못한다. 다만 눈동자와 숨소리, 맥박과 표정이 달라지는 변이형이 나들, 나희가 복수접미사를 떼낸 전환의 순간 뇌속으로 빠르게 흐르던 물소리가 잠잠해 진다.

오늘부터 한국어에 존재하지 않는 나의 복수형 나들, 나희를 관찰하기 시작한다. 여럿 꽃잎이 하나의 꽃이 듯 율동하는 내 몸도 여럿이다.

선(禪)

점이 차지하는 구조
그 외연을 응시하는
기름진 고양이 털 한 가닥

공간이라는 게 존재하는가
인식과 시간에 묶인
발자국 소리조차 흡수해 버린
몸짓에 함몰된 응시하는
눈빛

귀티가 흐르는 보드레르의
고양이가 촛불을 든
야수인
주역과 구조
선이 얽어놓은 추상이
생존을 설명한다

촛불이 전복시키는 추상의 세계

이상규 대구고 12회. 1978년 『현대시학』으로 등단. 시집으로 『종이나팔』 『대답 없는 질문』 『헬리콥터와 새』 등. 시선집으로 『물꽃같이 굴러가는 낙엽』 등. 국립국어원장 역임. 현재 경북대 명예교수.

김세웅

밤 언덕에 올라

기러기가 날으듯
별이 줄지어 날으는 밤입니다
지상에서도, 불빛이 떼 지어 줄지어
멀리 멀리 떠나가는 밤입니다
오늘은 밤 언덕에 올라
멀리 보이는 마을의 불을 바라봅니다
줄을 잇는 불빛이 너무 아름답기에
나는 아직 사는 것이 두렵습니다
먼 산과 나무가 앓는 짐승처럼
키를 낮추어
먼 하늘이 호젓이 가깝습니다
더듬이에 별빛을 모으는 풀무치처럼
나는 가만히 무릎을 안고 웅크려 있습니다
하마 불이 꺼질까 봐 무서운 밤입니다

그 사람의 肖像

공중전화부스에서
통화를 마치고 그가 나온다
나와선 담배를 필까 망설이다가
골목길로 들어선다
골목길은 굽어있어, 곧 그의 모습이 보이지 않는다
골목은 양손에 집들을 주렁주렁 달고서
힘겹게 이어진다
지나간 통화를 골똘히 생각느라 그는
함께 가는 골목의 지친 옆모습을 보지 못한다
높은 그리고 파아란 하늘에
그의 골똘한 생각이 비친다
얼굴만 들어 쳐다보면 될 것을,
그는 골똘히 잠기느라
자신의 생각을 보지 못한다
함께 가는 골목이 힘겨운 어깨를
슬며시 그의 어깨에 기대어도
알지 못한다
마침내 그는 담배를 피워 문다
그의 생각 대신 숨통이 터진 담배 연기가
코에서 힘차게 뿜어져 나와
흩어지며 그의 생각을 지운다

조금은 가벼워진 그는
지난 일들을 잠시 잊는다
잠시 잊힐 수 있는 것들은 모두,
영원히 잊혀질 수 있는 것이다

김세웅 대구고 12회. 1981년 『시문학』 등단. 시집으로 『삼중주』 『날이 갈수록 별은 보다 높이 뜨고』 『칼과 연못』 외, 에세이집으로 『바람으로 지은 집』, 장편소설 『모래성의 궤적』 외.

길고양이처럼

아파트 경로당 지붕 위는 그들의 아지트다.
걸어 다니는 놈, 가만히 앉아 쉬는 놈, 사랑을 나누는 놈
유유자적이다.
걱정이 보이지 않는다
우울이 보이지 않는다.
생(生)의 고수들
생(生)은 저렇게 살아야 할지도 모른다.
길고양이가 하는 것은 딱 3가지
먹는 것
자는 것
사랑하는 것.
재미있는 쉐이들이야
팔자 좋은 넘들이야.
더러는 로드킬 당하지만
더러는 배가 고파 울지만
배만 채워진다면
천상병류 혹은
에피쿠로스학파의 살아남은 후예들이 틀림없어 보인다.
모두는 우연히 우주에서 왔다가 우연히 우주로 사라진다.
그 사이를 저렇게 온전히 생(生)을 즐길 수 있다면.

끼어들기

미친 폭염 피하려고
차를 아파트 뒤쪽 푸조나무 그늘 아래에 세웠는데
다음 날 가보니
차는 온통 새똥 천지다
푸른 똥, 붉은 똥, 큰 똥, 작은 똥
색깔도 모양도 각양각색이다
나도 모르게 욕이 새어 나온다
물휴지로 똥을 닦을 때 문득 내 머리를 치는 생각들
나무 그늘의 주인은 누구인가?
이곳은 원래 온갖 새들이 쉬면서 똥을 누는 곳
누가 끼어들기를 한 것이다
끼어든 놈이 지금 화를 내고 있다.

좋은 것은 힘이 든다는 생각이 문득 끼어들기도 한다.

박우현 대구고 13회. 대구 출생. 경북대 사범대 국어교육과 및 동 대학원 졸업. 2008년 『녹색평론』 『사람의 문학』 『시에』로 작품 활동 시작. 시집으로 『그러나 후회하지 않았다』 『그때는 그때의 아름다움을 모른다』 등.

배창환

별들의 고향을 다녀오다

추풍령 넘어 옥천 죽향초등학교 부근 시인의 마을, 지용* 생가 삽작문은 마침 시인이 출타 중인 듯 비스듬히 닫혀 있었습니다. 예쁘게 단장한 기념관도 때마침 휴관이었지요. 우리는 토담 밖에 놓인 시비(詩碑)와 시인의 입상(立像) 앞에서 기념사진 몇 장 찍고, 담장 그늘 따라 쑥쑥 돋아난 머구잎** 이 새로 이은 초가지붕이랑 앞도랑 실개천과 잘 어울린다는 생각을 하면서, 한 시대의 거울이었던 시인으로서 이름 석 자마저 묻어야 했던 오욕의 시간들을 묵상하듯, 빈 나무의자에 앉아 봄 햇살을 좀 쬐다 왔습니다

회북면 회인 마을 안쪽 너른 마당, 감나무와 은행나무 그늘에 오장환 시인의 생가가 있고, 새로 지은 그의 기념관에서 제일 먼저 우릴 맞아준 것은 하얀 벽면에 기대어 함빡 웃고 있는 아이들의 시화였습니다. 역사의 진보를 믿었던, 그래서 그 시절 이 땅에선 살 수 없었던 시인 오장환, 두고 온 고향 하늘과 어머니를 잊지 못하던 그의 시심이 얼음물처럼 따뜻하고 맑아서, 돌아서는 우리들 발걸음이 더 무거웠습니다

---

* 지용: 시인 정지용(鄭芝溶).
** 머구잎: 머윗잎.

상당산성에서 더덕 막걸리를 몇 사발씩 들이켜고 우리는 곧장 고두미마을 단재 선생 사당으로 달려갔습니다. 20년 전이나 지금이나 이곳을 찾는 사람은 우리밖에 없고, 사당 앞 백목련은 휘어질 줄 모르던 선생을 닮아 외곬으로 고개 돌리고 서 있었는데, 사당 뒤 선생이 누우셨던 무덤 자리 움푹 패여, 황소바람만 드나들고 있었습니다.* 나라 잃고 넘은 국경 다시 밟아 한 줌 재로 돌아오시던 그때나, 동강난 나라의 허리 부둥켜안고 버둥대며 살아가는 지금이나, 선생은 머리 뉠 곳이 없었고 우리는 엎드려 무릎 꿇을 데가 없었습니다

우리는 그 옛날, 한 발짝 앞을 볼 수 없었던 칠흑 어둠에 길을 내고 슬픈 사람들의 가슴에 따뜻한 빛을 얹어준 별들의 고향에 다녀왔습니다. 그들은 시대보다 먼저 시대를 끌어안아 스스로 상처 입은 별들이었습니다. 우리가 오늘 무수히 상처 입은 별인 것처럼, 그래서 더 오래 우리 곁에 남아 이 땅의 밤하늘을 차지하게 될, 크고 아름다운 별들이었습니다

---

* 이 마을 사람의 말에 의하면, 누가 몰래 선생의 유해를 이장하려다 들켜 인근에 가매장한 상태라 했다. 황당했고, 슬펐고, 부끄러웠다.

구두 한 켤레

아우 사십구재 마지막 날, 코로나가 칭칭 걸어 잠근 절간 문을
어머닌 죽기 살기로 밀고 쳐들어가
대웅전 부처님 앞에 가지런히 놓았다

아무도 말리지 못했다

막내가 신고 갈 신발
두고 갔다고

배창환 대구고 14회. 경북 성주 출생. 1981년 『세계의 문학』(겨울호)으로 등단. 시집 『별들의 고향을 다녀오다』 외 6권, 시선집 『서문시장 돼지고기 선술집』 외. 문학교육 관련 시선집 『국어시간에 시 읽기-1』 외 저서, 학생 창작시, 창작수필 10여 권 쓰고 펴냄. 대구작가회의 대표와 한국작가회의 부이사장 지냄. 「대구시인협회상」, 「작가정신문학상」 등.

이동백

겨울 숲에 돌아오다

바람개비처럼 돌아가던 이파리들
땅 위에 드러눕고
가지는 더 이상 자라지 않는다
야윈 몸뚱어리 가만 껴안으니
떨리는 우듬지
살얼음 낀 하늘에 무언가
썼다 지우고 다시 쓴다
우듬지 끝에서 생겨나는 이름
가는 바람에 미끄러진다
숲 끄트머리쯤 흩어지는 글자
모음은 산을 그리거나 구름위에 얹히고
나뭇가지에 걸리는 자음들
둥근 받침 하나 굴러 떨어져 냇물 속으로 숨는다
겨울숲 한가운데 서 있으면
조금씩 가벼워지는 몸뚱어리
우듬지 끝에서 길을 잃고 하던 나의 의문은
구름, 냇물 위에서 잠시 풀리고 있다

수평선에 입맞추다

꽃은 지는 꽃을 보며 지고
동박새 마주 보고 울다가
남쪽으로 귀를 세운다
나는 그냥 보고만 있다
섬과 섬 이어가다 잃어버린 이름
파도 속에 숨어 돌아오는 것을
낯선 집 기웃거리다 몰래 베낀 경(經)
예송리 깻돌밭에 암호 남기며
모락모락 남쪽으로 떠나는 것을
서리 낀 외길 다시 맞닥뜨릴 때
내다본 창이 곧 벽임을 절감할까
질문 또한 대답인 것을
슬며시 수평선 끌어당겨 입맞추면
지는 꽃 피는 꽃
나비처럼 나풀거린다

이동백 대구고 14회. 1955년 경북 경산 출생. 영남대학교 약학대학 졸업. 1996년 월간 『현대시』로 등단. 시집으로 『수평선에 입맞추다』 등.

이종문

그만하면 됐는 기라

죄 안 짓고 세상 살기, 누이야, 참 힘들제

너무 자책하지 마라, 산다는 게 그런 기라

길 가다 개미 밟은 거, 어쩔 수가 없는 기라

부모님이 위중하신데 개미들이 약이 되면

앞 뒷산 다 뒤져서 천 마리를 잡아 온들

그것은 도리인 기라, 죄라칼 끼 없는 기라

누가 죄 없는 개미, 딱 한 마릴 콕 찍어서

이 개미를 죽여주면 십만 원을 준다 한들

누이야, 안 할 거잖아, 그만하면 됐는 기라

함박눈 오시는 날

함박눈 오시는 날 무 구덩이 쾅쾅 파서

무 하나 꺼내놓고 구덩이를 되묻은 뒤

어깨에 괭이를 메고 그냥 돌아왔지 뭐야

막상 와서 보니 무 국 끓일 무가 없어

글쿠나! 무릎치고 함박눈을 뚫고 나가

무 하나 달랑 든 채로 우두커니 산을 봤어

저 큰 산, 어깨동무 강강술래 하는 산은

온통 눈 천진데 다시 눈이 푹푹 오고

무 하나 달랑 든 개미 그 가운데 섰지 뭐야

이종문 대구고 14회. 1955년 경북 영천 출생. 1993년 경향신문 신춘문예 시조 부문 당선으로 등단. 그동안 『내 마음 좀 알아도고』 등 다수의 시집과 시선집 『웃지 말라니까 글쎄』, 산문집 『나무의 주인』을 간행한 바 있으며, 중앙시조대상 등 여러 상을 받았음. 현재 계명대학교 명예교수.

김호진

숲실마을

구름은 금성산을 넘어
곧장 내달리지만
나는 산허리를 굽이굽이 멀리멀리 돌아
숲실마을 산수유꽃 만나러 간다

그리움은 구름을 닮았고
발길은 진창의 삶을 닮았다

산수유나무 표층의 버짐은
올해도 낫질 않아 부르튼 살가죽이 들떠 가렵다
내가 올 때를 기다려 힘껏 꽃 피워
노랗게 숨기려 했겠지만 또 들키고 말았다
못 본 척, 내일 오마 돌아서지만
아흐레는 지나서 와야겠다

양지못 닮은 에움길 돌아돌아 오다가
나 또한 젖어, 아파, 가초롬 말리다 보면
훌쩍 한숨이 보태져 길어지겠지

그래도 얼마나 다행인가
그리움이 편자를 가느라 늦게 당도한 게……

실크로드

내가 탄 비행기를 좇아, 두 시간이나 따라오던 길고 긴, 모래평원의 일렁이던 슬픔 말입니까. 바람에 늙어버린 주름살 같은, 끝없는 모래 구릉 사이 엎드린 징그러운 고요 말입니까. 세상의 또 다른 한 쪽이라 믿고 싶은, 듬성듬성 피어오른 검버섯 같은 풀밭이름 말입니까. 삼백오십 리나 떨어져 있는, 돈황과 돈황역 사이 기막힌 거리 말입니까. 모래폭풍이 하늘을 덮으면, 뻗은 팔의 손가락 끝이 보이지 않는 그 아득한 간격 말입니까. 오직 마음에서만 무성한 숲과 호수 말입니까.

아, 사막 말입니까.
눈을 감고 봐야지요.

김호진 대구고 15회. 대구 출생. 1994년 『심상』 신인상으로 등단. 건강문예지 「초두루미」 편집주간 역임. 제16대 대구시인협회 회장, 시집으로 『생강나무』 『아흐레는 지나서 와야겠다』. 제16회 일연문학상 수상.

세한도(歲寒圖)

오늘도 아니 오는 기별
뱃전에 기대서 풍문으로 들어보면
밤새 뒤척이던 파도
저만치 밀려나고

애끓는 마음 누가 알까 두려워
고개 들어 하늘을 보면

바다 끝 너머 흰 구름
첩첩산중에 갇히었다.

인적도 드문 누옥
문틈 사이로
꾸역꾸역 밀려드는 뭍으로의 그리움

호롱불 가는 빛에 잦아들면
온 방 가득 채우는 별빛
먼 산 울음으로도 서럽다.

차마 말로 하지 못하는 것을
흰 종이 펼쳐 들면

푸른 솔 두어 그루가 그 옆을 지킨다.

오늘 따라 바람은 징 하게 울고
모슬포 앞바다의 푸른 물기둥
성이 난 듯 포효하는 추운 한 낮

새 한 마리도 찾아와 울지 않는 마당에
푸른 솔 잔가지만
바람에 나부낀다.

천 리 밖 소식이야 잊은 지 오래지만
물길 타고 찾아온
풍란 향도
두모악* 중턱에 갇혀 버렸다

돌담을 막아서 끊고 사는 세연(世緣)을
아는 이는 있을까

오두막집 텅 빈 마당에

---

* 한라산의 옛 이름.

맺히고 쓰린 정을 먹을 갈아 녹이면
갈필로 일어서는 푸른 송백이
어느새 자리 잡고도 흔들리지 않는다.

사모곡

꽃들이 흐드러지게 피던
어느 봄날이었지요.

하늘에는 황사가 짙게 날리고
산모퉁이를 돌아가는 길은 유난히
붉어 서럽던 길을

어머니 당신은,
수인사도 없이 떠나셨지요.

무명 치마저고리 곱게 여미시고
흰 버선발로
뒤도 돌아보지 않고 떠나셨지요.

길가에는 흐드러지게 민들레가 피고
다북쑥은 무성히 자라
온 길을 쑥물로 배이던 길을
꿈꾸듯 그렇게 걸어가셨지요.

지금도 눈 감으면
그날이 마냥 서럽습니다.

어머니

오늘은 꽃도 피지 않고
바람도 없는 날
산모퉁이를 돌아가는 외진 그 길을
그날따라 가만가만
걸어가 보면

두 눈 가득 그렁하던 당신 모습은
자꾸만 멀어지는데
다가서 가는 걸음은
차츰차츰 바빠지고 있습니다.

어머니.

문상원 대구고 15회. 1955년 경상북도(현 대구광역시) 군위군에서 출생. 1981년 대구광역시 공무원으로 시작하여 2015년 말 정년퇴임. 2016년부터 팔공산 자락 금호강변에서 물소리 바람 소리를 들으며 조용히 살고 있다. 2013년『한맥문학』으로 등단. 시집으로『잔설』『시인은 시를 쓴다』(공저) 등.

눈사람

확실히 넌 옷을 걸치지 않는 게 좋아 보여 그게 누드는 아니야 웃지 말라는 건 더욱 아니지 처음부터 너의 옷은 옷걸이조차 없다 역병을 경험한 너의 흰색은 고요에 다가가는데 소란을 감싸려는 넓이라고 할 수밖에, 숯이라는 눈빛과 잘 어울리는 흰색 때문에 무엇이든 눈이나 눈동자가 될 수 있기에 지금 나는 검은색을 생각 중이야 이렇게 많은 것 사이의 흰색은 사실이 확인되지 않는 말, 몸의 내부와 외부가 균일한 흰색 위에 각혈 한 방울 떨어지는 냉담한 추위 탓에, 물끄러미 멈춘 너에게 다시 시작되는 폭설은 현실과 환상이 서로의 이름이라는 것, 시나브로 네가 녹으니까 입이나 눈 없이 돌아오리라는 소식과 풍문은 잔설만이 애써 품고 있다

밤의 장소

산봉우리 옛 수도원의 첨탑,
허공에 걸린 심장이지만 맥박을 가졌다

기억이 생긴 태양과 달이 살아가는 소식을 담는 프레스코 벽화, 오래된 무늬가 머문 실내에는 빛이 만든 그네와 시소가 있다 빗물과 역광의 정지 화면은 아직 마르지 않아 두 손을 거치면서 나에게 휘슬이 생겼다

장소는 언제나 연인*이었다
수도원 앞 뜨락이 무릎이 어두운 꽃들에게 바삐 휩쓸릴 때
날씨와 함께 웃자라는 풀꽃 군락이다

서로 닿을 것 같은 별빛은 몽환이지만, 별과 별 사이는 너무 멀어 아직 냉담하기에 별의 이름은 만년설에서 건너왔다

돌아 나올 때
내가 평생 기다린 말처럼 수도원에 불이 켜졌다

---

* 이광호, 『장소의 연인들』, 문학과지성사, 2023.

송재학

뒤돌아보지 않았지만

나를 따라다닌 어제, 그리고

더 좋은 생각처럼 밤새 불이 밝혀져 있다는 것

송재학 대구고 15회. 1955년 경북 영천에서 태어나 포항과 금호강 인근에서 유년 시절을 보냈고, 1982년 경북대학교를 졸업한 이래 대구에서 생활하고 있다. 1986년 계간 『세계의 문학』을 통해 등단했으며, 첫 시집 『얼음시집』을 비롯해 『살레시오네 집』『푸른빛과 싸우다』『그가 내 얼굴을 만지네』『기억들』『진흙얼굴』『내간체를 얻다』『날짜들』『검은색』『슬프다 풀 꽃헤 이슬』『아침이 부탁했다, 결혼식을』『습이거나 스페인』 등의 시집과 산문집 『풍경의 비밀』『삶과 꿈의 길, 실크로드』를 출간했다. 소월시문학상, 목월문학상, 형평문학상 등을 수상했다.

오정국

영구결번의 밤은 없다

무한에서 무한으로 연결된 밤의 터널
무궁한 밤의 아이로 나는 태어났어요
내가 기억하는 전생은 모두 다섯 개

불타는 산막의 거적때기 너머에
백발의 무사가 앉아 있어요
칼날 스친 얼굴에 불빛 어룽지면
나도 모르게 광대뼈를 쓰다듬죠

내가 만진 죽음 헤아릴 수 없고
나는 전생과 후생을 넘나드는
이야기꾼

늙지도 않고 죽지도 않는 죽음의 불사신이
저의 괴로움을 나에게 덧씌워
기담과 괴담, 로맨스가 끝이 없네요

죽은 자의 말소리와 그림자에 둘러싸여
밤의 피륙을 얽어 짜는데
어떤 유령은
요양 병원 자원봉사자로 활동한다는 소식

침상의 팔다리를 주물러 주고
그 숨을 받아먹고
휠체어를 밀어주며
단팥죽 몇 숟가락 얻어먹는다지요

결국 테두리만 남게 되는 이야기지만
끝과 시작이 맞물리는 수레바퀴가 멈추질 않네요

침묵의 도서관

죽고 사는 일이 손끝에서 아릿하다
죽음은 없고 묘비만 남은 생애들, 여기서 온통
황금빛 서가를 물들이고 있다

형체는 없고 기억만 살아 있는
끝없는 갈림길의 문장들
침묵의 발걸음이
한 뼘 두 뼘 숨을 쉬고
서가에 이마 기댄 이들의
한평생, 한낱 꿈으로만 흘러갈 순 없으니
오늘 하루의 회전문 곁에
빗물 젖은 우산이 꽂혀 있다

창밖의 나뭇잎을 흔드는 빗방울들
영원의 찰나를 깨워놓는데
사진 속의 여자는 말이 없다 등을 구부린 채
한사코 액자 밖으로 팔을 내뻗고 있다
백 년 전의 이야기처럼

하루의 길이는 달라지지 않는데

겨울 해 짧다 침묵의 투숙객이 펼쳐놓는
방명록, 묵직한 손 글씨가
일생의 행적을 말해주는데
결국은 모래시계처럼 비워지는
비워지고 마는 여기는 온통

오정국 대구고 15회. 1988년 『현대문학』으로 등단. 시집 『저녁이면 블랙홀 속으로』 『모래무덤』 『내가 밀어낸 물결』 『멀리서 오는 것들』 『파묻힌 얼굴』 『눈먼 자의 동쪽』 『재의 얼굴로 지나가다』, 시론집 『현대시 창작시론: 보들레르에서 네루다까지』 『야생의 시학』 출간. 지훈문학상, 이형기문학상, 경북예술상 특별상 수상. 서울신문 기자, 문화일보 문화부장, 한서대 미디어문예창작학과 교수 역임.

김석

물금역을 지나면서

물도 유리처럼
부딪치면 금이 가고
사금처럼 영롱한
물의 상처

물금이다

강변 따라
강의 하구 물길 따라
무심하게 지나쳤던
물금

물금역을 지나며
물금 지워진 물길을 생각한다

물에도 금이 간다는 것을
물길에도 깊은 상처 있다는 것을

물금은
물빛으로 말하고 있다

지다

수변공원 산책길에 수국을 샀다
거품처럼 하얀 수국 앞에 당신은 환했다

큰 꽃은 큰애를
작은 꽃은 작은애를 닮았다지만
하얀 수국 나에겐 당신이었다

환하던 날짜 이윽고 지고
꽃 사라진 빈 화분엔
수국이 있었다는 사실조차 지워지고

애들 떠난 빈자리에
다시 핀 수국
당신의 손전화기에 뿌리를 내렸다

화면에서 솟아나는 물방울 문자들
수국, 자잘한 꽃잎은
활짝 피어오른 당신의 웃음

어느 해 팔월 그 어느 날
수국은 거품처럼 사라지고

수국보다 더 환하던 당신의 웃음도

지
고

김석 대구고 16회. 2004년 『시인정신』으로 시, 『문학청춘』으로 시조 등단. 시집으로 『거꾸로 사는 삶』 『침묵이라는 말을 갖고 싶다』 『괜찮다는 말 참, 슬프다』 『바위 속을 헤엄치네, 고래』 외. 삼성생명 대구지역단장, 경북지역단장, 금복주 기획·홍보 담당 상무 역임.

박종렬

부처 사진 찍기

  목아박물관 돌장승 뒤에 숨어서 가만히 웃고 있는 부처를 향해 사진기 조리개를 한껏 죄어본다. 조리개를 쥔다는 것은 온 세상을 다 찍겠다는 욕심. 셔터를 반쯤 누른다. 번쩍 내 눈에 빛이 머물고, 하늘은 텅 비어 버린다. 無我. 부처는 내 눈 안에서 나를 흔든다. 미소. 흔들리는 세상을 향한 마음. 적당히 머무르면 적정 노출. 세상은 적정 노출만을 요구하지만 내 사진은 언제나 노출 부족이거나 과다이다. 한번도 적정 노출에서 멈춘 적이 없다. 세상은 오토 포커스에 익숙하지만 아직도 나는 서투르다. 가끔은 피사체를 찾지 못해 온 몸이 흔들리기도 한다. 흔들려 버린 렌즈 속으로 어둡게 가라앉는 부처는 그래도 웃고 있다. 초점을 잃어버린 내 렌즈도 어쩔 수 없어 웃을 수밖에 없다.

도쿄 오츠카 공원에서
박태원* 선생을 만나다
—'딱한 사람들'을 위하여

도쿄의 겨울은 그 뒷골목만큼이나 질척거리고
온 도시가 그저 조용하게 제 갈 길만 가고 있다.
멀리 아키타 스키장 광고판은 화려한데
제대로 된 눈이라도 내린다면
이 도시는 포근하게 잘 수 있을텐데.
눈이 내리지 않는 도시.
차가운 이국의 바람을 어깨에 이고
스산한 오츠카 역에서 내려 공원을 향한다.
이 길은 언제나처럼 어둡고 조용하다.
옆 눈길 한번 주지 않는 모더니스트 걸음 사이를
식민지 지식인 박태원 선생은 여기까지 어떻게 걸어 왔을까.
내가 찾은 오츠카 공원에는
언제나처럼 박태원 선생이 있다.
그 어른이나 나나 참으로 '딱한 사람'들이다.
박태원 선생은 모더니즘의 시작에서 절망했고
나는 모더니즘의 끝에서 절망하고 있다.
오츠카 공원 벤치에 앉아 담배를 피운다.

---

* 1930년대 모더니즘 작가. 장편 『천변풍경』과 단편 「소설가 구보씨의 일일」 등이 있다. 도쿄 시내 오츠카 공원을 무대로 한 『딱한 사람들』(1937년)이란 단편소설도 있다.

텅 빈 공원에는 아무도 없다.
까마귀가 제 키보다 큰 절망을 늘어뜨리고 있고
분수대 옆에는 거지가 웅크리고 잠들어 있다.
차가운 도시의 불면 속에서
박태원 선생이 본 것이나
내가 본 것이나
모더니즘의 시작이나 그 끝이나
삶은 절망이란 이름으로 정말로 똑같다.
발밑에서부터 올라오는 소스라치는 이 차가움.
모더니즘이란 이름으로.

박종렬 대구고 16회. 영남대 국문과 졸업. 문학박사. 1989년 전교조 사태로 해직. 대구고·달성고 등 국어교사로 근무. 대구대 겸임교수, 일본 파견 근무(2001년~2008년). 시집으로 『충담사의 말』 등. 논문으로 「초기 근대소설연구」 「1930년대 근대소설의 현실대응방식연구」 「김동인의 광기와 좌절」 등. 대구 출신 친일문학가 김문집의 「아리랑 고개」 최초 발굴 및 번역.

권영해

쇠똥구리

세상의 꿈들은
얼마나 부질없는가

짐 진 자들아
이고 지고 안고 있는 걱정을
죄다 벗어 버려라
오체투지도 버리고
삼보일배도 던져 버려라

세상을 구르게 하는 힘은
미는 것이 아니라
염려를 놓아 주는 일

굴리고 굴릴수록
바퀴는 구르지 않고
쇠똥 경단만 덕지덕지 커질 뿐

내가 아니면
무언가 굴러가지 않을 거라는
그 착각마저 붙들어 매시라

동백, 지다
―돈오점수(頓悟漸修)

찬란함이여,
숨이 멎는데
감동을 자제하기 힘들다

화무십일홍인 줄
봄인들 왜 몰랐겠는가?

삼라만상에는 다 생로병사가 있으니
저에게도 백팔번뇌가 있을 것이다

화엽花葉 활짝 펼치는 것도
이파리 시드는 것도
몸을 떨구는 것도
고해성사처럼 성스럽다

숨죽인 해탈의 순간
'불현듯 깨달음'과 '서서히 닦음'
사이

올해도

달이 지구로부터
3.8cm 멀어지고 있다

권영해 대구고 17회. 경북 예천 출생. 경북대학교 국어국문학과 졸업. 『현대시문학』을 통해 김춘수 시인 추천으로 등단. 현대청운고에서 정년퇴임. 『수요시포럼』 동인. 홍조근정훈장, 울산문학상, 대한민국 예술문화공로상, 울산펜문학상 수상. 시집 『유월에 대파꽃을 따다』『봄은 경력사원』『고래에게는 터미널이 없다』『나무늘보의 독보』 외.

김은철

감포 앞바다

언제나 먹물인 그 바다의 깊이는
지나가는 누구도 모른다고 한다.
수심을 알 수 없는 그 깊이를 두고
우리는 버릇처럼 해변에 앉아
몇 점 회와 소주잔을 기울이며
지나간 옛 연인과
수장되었다는 옛날 어느 왕의 이야기를
술잔처럼 주고받았다.
정말이지 돌아간 것은 다시 불러올 수 없어
우리의 가슴은 더욱 쓰라렸고
쓰라려 부서지는 별빛을 손바닥에 받아
서로의 가슴에 문지르곤 하였다.
부서진 별빛은
더욱 먹빛으로 바다 속으로 가라앉고
우리가 술잔을 기울이며
먼 바다를 바라보는 그 시간에도
눈먼 먹갈치 한 마리는 더욱 깊은
잠 속으로 떨어진다.
먹갈치의 뒤척이는 몸짓처럼 파도가 밀려오고
누구도 알 수 없는 그 깊이를 가늠하며
우리도 꿈결 같은 잠 속으로 다시 떨어진다.

바다가 보이는 풍경

언덕 이쪽은 미끈한 줄기의 대나무 숲
바다가 보이는 풍경이
한눈에 들어왔다.

파도의 높이가 일정치 않아
먼발치까지 왔다가 가고
때로는 우울한 사람들의 발목을 적셔
놀라게 하기도 하였다.

바다는 언제나 그 자리였으나
다만 부질없는 인간들이 찾아와
눈물을 훔치고 가곤 하였고
가끔은 가슴 벅찬 사랑을 확인하기도 했다.

그간 나는 이 바다에서
사람들을 지우는 일에만 골몰해 왔으나
이제 나는 이 풍경에
갈매기와 먼 배,
그리고 한 사람 정도는 넣기로 했다.

얼굴이 투명한 표정 없는 얼굴,

아아…… 그리운 한 사람.

김은철 대구고 17회. 경북 선산 출생. 영남대학교 국어국문학과 졸업. 현 상지대학교 명예교수. (사)운곡학회 학술원장. 시집 『콤마의 추억』 『갈 수 없는 그곳』. 제2회 후광문학상, 제7회 한국창조문학가상 수상.

김상윤

나의 로맨스

아아, 내 가슴, 왜 이렇게 뛰고 있는 걸까, 아침부터
쓸고 닦고 가구들을 조금씩 옮겨 보며
잠시라도 한 자리 앉아 있지 못하는 화요일 저녁
욕조 속에 떨어지는 더운 물, 물방울까지
나는 느끼네, 내가 발 들여놓을 때
가만히 앉아 못 있고 수런거리며 비껴 앉는 걸.
오래 묵은 기다림 위로 물방울 끼얹으면
설레임은 기꺼이 유두에 맺히고
그를 위해 준비한 하이트 맥주
둥근 어깨 위에 이슬처럼 달려 있는
한 주일분의 적막이 미끄러져 내리네, 견디다 못해
오징어까지 다리 오그라뜨리고 쟁반 위에 누웠으니
말할 필요가 무어 있어? 이 동네 아파트가
이 시간 죄 숨소리 죽이고 잠들어 있는 것.
강변도로를 지나 어둠이 내리는 자작나무 숲을 끼고
그의 승용차가 스르르 달려올 거야.
달려와 그가 나의 문을 열면
나는 그 풀밭 위에 엎드려 전신으로 노래하리.
알맞게 물이 오른 발톱은 기쁨으로 흐느끼고
쓸쓸한 눈물은 그의 목덜미를
죄었다 풀었다 하겠지, 화요일 저녁.

땀 흘려 일 마치고 한 잔의 맥주와 칵테일 디저트로
그가 입술 적실 때의 화요일 저녁.

처사김해김공지묘성묘행장
(處士金海金公之墓省墓行狀)

1. 성묘

지리골을 지나면 쉼바우 들머리였다.
하오의 햇살에 번번이 걸음이 엉겼다.
인기척에 놀라 화들짝 깨어나는 산허리
다박솔이 어깨를 들썩일 때마다
가을바람이 앞서서 달려오고
오랜만에 만나는 몇 그루 나무들이
읍하고 서 있는 묘역,
산발한 머리카락처럼
마른 풀잎들이 바람에 흔들렸다.
그동안 적조하였습니다, 수줍게 고백하듯
국화꽃 한 묶음이 상석 위에 놓였다.
포장지에 싸인 민망함과 죄스러움이
함께 놓였다. 소주잔 속으로
송이구름이 떠가고 있었다.

지나온 생애가 구름 같았다.
무르팍을 찔러대는 덜 깎인 풀뿌리가
오히려 부드러웠다. 잘 왔다
귓가를 간질이며 풀잎들이 속삭이고
오후 3시의 햇살이 등 뒤에서

애썼다, 애썼다며 부드럽게 흘러내렸다.
음복술 한 잔에 졸음이 쏟아졌다.

2. 귀가

 산그림자 발 담그고 앉은 저수지 언저리를 돌아 나오며 노을도 살며시 얼굴 붉히는 저물 무렵입니다. 목이 쉬어 털털거리는 경운기 짐칸에 실려 가만히 견디고 있노라면 가슴 속으로 유년의 별 하나 둘 뜨고, 가을산 그리메에 가라앉은 길가의 풀잎, 이빨 앙다물고 있는 모습이 가슴 저리게 합니다. 얼마나 많은 바람이 관목숲으로 찔레나무 둥치로 달려갔을는지요. 돌아가는 길은 이렇듯 빈손입니다.
 길 끝에는 마당배미 아득한 들판이 열려 있습니다. 꽃피는 봄과 무성한 여름이 차라리 욕이었던 세월이었으니 낮은 목소리로 이리 흔들리고 있음이 안분지족이겠지요. 하늬바람으로 쳐들어오는 낯선 소식에 마음 느꺼워 길게 고개 뽑아 늘이고 있는 코스모스 한들거리는 꽃잎에 쓸쓸한 행보 얹어보며 나는 속으로 울고 있었습니다.
 느린 걸음으로 큰 강으로, 또 바다로, 떠나는 세월 전송해 보내고 혼자서 여위고 있는 봇도랑물 위로 농로는 가뭇없이 사라져가고, 경운기에 부딪힌 돌들이 저만큼 툭 튀어 달아나기도 합니다. 이제 곧 어두워지겠지요. 음복술로 다스리지 못한 슬픔이 양은주전자 속에 남아 저리 출렁거리고 있습니다.

  어린 조카는 아까부터 혼자서 콧노래 흥얼거리고 돌부리에 채이는 바퀴살에 덩달아 통통거리는 녀석의 노래 속으로 처사김공(處士金公) 어깨 위의 저 세상 눈발이 보입니다. …꽃 피고 눈 내리기 어언 삼십 년… 불혹 근처의 어둠을 헤집으며 다시금 멀지 않은 곳으로 겨울이 다가오고 있습니다. 옛이야기처럼 낙엽 떨어지고, 그 잎 맞으며 저희들은 다시 싸울 힘을 얻겠습니다.

김상윤 대구고 17회. 1959년 포항 출생. 대학에서는 경제학을 전공하고, 졸업 후에는 32년 동안 은행에서 밥을 빌어(!)먹음. 지금은 '백수가 과로사한다'는 그 백수로 12년째 살고 있음. 시에 관해서는 너무 오랫동안 '개점휴업' 상태로 살다 보니 일종의 '학습된 무기력'을 겪고 있는 중.

김종갑

고드름

처마 밑에서 언 바나나를 따서
한 입 우두둑 씹어 먹으며
하늘에 걸린 일곱 개 구름다리를
서두르지 않고
부끄러워하지 않으며
가만히 제 속살에 새긴다.

지붕위에 내린 눈은 희망이고
녹아내린 물은 미련이건만

보석과 명품이 비싼 이유를
알지 못하는
가지는 것에 욕심내는 아이는
神의 뜻이 새겨진 문양을
스스로 깨우쳐 알아 가려해도
어둠은 쉬이 찾아오고
빛나는 시간은 속절없이 녹아내리고 있다.

와도 온 것이 아닌
가도 간 것이 아닌 세상으로……

영(0)

1은 1을 보았지만 1=0이라고 말한다
2는 2를 보았지만 2=0이라고 말한다
3은 3을 보았지만 3=0이라고 말한다

그리고 0은 0을 보았으니 0이라고 말한다.

땅위의 소문들은 한차례 태풍이 되어
푸른 기와장을 두들기고
정신없던 아낙은 산발을 하고 그냥 손들어버린
그곳에서 0은 잉태되고 태어났다.

익명과 거짓이 난무하는 이 땅에
침묵이 주인행세를 하는 너른 공간에
0의 행렬이
잘못된 이유를 자신에게서 찾은 순간부터
지옥을 열어버린 채
가을비 맞은 낙엽이 되어
길섶에 끝없이 쌓이고 있다.

김종갑 대구고 17회. 1958년 경북 예천 출생. 한국자동차보험, 금융감독원 근무. 대지문학 동인.

김중희

그림 같은 집을 짓고

1
집을 지었다
노을이 곱게 타오르는 섬마을 언덕배기에
한평생 부대끼며 찢어진 마음을 기워
세찬 바람에 흩어진 꿈을 엮어
집을 지었다
넓은 천창(天窓) 위로
달님은 환하게 웃음 짓고
별들이 다정하게 살랑거리는
그림 같은 집

2
새들이 잠을 깨우고
나무들은 바람결 따라 춤을 추고
꽃들은 햇살 아래 도란도란 이야기를 나눈다

아무리 지치고 힘들어도
들어서면 마음 놓이는
아늑한 집

고요히

책을 읽고
텃밭을 일구고
꽃과 나무를 돌보고

가끔은
나무 그늘 속에서 하모니카를 불며
외로움을 삼키고
별빛처럼 떠오르는 그리운 얼굴들 어루만지며
허허 웃다가
살며시 잠이 든다

3
종일토록 비가 내려도
빗소리 들으며 술잔을 기울일 벗이 없고
달빛 푸르게 가슴을 물들여도
그리움을 실어 보낼 연인도 없지만
나는 아직도 꿈꾼다
다 같이 노래하며 춤추는 꿈을

서로 어깨를 내어주는 나무에 기대어
가만히 빈 하늘을 바라본다

아득히 먼 곳 저녁노을이 내리고

나는 나무가 된다

우리가 예술이다

길가에 자라는 이름 없는 풀처럼
눈물을 참고
분노를 삭이고
굴욕을 버티며
지그시 눈빛 깊어진 친구들이
가을바람에 실려 사랑방으로 온다

자, 한잔 들게나

시민예술제를 준비하는 흥겨운 친구여
노후 걱정으로 뒷골이 빠개지는 정년퇴직한 친구여
되는 게 좆도 없다고 술에 절어 사는 친구여
환갑 지난 숫총각이지만 달콤한 사랑을 꿈꾸는 친구여
이렇게 허망하게 늙어갈 줄 몰랐다고 한숨 쉬는
그대, 내 사랑하는 벗들이여!

자, 한잔 듭세!

다들 그렇게 살아가고 있어
행복하기만 한 사람
불행하기만 한 사람 뉘 있겠나

김중희

있으면 있는 대로 없으면 없는 대로
그냥 사는 거지

문 굳게 잠그고
종일 억! 억! 돈이나 세고 있는
이야기 나눌 친구 하나 없는 꼰대들보다야
잡초 같은 우리가 얼마나 멋있냐

시대를 사랑하고 사람을 좋아하는
우리는 사랑꾼
함께 마시고 노래하며
단돈 만 원으로도 행복을 훔칠 수 있는 우리는
모이면 폭발하는 청춘이라네
삶이 고달파도 웃음꽃 피우며 늙어가는

"우리가 예술이다!"

떨리는 가슴으로 기쁨과 슬픔을 끌어안고
맘껏 마시고 노래하라
두려워 말고 힘차게 소리쳐라!

"우리가예~ 술이다."

김중희 대구고 17회. 1958년 경기 의정부 출생. 1981년 합천 삼가고 첫 교단. 2018년 거제 옥포고 퇴직. 2019년부터 제주 조천 산골마을에 집을 짓고 고요히 살고 있음. 대학을 졸업하면서 글을 쓸 자격이 없음을 깨닫고 절필했으나, 한평생 동행한 계단문학회 벗들과의 우정을 위해 용기를 내어 45년 만에 시를 발표함.

김헌택

판포리* 앞바다에서

까맣게 타다만 돌
발밑에서 아우성을 지르고
졸고 있는 비양도

다 받아준다는
판포리 바다 너머
썰물 휩쓸고 간 빈자리

슬픔 한 보시기
아내 모르게
쏟아 놓으려고 내려간다.

인간의 더러운 욕망
파도가 다 삼키지 못해
꺽꺽대고 있다.

---

*제주시 한경면 소재한 제주에서 가장 매력적인 석양을 감상할 수 있는 포구.

흰나비

세월호 참사 8주기 추모 분향소
영전에 흰 국화 올리고 묵상한다.

귀룽나무 하얀 꽃그늘 아래
한나절 목 놓아 울고 싶다.

북받치는 울음 꾹 삼키며
지켜주지 못한 미안함이 사무쳐 온다.

거짓은 참을 이길 수 없고
진실은 결코 침몰하지 않는다.

종이배 접어놓고 노란 리본 달면
천 개의 바람 불어 흰나비 난다.

김헌택

하얼빈*

모든 철길은 하얼빈에서 만난다.

안중근은 블라디보스토크(우라지)에서
이토 히로부미는 대련에서
코콥초프*는 모스크바에서 온다.

하얼빈역에서 청년 포수 안중근이
대륙침략의 상징 이토를 사냥한다.

코레아 후라!

장송 열차는 대련으로 떠나고
다음 날 아침 김아려*는 장춘에서 온다.

---

* 김훈 소설, 현재 중국 북동부 헤이룽장성 성도. 1909년 10월 26일, 하얼빈역에서 안중근이 이토를 총으로 저격했다.
** 블라디미르 코콥초프, 러시아 재무장관으로 이토를 영접하러 온 인물.
*** 김아려(1878년~1946년), 1894년 안중근과 결혼해서 2남 1녀를 두었다.

꽃무릇

지난해
영광 불갑사 갔지요.

올해는
김천 직지사 갑니다.

풀섶에 숨어 핀 꽃
꽃병에 꽂았다.

타오르는 불꽃
기도하는 손

김헌택 대구고 17회. 1957년 경주 건천 출생. 1984년 안동 경덕중 첫 교단, 2019년 안동중앙고 퇴직. 현재 마리스타학교 교감, 안동시민연대 상임 대표, 천주교 안동교구 정의평화위원회 부위원장.

허상현

고요한 날의 집

이제는 새벽이
먼저 나를 깨운다.

바람이 문틈으로 스며들어
묵은 먼지를 쓰다듬고 간다.

닭이 울면
밥솥에 물을 올리고,
연기처럼 피어오르는
지난 세월을 바라본다.

한때는 아이들 웃음이
골목마다 번져 있던 시절,
비 오는 날
처마 밑에서 고무신을 말리던
그 손길의 따스함이
아직도 남아 있다.

이제 그 아이들은
도시로 다 떠나고,

마을길엔 잡초가 먼저
인사를 건넨다.

흙냄새가 짙게 밴 이 고요가
이젠 내 벗이 되었다.

감나무 아래서 마른 잎을 쓸다 보면
문득, 젊은 날의 내가 지나간다.
삽자루에 기대어
잠시 숨을 고르면,
바람이 다가와
조용히 등을 다독인다.

세상은 멀리서 북적거려도
이 산골 끝의 저녁은
종소리 하나로도 환하다.

오늘도 해는 천천히 지고,
달빛은 지붕 위에 흘러내리고,
나는 그 빛 아래서
조용히 웃는다.

허상현

살아 있다는 건
이렇듯 작은 소리로
세상을 다 듣는 일이라는 걸,
이제야 알겠다.

허상현 대구고 17회. 재주도 별로 없으면서 생기부 취미란에 '글쓰기'라고 기재한 탓에 '원고지와 놀기' 시작. 고교시절 신라문화제, 학원문학상, 개천예술제 등에서 자잘한 수상 몇 차례로 스스로의 한계를 절감. 영남대(1981년 졸업), 대우중공업(29년 8개월 재직)을 거쳐 일본무역(스포츠용품 수출) 일을 하며 계속 저공비행 중.

흑돼지 1

호시절 한때는 야산을 누비었지만
지금은 우리 안 진흙탕에서 먹고 자고 놀기만 한다.

뚱뚱하지만 분홍빛 외래종보다 다부지고 쫄깃한 몸매
두꺼운 가죽을 덮고 있는 거칠고 빽빽한 검은 털
작지만 먹이 찾아 쉴새없이 두리번거리는 눈
톡 튀어나온 주둥이와 도끼에 찍힌 듯한 절벽 코
누가 어디서 무얼 먹는지 쫑긋쫑긋 흔들어 보는 팔랑귀
돌돌 짧게 말아 올린 용수철 꼬리
우스꽝스럽지만 재바르게 움직이는 몽땅한 네 다리
한 번에 열 마리 이상 낳으니 배에는 젖꼭지가 주렁주렁
多産은 多福이라 내 꿈을 꾼 인간들은 복권을 사러 가고
가장 인기 있는 저금통 모델이다.

나는 주는 대로 먹고 부룩부룩 살을 찌운다.

흑돼지 2

꽥꽥 먹따는 소리를 내며 삶을 마감할 때,
흘리는 피는 선짓국이 되고
생살은 오겹살과 목살로 갈비살로,
익히면 수육 보쌈 바비큐로 등장한다.

내장은 꼬불꼬불 암뽕과 찰진 순대와 고소한 막창구이가 되어
술안주로 올라오고
뼈다귀는 뜨끈한 사골 국물과 감자탕을 만든다.
내가 빠진 잔칫집 주안상이 상상이나 되는가
다리는 노릿노릿 콜라겐 족발로,
내 털로 묶은 솔은 청소할 때 요긴하지
머리는 억지웃음 지으며 고사상에 올라 절을 받고 돈도 모아준다
나는 먹여 준 인간들에게 아낌없이 주고 간다
몸 바쳐서 보답한다.

최영일 대구고 17회, 경북 칠곡(대구시 북구 읍내동) 출생. 연세대학교와 경영대학원 졸업. 육군 중위 전역. 삼성그룹 임원. 한국디지털문인협회 회원. 2025년 『시현실』로 등단. 회사 생활을 마치고 '시의 세계'를 알고 싶어 공부 중에 있음.

김성규

시조

호박잎

푸른 잎 층층 묶어
시장 가던 어무이 손

지워진 손금 따라
잎맥들이 돋아나서

넓은 폭 풀치마 되어
내 얼굴을 감싼다.

잎사귀 그늘 가린
청청한 손이 있다

데친 잎에 밥을 쪄서
된장 푼 어무이께

빈 상(床)에 눈물 한 움큼
잎에 싸서 올린다.

김성규 대구고 18회. 경북대 졸업. 포스렉 근무. 교육사업, 세무강의. 『시조문학』으로 등단.

비파나무악기

비파나무 열매 단단한 껍질 속
술대* 튕겨 내는 소리 듣고 나서, 비로소
달콤하고 시린 인생의 참맛 알게 되었네

초승달이 만드는,
귓전에 윙윙 울리는 소리

부드럽고 결 곧은 늘푸른큰키나무 소리 듣기 전에는
손톱이 소리가 되고 나무가 음악이라는 것
나무와 잎사귀의 문맥이 흙으로 빚은 소리인 것을
알지 못하였네

계곡에 흐르는 물소리, 서늘한 바람 소리가
모두 게송인 것을

마음 머무는 곳이
음악인 것을 알지 못하고
악기만 찾아 헤매고 다녔던 것이네

---

*술대(匙): 거문고와 향비파를 연주할 때 사용하는 막대기.

앵강 연서

지금 당신은 없지만

꽃무릇 눈 속에서 붉었지요

늦게 도착한 우체통에 쌓인 편지

이제사 읽어요

당신의 문장은 앵강만 가득

꽃무릇 물결로 출렁이고

어디로 가나 골짝마다

편백으로 서 있었지요

박상봉 대구고 18회. 1958년 경북 청도 출생. 1981년 동인지 『국시』로 작품 활동 시작. 1990년 『오늘의 시』 하반기호, 1995년 『문학정신』 가을호에 작품 발표. 시집으로 『카페 물땡땡』 『불탄 나무의 속삭임』 『물속에 두고 온 귀』 『불 꺼진 너의 단어 곁에서』 발간. 2024년 제34회 대구시인협회상 수상.

서성수

청주 아지매 사총사

피앗재산장 마당에 난 잡초를 뽑는 둥 마는 둥
저 앞 멀찍이서 내려다보는 천왕봉과
실없는 농지거리 오고 가는 틈으로
불쑥 들어서는 아지매들 셋
계곡에 내려가 발 담그고 놀 자리 찾는다 하여
나 혼자만 몰래 노는 명당자리 하나 내어주었는데
가져온 간식만으로 끼니를 때울 거냐 하니
그것 말고 무어 요깃거리 있나요 하는데

고등학교 문학동인 시화전에서
단발머리 교복 입은 세 여학생
시화 액자를 앞에 두고
무어라 질문하고
무어라 대답한 건 기억나지 않고
깔깔깔 세 가지 톤이 섞인 웃음소리와
귀엽고 이쁜 얼굴 셋만 기억나는데
아니 영 기억나지 않는데
그 여학생 셋이
한꺼번에 첫사랑이 되었던 것인데

덜컥 능이 백숙 해주면 되겠냐고

말릴 새도 없이 내 안에서 누가 말해버렸는데
첫사랑 그 여학생들이
지금은 이 아지매들처럼 나이 들었겠다 싶은 마음에
갑자기 생각나 반가운 마음에
냉동고 안에 꽁꽁 언 능이 꺼내 해동하고
능이가 해동되는 사이
가슴속 오래된 추억도 함께 녹으며
능이 짙은 향이 원래 이렇게 고혹적이었나
뇌쇄적이었던 적 있었나
왜 갑자기 가슴이 콩닥거리는지
능이백숙 같이 먹자고 하는데도
부끄러워 함께 앉지도 못했는데

추석 지나고 가을 오더니
반가운 연락이 온다
이번에 만나면
마치 내 첫사랑 그 여학생
아니 이제는 아지매를 만난 듯
같이 앉아 수다를 떨어도 되겠다
그동안 어떻게 살았는지 이야기도 듣고
같이 사는 남편들 뒷담화도 듣고

이 나이에 이제 뭐가 부끄러워 말 못 할 게 있을까

그때 못한 고백 이제라도 해야지
이제라도 고백하면 첫사랑만큼은 아니라도
아니 이제 복잡하고도 정체 모를 연애니 사랑 같은 것보다
단순하고 분명한 우정이니 인정이니 의리 같은 것으로
뭉칠 수도 있겠다
첫사랑보다 더 짜릿한 친구가 될 수도 있겠다

다 모이면 넷이 된다는 청주 아지매 사총사
우리 한번 어우렁더우렁 뭉쳐보면 좋겠는데
그런데 무어가 걱정되는지
날짜를 못 잡는 중이라고

하남집 보은댁

겨울 일요일 밤늦은 산골 어둡고 조용한 속으로
서울 사는 선배 불 밝아 환한 전화가 왔다
제법 취기 오른 목소리가 약간은 불콰했는데
일 년쯤 못 본 사이 형수는 위암으로 수술받고
항암치료 입원 중이라고
간병의 고단함이 겨울밤 산골 추위만큼 매섭게 느껴지고
애써 말꼬리 돌리며 하남의 단골 주막에서
소주 한잔하는 중이라고
유리잔 속 훤히 비치는 피곤과 회한을 숨기며
여기가 고향인 주모와 이야기하다가 안부를 묻는다고
이쪽 동네와 저수지 이름을 확인하는데

만만해진 단골 주점과 수더분한 주모가 등장하는
영화 장면과 대사가 생생하게 그려지는데
문득 여사장의 목소리 들어보려고 바꾸어주라고 하니
안 봐도 만난 적 있는 듯한 목소리가 들려오는데
삼가리라는 동네 이름과 같은 저수지를 확인하고 나니
옆 동네 구병리 산골가든이 친구네라고
송진 내음 진하게 배여 있는 송로주 양조 장인
그 친구하고 같이 한번 올라오라고 하는데
하남의 주점과 속리산 산골은 금방

서성수

한 공간으로 이어져 가까운 이웃이 되고 만다

전화 한 김에 선배에게 최근 나온
시집을 보내줄 주소를 보내주라고 하니
단골 주점 주모에게도 한 권 보내주라고
시집 속 고향 이야기에 눈물 되가웃 쏟아낼 게 분명한데
영화 제목은 무엇으로 할까
여자 주인공은 누가 어울릴까 하면서
머릿속을 가득 채우는 시나리오 한 편이
겨울밤 찬 숲에 눈처럼 내려 쌓이고 있는데
하남집 보은댁 찌개 국물 묻어난 앞치마
시리고 깊은 생의 골짜기 속에서
솔잎 향 진한 바람도 빠져나오고 있겠는데

서성수 대구고 18회. 경북 경산 출생. 충북 보은 거주. 2019년 『수필과 비평』 등단. 2022년 『시와 경계』 시 등단. 시집으로 『흙으로 만든 우주선』.

다시 천년 하늘 빛나는 별이어라
—대구고등학교 개교 60주년을 감축하며

무술년 푸른 사월 동해의 새벽 서광이
앞산 정수리 비추자
신의·협동·창의의 갑옷 입은
무수한 소나무들
달구언덕 진리의 울타리로 모여드네.
태백산맥 등줄기 지나 팔공산 동봉에 버티어선,
이마에 굵은 백선 선명한 백호들의 웅비다.

그들이 무궁화의 끈기와 인내로
5대양 거친 풍랑해치고
광활한 6대륙 거침없이 달리네.
그들 수천수만의 꽃잎이 모여
적·백·청 찬란한 진리의 국화를 피우네.
무시로 그들은
패기의 방망이로
박력의 함성으로 하나 되어
수 없이 강호를 제패 문무 완성하네.
이미 우리는 금강송, 세상의 동량지재다,

웃고 울던 동문들
진리의 샘물 퍼주신 스승님들 한데 모여

삼만일천오십팔 개의 흑백사진 나누는
이순(耳順)의 이날 다시 봄바람이 분다.
소나무와 소나무들이 몸 부비는
백호가 포효하는 울창한 솔밭 대고, 대고인이여
수천갑자 온 누리에 비칠 세상의 빛이어라.

서담　본명 서영환. 대구고 19회. 경북 군위 출생. 영남대 국문학과 박사 과정 수료. 2001년 『시와 사람』으로 등단. 1987년 한국예총 주관 제9회 예술문화비평 신인상 당선으로 음악평론가 및 사진작가로 활동 중이며, 한국현대민화협회 대표이사, 대구시인협회, 한국문인협회 회원. 저서로 음악평론집 『음악문화의 재정립을 위한 사회적 반성』 등이 있다.

김재덕

어떤 결에 대한 그리움
―윤성근 兄을 추모하며

내 가장 가까운 곳에 있었던 詩人

영남전문대 강당이 있던 언덕
날탕의 詩를 백일장에 던지고
초라하게 쪼그린 우리 앞에

쇠꼬챙이처럼 詩를 말하던 詩人

기억과는 다르게
말이 빠르고 빨리 취하며
에토스로 상봉형을 면박하던

언제부터인가 詩를 꺾었다던 詩人

폭포처럼 막걸리를 마시고
술이 약해졌다 몸이 약해졌다
다른 일을 해야겠다고 다짐했지만

벌써 조금씩 떠나가던 詩人

죽어가는 과정이 제법 힘들다고

친구처럼 죽음을 이야기하던
이를테면 나는 이렇게 죽노라고

죽음을 차분히 바라보던 詩人

소식도 없이 그예 떠나버리고
돌고 돌아 백일이 지난 우리에게
침묵으로 이별을 통보한 모진 사람

兄, 그곳에서는
술 좀 천천히 드시나요?
또 뭘 그렇게
치열하게 바라보고 계신 건 아니지요?

오래된 時間

삼십 년
우리 부부의 시간을 지켜온
늙은 벽시계를 버렸다.

한 며칠
건전지도 새로 갈고
살아나기를 기다렸지만
그 친구 맥박은 다시 뛰지 않았다.

아이들이 태어나던 때부터
여기저기 전전하던 셋집 벽에서
묵묵히 우리의 시간을 쌓았던 친구.

멈춘 시계를
하루 동안 안방 침대 곁에 두었다가
오늘 저녁 바깥에다 내놓았다.

한평생을 버리는 기분,
오랜 친구를 배신하는 것 같은 마음이
어둑한 곳에 놓인 시계를 보며 들었다.

하나하나 앞서 떠나간다.
급기야 묵은 시간마저 떠나간 자리

빈 벽에 일없이 박힌 대못 하나
마음 끝을 찌른다.

김재덕 대구고 21회. 1962년 대구에서 출생. 경북대 무역학과 졸업. 굿모닝보청기안양만안센터 원장. 2010년 『월간 모던포엠』 신인상으로 등단. 한 사십여 년 시를 끼고 살았지만 2010년 이래 이름 없는 문예지 몇 군데서 신인상을 받은 후 세상에 시와 시조를 몇 편씩 내보내고 있다. 늦은 나이인 2010년 시인이 된 이후에도 시의 열정을 버리지 않고 공동시집 『무시로 그리워지는』과 첫 시집 『나는 왼쪽에서 비롯되었다』를 펴냈다.

김영태

세월

손사래를 쳐도 너는
그냥 옆구리를 치고 들어와
살며시 동거중이라고
푯말을 드리웠다.

손님 대접하기 싫어서
무심하게 고개만 돌리지만
한쪽으로 쏠리는 건 어쩔 수가 없다.

어차피 동행이라면
알콩달콩 이렇게 붙어
앞서거니 뒤서거니 하면서
한 바퀴 돌자꾸나.

강철 심지가 예전만큼은 아니라도
너 하나쯤은 이제는 건사하며
같이 살 수 있는 시간.

머문 자리마냥
오래 묵은 소리가
곱디고운 산울림으로 다가올 때

왜 이렇게 늦었느냐고
인사는 해다오.

상념

곰삭은 감자처럼
넋두리마냥 주절거릴 여유가 없다.

그냥 곰팡내 나는 종이 속에다
고이 감금해 놓았다.

어슴푸레한 풍상 속에 부단히 보이는 건
설익은 경험과 자취, 두 줄기뿐.

모두가 가는 길이지만
투명하게 장식된 다리만 탓하며
살짝 얼굴만 디밀고 있을 뿐.

끝 간 데 없이 이어질 줄 알았던
둘레가
어느 순간 막다른 골목같이 느껴지고
목소리마저 잠기는 버릇은
탓할 수 없는 현실.

그동안의 성적표를
훈장마냥 자랑삼을 나이도 아니고

소나기처럼 한바탕 쏟아낼 여유도
태풍 같은 격렬함도
이제는 머릿속만 맴돈다.

틀 만큼 튼 똬리는
언제 풀리려나.

김영태 대구고 23회. 계단 19대. 1964년 경북 칠곡 생. 대학 졸업 후 1988년 11월부터 기자 생활을 시작해 2024년 6월 30일 정년퇴직하고 2025년 9월부터 경북신문 대구본부장으로 근무 중. 기자라는 직업을 핑계로 글쓰기를 하지 못하다가 계단문학 동기들의 성화에 못 이겨 이번에 졸작을 냄.

강구항

너도 나도 할 것 없이
모두 뛰쳐나오고 있다.
모처럼 만난 진이 엄마도 몰라보고
바람은 삼삼오오 포구로 구경 간다.

바다에 빠지고 싶을 때
몇 날을 손꼽아 가는 곳 강구항
하늘은 어김없이 내려와 겹겹이
소금으로 동네 앞을 절여 놓고
짭잘한 미역 한 줄 키울 때
강구항 추억 한 그물 올리고 있다.

구경 나간 바람은 어디 갔을까
까맣게 산불에 그을린 얼굴로
한 겹은 낚싯배 어망에 걸려 있고
한 겹은 노점상 앞 기웃거리고
다른 한 겹 어물전 골목 신기한 듯 지날 때

뒤 따라 온 한 겹, 멀리서 온
추억들 손질하여 바다 한상 차리면
입 안 가득 터지는 푸른 날의 기억들

눈 감으면 기억은 부서져 알알이
바다로 뛰어들고
깊은 곳 잠수 못한 것들
물비늘로 반짝인다.

빈손으로 뭍에 왔다
빈손으로 가는 먼 파도
여름에 바다 촉촉 말리고 있는 민박집
주인 풀어 놓은 바람들 불러 사진첩에 재우면
마당 가득 배롱나무 밤새 꽃이 핀다.

멀리 있을 때 그리운 것은

멀리 있을 때 그리운 것은
아마도 참 가까이 지낸 덕분입니다.
일상의 아침이 습관처럼 깨어나는 하루였다면
그대가 멀리 있을 때 지금의 아침은
오히려 날마다 새로운 아침입니다.

멀리 있을 때 그대가 더욱 보고 싶은 것은
아마도 참 무심했던 나 때문입니다.
굽이굽이 산을 돌아와야 하는 바람이기에
한아름 진달래 빛 물감을 풀어 놓고
바람을 기다리는 꽃봉오리처럼
우리는 그렇게 바람과 꽃같이 살아왔던 것 같습니다.

멀리 있을 때 그대를 생각하면
내 눈가가 가만히 젖는 것은
이제야 한 사람으로서 바로 설 수 있기 때문입니다.
나 뒤에 나를 버티어 주던 당신이 있었기에
먼 길을 걸어올 수 있었습니다.

멀리 있을 때 그대가 하루라도 빨리
내 곁에 오기를 바라는 마음은

늘상 그대가 내 인생의 헤어진 무르팍을
기워줄 수 있는 유일한 사람이기 때문입니다.
오늘은 젊은 날의 활짝 핀
당신의 사진 한 장을 들여다보고 있습니다.

배동호 대구고 23회. 경북 고령 출생. 우물은 마르지 않았으나 직장생활에 시달려 글쓰기를 포기했다가 최근 세월의 가르침을 받아 다시 걸음마를 시작함. 걷고 싶음.

이창원

그날, 화랑로를 지나다

벚꽃 나무는 눈물을 실어 나르는 슬픔의 전령사인가

도로 옆 가로수에는 벚꽃이 만발하여 폭설처럼 내리며
사방으로 시야를 어지럽히고 있었다
좋은 날 골라 가시는구나
바람이 재촉하는 이 길 끝에는 아슬아슬한 내 마음과
간당간당한 그녀의 호흡이 맞닿아 있다
먹먹함에 눈물 한 방울이 운전대 위 꽃잎으로 떨어졌다
노을은 위로 한답시고 차창에 연신 붉은 얼굴을 부벼댔다

이맘때쯤이었을까 어릴 적 으스름 해 질 무렵이면
늘 경상여상 고갯마루에 서서 택시 잔돈장사 간
그녀가 돌아오기만을 기다렸다
배고픔 때문인지 외로움 때문인지 나는 늘 그녀가 그리웠다
타박타박 보고픈 그녀 발자국 쫓아
까치발로 총총 자꾸 고개 너머를 넘보다
어느 날 갑자기 내 키가 훌쩍 커 버렸다
그리고 시간이 흐르고
이제 그녀가 날 기다리기 시작한다

아이쿠 우리 강생이 왔나 다 늙어 가는데 강생이는 무슨요
 이제 됐다 그만 가라 가 방금 왔는데 가기는 뭘 가요
 얼굴 봤으면 고마 됐다 아이가 가서 푸욱 쉬어라
 내가 문 밖을 나서자 말자 그녀의 기약 없는 기다림은
 이내 다시 시작됨을 나는 알고 있었다
 보고 싶다 한번 다녀가라 그 말은 평생 차마 못 하고
 그저 낡은 대문 밖만 쳐다보고 쳐다보고

 처음이자 마지막으로 그녀의 부름에 내가 답했다
 누군가는 청진기 안에서만 사는 꺼져가는 심박동으로
 누군가는 온 차 안을 쿵쿵 울리는 서라운드 심장소리로
 서로가 온 힘을 다해 버텨내는 길
 그날 화랑로는 길었고 두려웠고 막막했다
 그리고 화사했다

3월, 정암사에서 보다

눈으로 본 모든 것은 뇌 속에서 씨앗이다

그날은 수년간 젖어 온 나의 무기력증을 모처럼의 나들이에 빨아
햇빛에 널어 말리고 있는 중이었다
겨울은 봄과의 승산 없는 전투에서 교두보를 잃고 밀려나
담벼락 틈 사이로 응달의 돌 밑으로 숨어들어 있었고
어린 풀잎들은 사방에서 소문처럼 두런두런 일어나고 있었다
오래간만의 광합성으로 내가 사유의 싹을 조금씩 틔워 갈 쯤이었다
절간은 고요의 바다 속 참선 중이라 쥐 죽은 듯 조용하였고
수마노 탑 꼭대기에 올라 보초병처럼 사방을 둘러보던 나는 그때
발아래 적멸보궁 지붕 위를 지나가는 무언가를 휙 보았다
언뜻 봐선 좀처럼 형체를 알기 어려운 그것은 그저 찰나의 순간이었지만
그토록 무수히 나를 괴롭혀 온 삶의 여러 화두들
행복과 고통 만남과 이별 애정과 증오 번뇌와 죽음까지
이 모든 것을 일순 덮어버린 채 빠르게 나를 스쳐 지나

갔다
　해탈한 부처의 경지가 바로 이런 것인가
　놀라움으로 둘러보니 주변에는 팔짱을 낀 채 서서 하늘을 찔러대던 나무들과
　겹겹이 구름에 포위당한 산봉우리들이 무심히 나를 쳐다보고 있었다
　야속한 바람만이 떨고 있었다
　그것이 바로 시작이었다

이창원 대구고 23회. 경북대학교 치과대학 10회 졸업. 현 이튼연합치과 남산점 원장.

여정

벌레 11호

半지하방에서 꿈틀댄다. 12시를 향해 기어가는 시침 위에서 꿈틀댄다. 꿈틀대자마자 결핵약을 먹는다. 10개의 환약들이 식도를 타고 꿈틀댄다. 나는 10개의 환약들에 끌려다닌다. 수정체를 뚫고 급습하는 벌레 1호, 실내화를 신은 발로 밟아 죽인다. 책상 위를 기어 다니는 벌레 2호, 책상 위에 놓인 『죽음의 한 硏究』를 번쩍 들어 쳐 죽인다. 벌레 3호는 볼펜심으로 콕 찍어 죽인다. 벌레의 주검 앞에 냉소를 던진다. 입안에서 「헌화가(獻花歌)」가 꿈틀댄다. 철쭉꽃이 피어난다. 참꽃이 아닌 그 개꽃이 피어난다.

밥그릇에 담겨 꿈틀댄다. 밥알들이 꿈틀꿈틀꿈틀꿈틀꿈틀꿈틀꿈틀꿈틀꿈틀꿈틀댄다. 식탁 위를 달려가는 벌레 4호, 입안에 든 숟가락을 번개같이 빼내어 쳐 죽인다. 오물오물 씹히는 밥알들이 벌레 4호 같다. 콩나물이 꿈틀댄다. 파김치가 꿈틀댄다. 그 사이로 지나가는 벌레 5호, 젓가락으로 집어 들어 그 사이에 끼워 죽인다. 벽이 꿈틀댄다. 의자가 꿈틀댄다. 가만히 방바닥에 드러눕는다. 방바닥에 가만히 있던 벌레 6호, 드러눕는 등짝에 짓눌린다. 나도 몰래 죽인다. 살갗 위를 기어 다니는 벌레 7호, 8호, 9호, 이리저리 뒤척이며 꾹, 꾹, 꾹, 눌러 죽인다. 천장이 꿈틀댄다. 몇 켤레 구두가 내 머리 위에서 꿈틀꿈틀꿈틀꿈틀꿈틀꿈틀꿈틀꿈틀꿈틀댄다.

벌레 10호, 잠을 뚫고 들어와 꿈속을 기어 다닌다. 투명한 재떨이를 들어 가만히 엎어놓는다. 서서히 죽인다. 죽은 벌레 10호를 재떨이에 담아 한 번 더 태워 죽인다. 꿈속에서도 꿈틀댄다.

몇 명의 내가 있는 액자 하나

나의 정신병동에 프리다 칼로가 **헨리포드 병원**의 침대 하나를 옮겨 온다. 침대에는 내가 사랑하는 여자가 누워 있다. 나의 병실로 들어서자 그녀의 가랑이 사이에서 탯줄이 흘러나온다. 내 배꼽이 사라지고 나는 그 탯줄에 매달려 그녀의 배 위로 떠오른다. 그녀 앞에만 서면 작아지는 내가 허공에서 가부좌를 하고 두 눈을 감는다. 3, 내 몸은 건강하다((세 번 반복한다)). 2, 내 마음은 편안하다((세 번 반복한다)). 1, 몰입 상태로 들어간다((세 번 반복한다)). 나는 지금 엘리베이터 안에 있다. 엘리베이터가 천천히 내려간다. 10, 9, 8, ((더 깊이)), 7, 6, 5, ((더 깊이, 더 깊이)), 4, 3, 2, 1, ((엘리베이터 문이 열린다)). 자궁이다.

자궁 안에서 詩를 쓴다. 그녀의 뼈가 한 줄 한 줄 약해진다. 詩가 되지 못해 몸부림친다. 그녀의 진통이 심해진다. 미칠 것 같아 그녀의 배를 찢고 뛰쳐나간다. 탯줄을 끊고 달아난다. 그녀의 내장이 몸 밖으로 흘러내린다. 그녀는 침대에 누워 계속 피를 흘리고 있다. 담당 간호사가 급히 내 뒤를 쫓는다. ((이봐요, 보호자님, 보호자님)), 보호자님이 내 뒤를 쫓는다. ((이봐요, 보호자님, 보호자님))이 내 뒤로 점점 멀어진다. 나는 문이 닫히고 있는 엘리베이터를 간신히 탄다. 엘리베이터가 빠르게 올라간다. 1, 2, 3, 엘리베이터 문이 열린다. 문이 열리면 다시 10층이다. 10층은 옥상이다.

　나의 정신병동의 보호사들이 옥상 철문을 두드리고 있다. 그 두드림에 옥상도 울렁대고 바닥도 울렁댄다. 그녀가 없으면 커져 버리는 내가 옥상 바닥 끝에서 가부좌를 한다. 하늘도 어수선하고 땅도 어수선하다. 두 눈을 감는다. 점점 작아진다. 허공으로 몸이 떠오른다. 머리가 무거워 머리가 먼저 내려간다. 엘리베이터도 따라 내려간다. 10, 9, 8, 7, 6, ((더 깊이, 더 깊이)), 5, 4, 3, 2, 1, ((꽝)) 엘리베이터의 문이 열린다. 문이 열리면 포토샵이다.

　그녀의 포토샵 窓에는 프리다 칼로의 **도로시 해일의 자살(1939)**이 걸려 있다. 다른 窓을 열고 두 명의 내가 들어온다. 그녀는 도로시 해일의 자리와 자세를 나에게 내어 준다. 두 명의 나는 그녀의 안내대로 그 자리로 가서 그 자세를 취한다. 그녀가 두 명의 나를 미친 사람 보듯 한다. 그리고 「어느 정신병자의 꿈(2010)」으로 저장한다. 그녀가 포토샵 窓들을 모두 닫는다. 그녀가 문을 열고 작업실을 빠져나간다. 나는 어둠 속에 누워 또 다른 나에게 말을 한다. 그렇게 해서 옥상까지 오를 수 있겠어? 물론이지!

하며 또 다른 내가 허공으로 솟구친다. 머리가 무거워 발부터 올라간다. 엘리베이터도 따라 올라간다. 1, 2, 3, 엘리베이터 문이 열린다. 문이 열리면 병실이다.

나의 병실에는 내가 사랑하는 그녀가 두 명의 내가 그려진 그림 하나를 걸고 있다.

여정 본명 박택수. 대구고 29회. 1998년 동아일보 신춘문예에 시 「자모의 검」으로 등단. 시집 『벌레 11호』 『몇 명의 내가 있는 액자 하나』 등.

김사람

전쟁의 계절입니다

태양이 차갑고
반달이 뜨겁습니다

그대는 전쟁 중입니까
사랑 중입니까

하늘이 불꽃으로 환합니다
멀리 비명에 눈이 부셔도
아름답다는 착각을 합니다

꽃이 지더니
눈이 옵니다

전쟁 중 날리는 벚꽃은
누구의 손톱입니까
가난하고 여리기만 해서
하늘에 오르지 못하는
누구의 영혼입니까

전쟁을 끝내는 방법을 가르쳐 주십시오
우연히 살아남기 위해서는

할 수 있는 게 없습니다

비가 내리더니
낙엽이 집니다

전쟁 중 내리는 비는
누구의 속눈썹입니까
기다리던 당신은 오지를 않고
준비 안 된 가슴에 내리치는
누구의 기별입니까

전쟁 중 떨어지는 낙엽은
누구의 머리카락입니까
피에 젖어 뒹굴어 봐도
다시 살아나지 못하는
누구의 육체입니까

사랑을 잃은 자들이
하루쯤 쉬었다 가시라
흰 수건을 대문에 묶고
구름을 부르는 밥을 짓습니다

전쟁 중 날리는 눈꽃은
누구와의 약속입니까
부드럽고 가엽기만 해서
마음에 닿기 전 녹아버리는
누구에게 쓴 편지입니까

세계는 전쟁 중이고
우리는 지금 사랑 중입니다

시인의 크리스마스

여기는 동성로. 시인들의 거리다. 아무도 나를 모르고 누구도 나를 사랑하지 않기에 모든 것을 사랑할 수 있다. 한 노파가 희미한 언덕으로 연탄을 나르는 동안. 화려한 옷을 입은 젊은이들이 친구 찾아. 사랑 찾아. 기억 찾아. 굴 같은 골목을 드나든다. 쓰다만 시에서 너는 말했다. 슬픔을 꿈꾸지 말아야 했다고. 전광판에 뮤직비디오가 나온다. 오래전 좋아했던 배우다. 음악과 영상이 일치하지 않다는 걸 이상하게 생각하지 않는다. 한때는 거리에 서서 노래를 듣고 비극적인 영상을 보곤 했다. 우리의 시간은 불일치했다. 하지만 그게 무슨 대수인가. 다 기억 속 장치일 뿐이다. 인물들의 생각이 저기 공중전화 줄 만큼 역겹고 추하다. 우리는 크리스마스에 만나 크리스마스에 이별했다. 전축 LP판 소리가 마음을 긁으며 고장 난 하늘을 수리한다. 타락한 교회 종소리처럼 스러지는 검은 미래들. 누구를 사랑한 적이 있었던가. 지금은 없는 미도 백화점에는 아직도 귀신의 집이 있다. 형체. 색. 온기가 없지만. 인간을 유혹하는 아름다운 존재. 그렇다. 영혼은 살아 있다. 입을 크게 벌린 채 달려드는 생령을 본 적이 있다. 낡은 간판과 건물들 무표정한 마음에 맺혀 있는 시간들. 너의 시간 속으로 들어가 기다려도 시가 되지 않는다. 밤늦게 퇴근하는 게으른 사람들. 시내로 몰려나온다. 과거와 현재가 함께 하는 이

김사람

거리에는 고장 난 시간이 있다. 너를 중심으로 돌아가는 네 삶의 시간. 네 시의 시간. 네 사랑의 시간이다. 너와 나의 얼.굴. 사.이.에. 눈이 깊이 내렸다. 다가가려 할 때마다 발.이. 빠.져. 너에게 다.가.갈. 수. 없.었.다.

김사람 대구고 35회. 2008년 『리토피아』 신인상 등단. 시집으로 『남자들의 눈은 전쟁을 동경한다』 『동성로 낭만 다이어리』 등.

수필

맞춤 돼지국밥

전석길

나는 가끔 돼지국밥을 찾아 먹습니다. 물론 집에서 끓여 먹기에는 부담이 되므로, 식당에 가서 사 먹어야 합니다.

직장 건너에 있는 서문시장에 돼지국밥집이 있고, 퇴근길에 있는 봉덕시장에도 돼지국밥집이 있어서, 점심이나 저녁에 가끔 들릅니다. 전공의 선생들과 같이, 같은 부서의 동료들과, 또 동료 교수들과 어울려서 서문시장의 돼지국밥으로 점심 식사합니다. 싸고 맛있습니다. 모두 좋다고 하지요.

또 어떤 날은 퇴근길에 봉덕시장 들머리에 있는 돼지국밥집을 찾아갑니다. 봉덕시장에는 돼지국밥집이 대여섯 있습니다. 그중에서 식탁 여섯 개가 다닥다닥 붙어 있는 아주 작은 식당이 내가 좋아하는 돼지국밥집입니다. 식당 입구에 환갑을 꽤 넘긴 할배 할매 부부가 커다란 가마솥으로 돼지머리를 삶고 돼지고기 수육도 삶아서 돼지국밥을 말아냅니다. 식당에 들어서면 구수한 냄새가 배어 있습니다.

늦은 저녁 시간이면 젊은 부부랑 중년 부부랑 서너 커플이 하루 종일 일하고 귀가하는 길에 함께 식사하는 장면이 있고, 직장 동료나 또래끼리 서너 명 모여 회식하거나, 퇴근길에 친구들과 어울려 하루를 정리하고 내일을 꿈꾸며 소주 한 잔과 돼지고기 수육 몇 점으로 스트레스를 풀어내는 것을 봅니다. 그런데 재미있는 일이 있습니다.

바로 봉덕시장 돼지국밥집의 '맞춤 돼지국밥'입니다.

젊은 부부 앞에 놓여 있는 돼지국밥이 달라서 남녀의 차이를 봅니다. 또 청년, 중년, 노년의 돼지국밥이 다르며, 단골로 들르는 손님은 저마다 돼지국밥 모습이 정해져 있습니다.

우선은 돼지국밥 속의 밥의 양이 달라 남자는 한결같이 흰 쌀밥이 더 많이 들어가지요. 또 돼지고기 수육이 조금 더 들어가고, 돼지곱창이 안 들어가거나, 많이 들어가거나, 덜 들어가거나, 여자 손님은 곱창이 아예 없는 경우가 대부분입니다.

식당 주인 할매가 국밥을 말면서 손님에게 물어봅니다.

'돼지 곱창 먹어 본 적 있나요?' '처음입니다.' '한 번 먹어 보세요. 맛 좋습니다.'

'할매요, 알지요. 내 꺼는 곱창 많이 넣어 주이소.'

'할매요, 나는 알지요.' '오 알지요! 밥 많이 넣으께요.'

'배가 많이 고파 보입니다.' '오늘은 낮에 손님이 많아 점심 못 먹었어요. 밥 많이 넣어 두 그릇 같은 한 그릇 말아주세요.' '장사 잘 돼서 축하합니다. 그러면 한 그릇 먹고 한 그릇 더 말아 주께요. 두 그릇 드세요.'

저녁의 돼지국밥은 점심과는 다르게 통상 밥이랑 돼지고기가 넉넉하게 들어가서 국밥 그릇이 찰랑찰랑 넘칠 만큼 많이 말아줍니다. 심지어 단골조차 하루의 일과에 따라 주문을 따로 할 수 있지요.

또 새파란 파를 잘게 썰어 네댓 점을 맨 위에 얹어 놓으니 색깔의 조화가 기가 막힙니다. 더욱이 돼지고기 독특한 맛을 조금 줄여주는 역할을 합니다.

할매 할배의 세심함이 돋보입니다.

이미 단골이 되어 버린 나에게는 흰 쌀밥을 듬뿍 넣고 잘게 썬 파 댓 점을 얹어서 돼지국밥 그릇이 찰랑거리도록 말아줍니다. 따끈한 국물에 잘 익은 흰 쌀밥은 그야말로 진수성찬이지요. 이게 임금님 수라상입니다.

할배 할매가 돼지국밥집을 꾸리기 시작한 게 어언 20년 넘었다고 합니다. 아침 일찍부터 돼지 한 마리를 큰 무쇠 가마솥으로 네댓 시간 삶아서, 돼지머리는 예약해 둔 행사에 보냅니다. 산악회, 운동회, 잔칫집, 무당집 등등 말입니다. 어떤 날은 돼지머리만 세 곳으로 간다고 합니다. 돼지고기 수육은 이곳저곳 여러 곳으로 배달 보냅니다. 그렇게 돼지고기 장사한 것이 20년 넘었다고 합니다. 그리고 무쇠 가마솥의 구수한 국물이 돼지국밥이 됩니다.

그냥 돼지고기 수육 사다가 돼지국밥 말아내는 여느 식당과는 다르게, 직접 돼지고기를 삶아 내는 덕분에 손님마다 조금씩 다른 '맞춤 돼지국밥'을 말아내는 것이 가능합니다.

그래서 돼지국밥은 그릇마다 모두 다릅니다.

그렇지만 국밥값은 수육이나 밥의 양이 달라도 모든 손님에게 똑같이 3천원입니다. 게다가 수육이든 곱창이든 더 보태 줍니다.

그리고 국밥 그릇은 항상 깨끗하게 비워져 나옵니다. 손님들이 자기 입맛에 맞추어 말아준 돼지국밥이 너무 맛있어서 국물까지 모두 마셔버린 탓입니다.

내 그릇에는 돼지고기 수육이 몇 점 더 들어 있습니다. 나도 마지막 국물까지 먹습니다.

1980년대 말까지 한국 사람은 양복과 셔츠는 모두 맞추어 입었습니다. 구두도 발의 크기와 모양에 맞게 손으로 가죽을 잘라 바느질해서 만들었습니다. 재단사가 몸과 발을 부위별로 크기를 하나하나 줄자로 재고 모양을 그림으로 그려서 체격이나 발의 크기와 모양에 맞게 옷과 구두를 만들어 내는 것이 맞춤입니다. 그러다가 1990년대 들어 시작된 기성복이 점차 늘어나더니 맞춤옷이 줄어들고, 21세기에는 대량 생산한 옷과 구두에 내 몸과 발을 맞추어 갑니다. 반면에 맞춤옷과 맞춤 구두는 무척 큰돈을 지불해야 하는 것이 되었습니다.

그런데 세상에 '맞춤 돼지국밥'이 있다는 것은 정말 몰랐습니다. 심지어 돼지국밥은 모든 손님에게 똑같이 겨우 3천원이고, 또 돼지고기 수육을 더 달라고 하면 국물을 더 담고 고기를 보충해 줍니다.

나는 저녁 식사에 곱창은 빼고 흰 쌀밥과 돼지고기 수육을 넉넉하게 넣은 돼지국밥을 좋아합니다. 국물이 넘칠 듯 말 듯 찰랑거립니다. 조심스레 숟가락을 국밥 그릇 밑바닥까지 넣어 아래위를 섞으면 따끈한 돼지국밥의 구수한 냄새가 퍼지면서 입맛을 자극합니다. 내 입맛에 꼭 맞춘 돼지국밥입니다.

싸고 맛있는 '맞춤 돼지국밥'이 만들어 주는 행복한 세상입니다.

전석길 대구고 6회. 경북대학교 의과대학 대학원 졸업. 의학박사, 전문의(영상의학, 방사선종양학, 핵의학). 계명대학교 의과대학·동산병원 교수 정년퇴임. 현 계명대학교 의과대학 명예교수.

오금희(五禽戱)의 낙(樂)

남명희

오금희 운동에 입문하는 첫날, 스승의 첫 번째 지침은 '오금희답게 하라'는 것이었다.

"오금희의 모든 동작은 오금희다워야 합니다. 과거에 태극권이나 태권도 등 다른 운동을 했던 분도 이제부터는 모든 동작을 잊어버리고 오금희답게 하셔야 합니다."

수련을 하며 자세와 순서를 익히는데 급급하다 보니 스승으로부터 가끔 수정을 받아도 어떻게 하는 것이 오금희답게 하는 것인지 미처 생각할 겨를도 없었다. 오금희 84가지 자세와 순서만 겨우 익히고 그렇게 8개월간의 초급반 과정을 마쳤다.

그 후 심화 과정인 중급반에서의 화두(話頭)는 송(鬆)이었다. 몸의 긴장을 풀고 편안한 마음으로 수련을 하라는 것인데, 그 뜻을 스승은 이렇게 설명했다.

"오금희의 시작과 끝은 한마디로 송(鬆)이라고 할 수 있습니다. 물론 자세와 순서를 정확하게 익히는 것도 중요하지만, 크게 보면 그것은 수련의 시작이며 일부분에 지나지 않습니다. 이제부터는 익힌 동작을 반복하며 자기의 몸을 관찰하고, 몸속에서의 변화와 느낌을 계속 찾아가야 합니다. 오금희 수련은 바로 이러한 느낌을 찾고자 끝없이 정진하는 것이라고 말할 수 있겠습니다. 그리고 오금희의 정수는 예비공에 있고, 그중에서도 '녹참원조'에 모든 요결이 담겨 있다고 해도 과언이 아닙니다. 녹참원조의 요결을 터득했을 때 자세도 훨씬 더 부드럽고 좋아질 뿐만 아니라 오금희의 또 다른 느낌을 찾을 수 있을 것입니다."

그런데 매번 운동을 시작하려고 준비 자세에서 호흡을 가다듬으며 기다리는 '침잠(沈潛)의 시간'은 불과 2, 3분에 지나지 않지만 실제로 느끼는 시간은 그 열 배보다 더 긴 시간으로 다가온다. 그 짧은 촌각의 시간에 수많은 생각과 잡념들이 계속 머릿속을 맴돈다.

'그래, 편안한 마음으로 내 몸을 오금희에 맡겨보자. 그리고 즐거운 마음으로 오금희의 세계를 여행해 보자.' 이렇게 마음을 가다듬어 보지만 경직된 몸은 쉽게 방송(放鬆)이 되지 않고 몸과 마음은 바람에 천지사방으로 흩날리는 눈발처럼 소란스럽고 뒤숭숭하다. 그런데 한동안 침묵과 기다림의 시간이 지나자 이상하리만큼 몸과 마음이 가벼워지고 잡념도 없어진다. 잠시 후, 오금희 동작에 그저 내 몸은 편안하게 이끌려가기 시작한다. 매일 이렇게 수련을 반복하는 가운데 점차 동작이 원숙해지면서 몸이 느끼는 '어떤 변화'를 경험하기 시작했다.

녹참원조 자세로 서서 편안하게 느껴질 정도로 적당히 몸의 힘을 빼되 최소한의 긴장감을 유지한 채, 눈은 저 멀리 넓은 바다의 수평선을 바라보듯 지긋이 뜬다. 그 자세로 의수단전(意守丹田)하며

서 있으면, 입에 박하사탕을 물은 것처럼 입안이 상큼해지는 느낌과 함께 침이 고이고, 이어서 손바닥이 서서히 더워지면서 팽창되는 기감(氣感)을 느끼게 된다. 그 다음엔, 반신욕을 할 때 일정 시간이 지나면 갑자기 더운 기운이 온몸을 휘감아 도는 느낌이 오듯, 몸의 등판 전체가 전기담요를 덮어쓴 것처럼 더워졌다가 그런 상태에서 어느 정도 시간이 지난 다음엔 찬물로 샤워하듯 차가운 기운이 온몸을 감돌며 다리 아래쪽으로 내려가는 것을 느낄 수 있다.

그런 가운데 양쪽 겨드랑이는 외탱(外撑)과 내포(內抱)의 팽팽한 기감(氣感)으로 마치 바람이 꽉 찬 풍선을 끼고 있는 듯하고, 상체는 좌경(座勁)과 정발(挺拔)의 기운으로 균형을 이루다가 점차 온몸이 아래로 가라앉는 느낌이 들며 더욱 자세가 편안해진다. 이 상태에서 어느 정도 시간이 흐르고 나면 잡념이 없어지고, 점차 머리가 맑아지면서 머릿속에 어떤 '차단막'이 쳐지는 것 같은 느낌이 든다. 오히려 무슨 생각을 하려 해도 아무런 생각도 떠오르지 않는 '무념'의 상태가 이어진다. 그렇게 마지막 수공까지 끝내고 나면, 흐르는 땀과 함께 몸과 마음은 깃털처럼 가볍고 머리가 맑아지며, 발걸음은 마치 구름 위를 걷는 듯 가벼워진다.

오금희 수련은 평생을 이런 느낌을 끊임없이 찾아가는 과정이 아닐까?

수련 교본인 『화타오금지희』에 수록된 「오금희 수련시 요점과 주의사항」 13개 조항은 오금희를 배우는 금과옥조(金科玉條)와 같은 지침들이다. 그중에서도 나는 마지막 13번째 항목을 제일 소중하게 여기고 있다. 왜냐하면 제1항부터 12항까지는 오금희를 배우고 숙달하는 과정에 관한 것이라면, 13항은 배운 것을 끊임없이 익혀 가는 마음가짐이며 오금희 수련의 정신이라고 생각하기 때문이다.

'배우면 바로 수련하고 수련 중에도 늘 배워라. 세심하게 체득하고 힘써 노력하여 진보해야 한다. 어느 한 단계에 오래도록 머물러 스스로 자만해서는 안 된다.'

이것은 13번 항목의 요점이다.

그래서 수련의 깊이를 더하고 어느 경지에 달하기 위해서는 조급해하지 말고 오로지 몸과 마음을 비우고 '구름에 달 가듯이' 느긋한 마음으로 여유를 갖고 세월을 낚으며 꾸준히 수련을 계속하는 것보다 더 좋은 비결은 없을 것 같다. 오금희는 1~2평 정도의 작은 공간만 있어도 어느 곳에서나 얼마든지 수련을 할 수 있다. 마음만 먹는다면 거의 아무런 제약조건 없이 언제라도 가능한 운동이다.

오금희는 내 인생에서 특별한 만남이요 동반자다. 오금희는 참으로 오묘하여 수련을 하면 할수록 청명한 가을 하늘처럼 맑고, 망망대해(茫茫大海) 푸른 바다처럼 넓고 깊으며, 올라갈수록 태산보다 높고, 평생 유유자적(悠悠自適)하며 아무리 거닐어도 지치거나 싫증이 나지 않는 백화만발(百花滿發)한 신세계이다.

기공에 입문하여 거의 매일 수련해 온 지 40여 년인데, 내 몸과 마음은 늘 초보 때나 다름이 없다. 앞으로도 게을리 하지 말고 기공 수련에 더욱 정진하자고 마음을 다잡는다.

화타오금희(華佗五禽戱)의 역사와 개요

화타는 서기 110년경에 태어난 중국 후한시대의 뛰어난 의학 대가이다. 특히 의술과 양생학에 대하여 많은 연구를 하였고, 살려낸 사람만도 무수하여 '신의(神醫)'로 불리었다.『삼국지』책에는 화타의 열전과 그의 많은 사적을 기술해 놓았다. 화타는 진대에 조조를 모시는 시의에 임명되는 것을 거절하는 바람에 당시 나이 97세에 조조에 의해 살해되었다.

오금희는 약 1,900여 년 전 의성(醫聖) 화타가 창시한 기공의 원류로써 자연에 묻혀 유유히 살아가는 다섯 동물, 즉 호랑이, 곰, 원숭이, 사슴, 새(虎, 熊, 猿, 鹿, 鳥)의 운동 형태와 특징을 인체 생리에 절묘하게 부합시켜 만든 도인술(導引術: 도가의 양생술)이다. 후세 기공이나 무술의 원류이자 기본 동작이라고 할 수 있다.

'흘러가는 물은 썩지 않고, 구르는 돌에는 이끼가 끼지 않는다.'는 이념을 바탕으로 화타가 인체 생리에 의술의 이치를 결합시켜「오금희」를 창시한 것이다.

오금희는 의식적으로 호흡을 이끌어내는 것이 아니라 자연호흡법을 쓰며 동작 하나하나가 호흡을 이끌어 준다. 절묘한 신체 동작과 호흡의 연결은 도가적인 무심한 경지를 체험할 수 있게 한다. 오금희는 몸을 강하게 해주며 질병을 막아주고, 근원적으로 치료해주는 도인술이다.(출처: 화타오금지희도해(華佗五禽之戱圖解), 곽정헌 지음, 김성기·박윤선 공역)

남명희 대구고 6회. 2014년 『문학나무』에 「이콘을 찾아서」로 등단. 소설집 『자밀』, 미니픽션집 『당신은 GPS로 추적을 받고 있습니다』. 경북일보 문학대전 수상(2014, 2015). 연세대학교 상학과, 서울대 대학원 경영학과(MBA), 미국 펜실베니아대학교 워튼스쿨(AMP). 금융기관 등 기업체에서 오랫동안 일함. 현재 성북문화원 마을아카이브 주민기록단 활동 중.

쉼표의 시간

김국현

글을 쓰지 않은 지 두어 달이 지났다. 게으른 내 잘못은 탓하지 않으면서 하릴없이 지나는 하루해가 야속하기만 했다. 모처럼 쓸거리가 생각나 컴퓨터 앞에 앉아 있어도 금세 잡생각에 휩쓸려 한 발짝도 나아갈 수 없다. 단어 하나, 문장 하나 그려지지 않은 채, 사유의 길은 매번 제자리에서 헛돌기만 한다. 그러다 유튜브 채널이나 관심 있는 블로그를 찾아다니며 무료한 시간을 보낸다. 생각이 게으른 자의 표본인가. 마치 내 안의 내가 어디론가 사라진 것 같은 착각에 빠져든다.

이러고도 나는 작가라 할 수 있는가. 글을 쓰지 않는 나는 과연 누구인가. 세상은 '하고 있는 일'로 사람을 정의한다. 작가는 글을 써야 한다. 농부는 밭을 갈아야 하고 어부는 그물을 던져야 한다. 글을 쓰지 않는 한 어쩌면 더 이상 작가가 아닐지도 모른다. 멈추고 있었기에 때로는 자책이 되고 불안감에 휩싸이기도 했다. 어느 날 문득, 이 시간이 무의미한 정체가 아니라 '삶의 쉼표'일 수 있다는 생각이 들었다. 문장이 멈추는 곳에 쉼표가 있듯, 인생도 잠시 멈춰야 비로소 다음 단계를 준비할 수 있다. 매사에 성취하려는 의욕이 넘쳐 쉼 없이 달려가다 보면 일에 얽매이고 생각의 노예가 될 뿐이다.

아침 일찍 회의가 있어 승용차를 타고 서울로 향했다. 그런데 이를 어쩌나. 출근 시간과 맞물려 도로가 주차장이었다. '아차, 고속도로로 가면 안 되는데…….' 약속 시간에 늦을 것 같아 조마조마했다. 마침 라디오에서 귀에 익숙한 음악이 흘러나왔다. 시크릿 가든(Secret Garden)의 「Sometimes When It Rains」이다. 작은 공간을 가득 메우는 바이올린 소리는 매혹적이었다. 같은 곡조를 반복하며 유유히 흘러가는 리듬에 내 생각을 내려놓았다. 마음이 편안해졌다. 노래 한 곡 덕분에 여유를 가졌다.

앞만 보며 매사에 열심인 것만이 미덕인 시대는 지났다. 며칠 전 친구가 "게으름이 옛 부엌 그을음같이 진득하게 달렸어."라고 말했을 때, 나는 대뜸 "참 잘하네."라고 화답해 주었다. 반복되는 일상에서 가끔은 진득한 게으름을 부려보는 것도 괜찮다. 그것은 무기력이 아니라 삶을 더 깊이 음미하려는 의식적인 멈춤이다. 그 게으름의 여백 속에서 우리는 진짜 나 자신을 마주한다.

이번 주 교회 목사님의 설교 제목이 「쉼표의 비밀을 아시나요?」였다. 말씀 중에 슬픔과 시련도 하나님이 주신 쉼표라는 대목에 위안을 얻었다.

> 하나님은 가끔 우리 인생에 쉼표를 찍어 멈추게 하십니다. 질병과 역경을 통해 쉬게 하십니다. 잠시 멈춤은 재충전의 시간입니다. 상처와 실패로 여겨졌던 시간은, 사실 하나님이 우리 삶에 찍어주신 거룩한 쉼표였습니다. 그 쉼표는 주변을 돌아보는 시간이고 진정한 나를 발견하는 재창조의 기회입니다.

쉼표의 시간은 성숙과 성장의 기회다. 고난과 절망의 시기에 찾아올 때 그 선한 영향력은 더욱 값지다. 더욱이 생각의 멈춤은 타성과 나태의 결과가 아니다. 바쁜 일상을 쉬게 하는 숨 고르기일 뿐이다. 침묵 또한 나의 문장이고 서사이다. 때가 되면 다시 쓰게 될 것이고, 설령 쓰지 않는다고 실망감에 사로잡힐 필요가 없다.

 작가는 글을 쓰는 사람이지만, 그건 단지 행위에 대한 정의일 따름이다. 존재의 본질은 그 너머에 있다. 침묵의 시간에도 난초의 새순에 감탄하고 붉은 장미에 매혹된다면 글을 쓰기 위한 몸짓은 이미 시작되었다. 그날 라디오에서 흘러나오던 음악처럼 삶도 멈춰서야 비로소 보이는 것들이 있다. 그때부터 계절의 변화를 눈여겨보는 습관이 생겼고 구름과 별들의 속삭임을 들었다. 창가로 스며드는 산들바람 소리, 천진난만한 아이들의 표정, 길가에 피어난 들꽃까지 모두가 특별한 의미로 다가왔다.

 글쓰기가 안 되는 날은 억지로 문장을 채우려 애쓰기보다 차라리 내 안에 빈자리를 만들어두는 편이 낫다. 때로는 일부러 멈춰 서 있기도 한다. 커피잔을 두 손으로 감싸 쥐고 온기를 오래도록 느끼기도 하고 저녁노을이 창밖을 물들이는 동안 아무 일도 하지 않기로 한다. 삶은 크고 작은 서사로 채워나가다 결국은 마침표로 끝나는 것이니, 그 사이를 아름답게 장식하는 건 나 자신을 돌아보며 일구어낸 일상의 쉼표들이다.

 오늘도 나는 마음 한편에 살며시 쉼표 하나 찍는다. 작은 침묵이든, 깊은 숨이든, 언젠가 그 자리에 아침 햇살처럼 반짝이는 착상이 피어날 것이다. 삶은 그렇게, 잠시 멈춘 자리에서 다시 시작된다.

 나는 지금 어디쯤에서, 어떤 쉼표를 찍고 있는 걸까. 그리고 그 쉼표 너머엔 어떤 이야기가 기다리고 있을까.

유리 액자

김국현

지난여름 비가 부슬부슬 내리던 날, 양평의 한 호젓한 카페에 들렀다. 옆문을 지나면 나무 지붕 아래로 아담한 회랑이 이어지고, 그 뒤로는 갈색 벽돌 담장이 낮게 둘러져 있었다. 담장 중앙에는 투명한 유리판이 액자처럼 걸렸고, 그 유리판에는 건너편 강과 산의 신록이 한 폭의 산수화처럼 펼쳐졌다. 따뜻한 커피 한 잔을 들고 액자 앞 서양식 탁자와 의자가 놓인 자리에 앉았다.

잔잔한 빗소리와 함께 스피커에서는 더 캐스케이즈(The Cascades)의 「Rhythm of the Rain」이 흐르고 있었다. 비는 바람을 타고 유리창을 스치듯 흘러내렸고, 유리 액자 속 풍경은 음악의 멜로디에 젖어 물빛 향기를 품었다. 빗속 정경이 좋았고, 그에 어울리는 음악도 좋았다. 무엇보다 그 모든 것을 온전히 느끼며 그 순간을 즐기는 나 자신이 가장 마음에 들었다. 유리 액자는 마법처럼 시시각각 변하는 모습을 보여준다. 계절 따라 달라지는 빛의 채색과 명암은 그때의 기분과 생각을 나타내고, 흘러가는 풍경은 곧 우리 삶의 서사이기도 하다. 액자 속 그림이 바뀌듯 세월은 멈추지 않고 흐르고, 우리 인생 또한 쉼 없이 지나간다.

가만히 들여다보면 유리 액자는 마치 거울을 닮았다. 오는 것은 오는 대로 받아들이고, 가는 것은 미련 없이 흘려보낸다. 어떤 사물이 비추어지든 본래의 바탕을 유지하며 햇살이 다가오면 햇살을, 빗방울이 스치면 빗방울을 고요히 담아낸다. 그 모습은 마치 바람에 몸을 맡긴 잎새처럼, 세상의 흐름에 자연스럽게 자신을 내맡기는 태도와 닮아있다. 장자(莊子)는 '조지어천(照之於天)', 즉 자연의 빛에 자신을 비추듯, 외부의 사물이나 견해에 얽매이지 않고 고정된 관념에서 벗어나 주체적이고 자유로운 삶을 살라고 말했다. 유리 액자가 흘러가는 풍경을 그대로 품는 그 투명한 태도야말로 장자가 말한 이상적인 삶의 자세가 아닐까.

요즘 세상은 마치 흐린 유리창 같다. 편향과 왜곡이 진실을 가리고, 서로 다른 색들이 뒤엉켜 제빛을 잃어가고 있다. 도를 넘은 사회적 갈등 속에서 도덕과 양심은 점점 더 희미해지고, 우리는 분열되고 극단적인 언어에 익숙해지고 있다. 조용히 창을 닦아내면 제 본래 모습이 드러날 텐데, 그마저도 쉽지 않아 정의가 어디에 살아있는지조차 알기 어려운 세상이다.

얼마 전, 수필 교실에서 있었던 일이다. 덕수궁 산책길에서 느낀 소회를 글로 썼는데, 그 글을 두고 문우 한 분과 작은 언쟁이 벌어졌다. 고종 황제에 대한 역사관이 엇갈렸기 때문이다. 외세에 기대어 위기를 모면하려 했던 군주였는지, 아니면 대한제국을 세우고 자주적 근대화를 꾀한 선각자였는지. 평소 따뜻한 정을 나눠온 사이였지만, 생각이 다르다는 이유만으로 한동안 서먹한 사이가 되었다. 사람들은 저마다의 관점과 시선으로 세상을 바라본다. 문제는 그것을 절대적 진리인 양 고집할 때 발생한다. 집착은 타인을 괴롭히고 결국은 서로에게 상처를 남긴다. 유연하게 바라보고 가볍게 내려놓는 것, 어쩌면 그것이야말로 용기 있는 행동일지도 모른다.

그날 이후, 나는 내 말투와 생각의 방향을 자주 돌아보게 되었다. 일상의 사소한 선택을 하거나 가족과 대화할 때, 내 생각을 '절대'라고 믿지는 않았는지, 누군가를 설득하려는 마음에 상대를 이기려 한 건 아니었는지. 나도 모르게 '옳다'는 기준을 들이대며, 타인의 유리창을 흐리게 한 적은 없었을까.

편견과 아집에서 벗어나는 일은 자유로운 삶의 시작이다. 바람직한 태도는 거울 같은 마음으로 자연의 흐름을 받아들이는 자세일 것이다. 거울이 맑으면 오가는 사물들을 있는 그대로 비추듯이. 사물의 본질을 직시하고 그것을 반추하는 일이야말로 세상을 향한 사랑의 표현이다. 장자는 「응제왕(應帝王)」편에서, 온갖 사물들이 오가도 마음이 상하지 않는 '지인(至人)'의 경지를 설파했다. 이는 외부 세계의 혼란 속에서도 자신의 내면을 지키는 이상적인 인간의 모습이다. 나 또한 세상의 동요가 나를 에워싸더라도 흔들리지 않고 중심을 지키는, 그런 마음을 간직하고 싶다.

회랑 앞마당에는 여전히 비가 내린다. 음악은 어느새 익숙한 팝송으로 바뀌었고, 유리 액자 속 그림도 그 색깔이 조금씩 달라지고 있다. 풀잎은 짙은 물빛을 띠고, 어둑한 그림자가 서서히 내려앉는다.

내 마음속 유리는 얼마나 투명해질 수 있을까. 그리고 과연 내가 가진 편견을 얼마나 내려놓을 수 있을까. 이 비가 그치고 햇살이 들 무렵이면 내 안의 유리창도 조금은 더 맑아져 있기를 소망해 본다.

김국현 대구고 13회. 경북 안동 출생. 성균관대학교와 미국 인디애나대학에서 행정학을 전공했다. 2021년 『에세이21』로 수필, 2023년 『수필미학』으로 평론 등단. 저서로는 『그게 바로 사랑이야』 『청산도를 그리며』 『혼자 걷는 길』 『서해의 일출』, 수필 『선집 토파즈topaz처럼』, 암투병기 『봉선화 붉게 피다』가 있다. 산영수필문학회 회장, 수필미학작가회 부회장, 뉴스리포트 갈럼리스트로 활동하고 있다. 한국지방재정공제회 이사장을 역임했다.

지나간 시간, 다가올 시간

허상현

젊었을 때, 앞만 보고 달렸다. 아침 일찍 일터로 향하고, 가족을 위해 땀 흘리며, 미래를 위해 걱정하느라 오늘을 잘 보지 못했다.

그런데 세월이란 참 묘하다. 언제 그렇게 흘렀는지, 어느새 생의 종반전, 일흔이 되어 있다.

이 나이쯤 되면 깨닫는다. 인생은 속도가 아니라 여유로 완성된다는 걸.

예전엔 일이 쌓이면 불안했지만, 지금은 커피 한 잔을 천천히 마시는 그 시간이 훨씬 귀하다. 젊은 날엔 '해야 할 일'에 쫓겨 다녔지만, 이제는 '하고픈 일'에 마음이 앞서간다. 남은 날을 세는 대신, 오늘 하루 시간을 헤아리는 것이 즐겁다. 문득, 거울을 보니 주름이 깊게 자리를 잡았다.

처음엔 낯설었지만, 곧 생각이 바뀌었다. 주름은 세월이 그린 예술이고, 흰머리는 삶이 남긴 서명이라고 누가 얘기했다. 가만 생각하니, 얼굴의 이런 흔적들조차 고맙다. 그만큼 울고 웃고 사랑하며 살았다는 증거이니까.

요즘은 자주 웃으려 한다. "젊을 땐 시간이 없어서 못 놀았고, 이제는 시간은 있는데 몸이 안 따라준다." 다소 웃기는 이 말에, 속으론 은근히 공감된다. 그래도 괜찮다. 느리게 걷는 만큼 더 많이 본다.

길가 코스모스 한 송이에도 발걸음 멈추고, 아침 햇살 한 줄기에도 마음이 따뜻해진다. 인생 종반전이 되니 세상이 달라 보인다. 젊었을 때는 앞만 보지만, 때가 되면 뒤, 옆, 위를 다 본다. 그 덕분에 실수는 줄고, 감사는 늘었다.

요즘은 '내가 이기겠다' 보다 '나를 이해하자'가 더 중요하다. 변비약 광고처럼, 비우고 나니 마음이 훨씬 가벼워졌다. 돈보다 정이, 성취보다 평안함이 더 귀하다는 걸 이제야 안다.

나이 든다는 건 퇴보가 아니라 깊어짐의 다른 표현이다. 세월은 많은 걸 빼앗는 것 같지만, 사실은 마음을 다듬어준다.

욕심이 줄어드니 세상이 훨씬 넓어진다. 잘 늙는다는 건 후회 대신 미소를 남기는 일이다.

하루가 선물임을 아는 사람만이 진짜 어른이라고 했던가. 오늘도 이렇게 살아 있음이 감사하다. 가끔은 젊은 날의 나를 떠올린다. 패기 넘치고, 실수도 잦았지만, 그 덕에 지금의 내가 존재한다. 그때는 몰랐다. 추억은 줄지 않고, 되새길수록 새로워진다는 걸. 이제는 그 시절이 부끄럽지 않다. 그때의 열정이 있었기에, 지금의 여유가 가능하니까.

사람이란 결국 사람 덕에 산다. 함께 웃어주는 친구 하나, '괜찮다' 말해주는 가족 하나만 있어도 인생은 충분하다. 이제는 큰일을 이루기보다, 작은 인연을 지키는 게 더 소중하다.

'고맙다'는 말이 습관처럼 입에 붙었다. 나를 기억해주는 사람 한 명만 있어도 그 인생은 성공이라 했다. 어쩌면 이 종반전은 새로운 출발선일지도 모른다. 몸은 느려졌지만, 생각은 단단해졌고, 마음은 오히려 젊어졌다.

아직도 내 안에는 설레는 청춘이 산다. '이 나이에 뭘'이 아니라, '이 나이니까 더' 할 수 있다는 용기도 생긴다. 아내와 산책길, 자녀들과 담소, 새로이 배우는 일, 친구 만나 웃는 일,

이 모든 게 여전히 신나고 소중하다. 요즘 내 목표는 단순하고, 흔한 거다. 잘 먹고, 잘 웃고, 잘 잊자.

행복은 거창한 게 아니다. 밥맛 좋고, 잠 잘 오고, 걱정할 일 없는 하루면 그게 복이다.

젊은 시절엔 세상을 바꾸려 했지만, 이젠 리모컨 채널 바꾸는 것도 꽤 즐겁다. 내 인생의 저녁이지만, 해가 질 때 가장 붉듯, 지금이 오히려 가장 아름답다. 늦은 만큼 깊고, 느린 만큼 따뜻하다.

이제는 말한다. "지금, 아직도 봄날이다." 여생이 얼마나 될지는 몰라도, 그날이 오는 그 순간까지, 매일 충실하게 살아보고 싶다. 그리고 무엇보다, 이 나이에도 웃을 수 있다는 게,

참 고맙다. 오늘도 살아 있어서, 그게 가장 큰 감사이다.

허상현 대구고 17회. 재주도 별로 없으면서 생기부 취미란에 '글쓰기'라고 기재한 탓에 '원고지와 놀기' 시작. 고교시절 신라문화제, 학원문학상, 개천예술제 등에서 자잘한 수상 몇 차례로 스스로의 한계를 절감. 영남대(1981년 졸업), 대우중공업(29년 8개월 재직)을 거쳐 일본 무역(스포츠용품 수출) 일을 하며 계속 저공비행 중.

칼럼

들어 보세요 '보신탕' 이야기

이순락

삼복(三伏) 더위와 보신탕

그렇게나 뜨거웠던 한낮의 열기도 삼복 더위가 지난 탓인지 아침저녁으로는 제법 초가을의 기운이 있어 서늘하다. 옛 선인들의 말씀에 "절기는 못 속인다."고 하셨던 말이 저절로 생각이 난다.

'복날 개 잡듯(패듯)'이라는 말이 있다. 몹시 심하게 때리거나 맞는 모양을 비유적으로 이르는 말이다. 복날은 삼복을 말하며 초복, 중복, 말복을 지칭한다. 보통 초복 후 열흘 뒤면 중복이고, 또 열흘 뒤면 말복이다. 복날이면 사람들은 더위를 이기고자 개장국(보신탕)과 삼계탕을 먹거나 수박을 차게 해서 나눠 먹곤 하는 것이 우리네 전통적 풍습이다.

그런데 필자가 찾아본 자료에 의하면 '삼복'의 기원은 중국 진나라 때, 일 년 중 무더위가 맹위를 떨치는 시기여서 '삼복더위'라는 말이 생겨났다고 한다. 복날에는 무더위에 시달려 떨어진 체력을 회복하고, 보신하기 위해 개를 잡아먹는 풍습이 시작되었다는 것이다.

보신탕의 맛과 영양의 우수성은 먹어 본 사람만이 알고 이해할 수 있을 것이다. 개고기를 우리나라에서는 보신탕이라고 부르지만, 중국에서는 개고기를 향육, 북한이나 연변 교포들은 단고기라고 한다.

개고기의 맛과 영양을 인정하면서도 꺼리는 이유는 아무래도 인간과 가장 가까이에서 지내기 때문일 것이다. 자료에 의하면 우리나라에서 즐겨 먹는 개고기는 예전에는 많은 나라에서 즐겨 먹었다고 한다. 중국, 고대 로마에서도 먹었고 북미, 아프리카, 남태평양 섬 등지에서도 식용하였다고 하며, 몇 해 전 스위스의 동부지역에서 개고기로 만든 소시지와 훈제품을 먹어 왔다는 사실이 밝혀지기도 했었다.

우리의 개고기 식용의 역사는 고구려벽화에 등장하는 개 잡는 장면을 볼 때 최초의 역사적인 근거로 추측할 수 있고, 고려시대에는 구워서 먹는 습속이 유행했다고 한다.
『동의보감(東醫寶鑑)』에도 언급되어 있을 정도이며, 보신탕은 보신의 측면에서 볼 때 예로부터 몸이 허약해서 생긴 결핵이나 호흡기 질환에 좋다고 한다. 또한 몸이 여위고 허리와 무릎에 힘이 없으며 시큰시큰 아프고 어지럽고 눈앞이 아찔할 때나, 귀에서 소리가 나고 피로할 때 좋다는 것이다. 여성의 경우, 피부 미용에 좋고 젖을 잘나게 하고 대하증을 낫게 한다고 알려져 있다.

반려견(애완견)을 의인화(擬人化)하는 풍조에 개탄한다

이토록 좋은 점이 많은 보신탕을 무조건 '식용 반대'에 더하여 '개고기를 먹으면 야만인 취급'을 하는 풍조에는 분연히 반대한다. 더구나 요즘 세태가 비혼(非婚) 풍습과 1인 독거의 경향으로 반려견을 키우며 가족처럼 지내는 것은 이미 만연된 시속(時俗)이 아닌가.

그러나 아무리 그래도 그렇지 강아지를 두고 "우리 애"식으로 부르는 것은 결코 아니다. 할머니가 손자 손녀가 아닌 강아지를 유모차에 태워 끌고 다니는 웃지 못할 광경도 너무나 흔한 일상의 모습이다. 부모 형제자매는 뒷전이고 오직 강아지, 고양이에 몰입하는 이 어긋난 풍조는 하루빨리 개선되어야 할 일이다.

강아지 MRI 촬영, 치료비가 100만 원 넘다니

SNS(사회관계망 서비스, 페이스북, 카톡, 밴드 등등)에서 페이스북 친구가 올린 글을 읽고 참으로 어안이 벙벙해졌다. 내용인 즉 강아지가 대리석 모퉁이에 머리가 부딪쳐 동물응급병원에 갔었다고 했다. 수의사 왈 "두개골에 금이 갔으면 입원 치료해야 되는데 치료비가 약 400만 원에서 더 나올 수 있다."고 했다는 것이다. 천만다행으로 MRI 촬영을 했던 결과 두개골에 이상이 없음이었고, 치료비와 MRI 촬영비 80만 원, 진료비까지 100만 원 넘게 청구하더라는 것이었다. 강아지는 그동안 수술 3번에 치료비가 400만 원 들었다고 했다. 참으로 놀라운 이야기가 아닐 수 없었다. 지인 중의 한 사람이 덤덤한 표정으로 말하길 "보험이 안 되니까……." 참으로 뒷골이 댕기는 일이 아닌가.

보신탕 예찬도 반대도 하지 말고, 강아지 사랑도 정도껏

오늘(2023.8.17.) 우연히 페이스북에서 주인 할머니를 들개들로부터 구한 용감한 강아지 이야기가 대단히 감동적이었다. 우리 지역 구미시 해평면에는 '의구총(義狗塚)'이 있다. 강아지가 불이 난 언덕에서 술 취해 잠에 곯아떨어진 주인을 살리고, 자신은 결국 불에 타죽었다는 전설적인 이야기가 있다.

그렇더라도 강아지는 어디까지나 인간이 아닌 동물이다. 이로운 동물이라 하더라도 정도껏 살피고 함께 해야 하지 않을까. 앞서 언급했듯이 강아지를 두고 "우리 애, 내 새끼"식의 표현이나 사고방식은 결코 바람직하지 않은 풍조인 것이고, 그러한 짓은 인간의 존엄성에 대한 도전이고 해서는 안 될 일인 것이다.

보신탕이 사람의 몸에, 건강에 대단히 좋다고 하지만 지금 시대에 보신탕을 예찬하지는 않을 것이며, 거듭 주장하지만 무조건 반대하지도 말아 줄 것을 주장하고자 한다. 보신탕은 엄연히 조상 대대로 내려온 우리의 전통적 식문화가 아닌가. 이를 혐오 시하고 보신탕 먹는 것을 마치 원시적 미개인 정도로 폄훼하는 일은 결코 없어져야 할 일인 것이다.

집에서 애지중지 키우던 강아지를 버려 유기견이 되고, 들개로 변하여 떼를 지어 다니고 있어 얼마나 위험한지 모른다. 그런데 들개는 유기견으로 분류되어 있기 때문에 마음대로 죽이거나 포획하는 경우, 2년 이하 징역이나 2,000만 원 이하 벌금에 처해진다는 법 규정이 있다. 유기견들의 위험성을 직시하고 적절한 조처를 취할 수 있는 법과 행정 조례 등이 조속히 정비될 수 있기를 기대해 본다.

복날이 지나고 더위가 물러간다는 처서(8. 23.)가 오고 있다. 가을은 무엇보다 사람의 의식구조를 성숙하게 하는 사고(思考)의 계절이 아닌가. 보신탕을 비롯한 애완견 관련 이런저런 얘기들을 두서없지만 살펴보았다. 우리 모두가 서로를 배려하는 마음과 태도로 밝은 일상을 가질 수 있기를 기대하는 마음이다.

교단에서의 추억

이순락

저는 젊었을 때 대학 강단에서 대략 13년여 학생들과 마주했습니다. 그런 시절 중에 지금도 가끔씩 떠오르는 장면이 있습니다. 특히 국립안동대학교(무역학과)에 시간강사(요즘 말하는 초빙교수)로 수년간 강의했었던 일이 있었지요. 근데 쉬는 시간에는 학과장 교수님이 자기 방(연구실)을 사용토록 하라는 배려를 받았습니다. 학과장 교수님은 학교에 나오지 않는 날이었기에 그런 편의를 제공받게 되었습니다.

그 연구실에서 쉬고 있는 중에 조용한 노크 소리가 있어 "네."라는 대답을 하면 학생 한 두 사람이 자판기 커피 한 잔씩 들고 들어와 인사를 합니다. "교수님 지난 일주일간도 잘 지내셨는지요? 사모님께서도 안녕하시며, 자제분들도 무탈히 잘 계신지요?" 하면서 두 손으로 종이컵 커피 잔을 주지요. 근데 쉬는 시간마다 학생들이 바뀌며 돌아가면서 찾아와 인사를 했습니다. 참으로 고맙다는 생각은 지금도 기억이 선연합니다. 인사하는 내용도 거의 판박이처럼 학생들이 꼭 같이 그랬습니다. 그들은 매주 단 한 번도 빠짐없이 그렇게 예(禮)를 다 한 인사를 했었습니다. 그래서 '안동사람들이 양반이라는 말이 다름 아니구나'하는 생각을 하곤 했습니다.

반면에 제가 대구 ㄱ전문대(현 ㄱ문화대) 산학협동겸임교수(8년여 근무)로 있을 때를 회상해 봅니다. 당시 저는 6명의 겸임교수가 공동으로 사용하는 연구실(사무실 방)을 이용 쉬는 시간을 보내곤 했습니다. 그런데 갑자기 문을 떠들썩하게 두드리는데 이는 노크가 아닌 마치 감정에 맺힌 싸움을 거는 사람의 침범처럼 들리곤 했습니다. 아무튼 문을 두드리는 소리에 "네."라고 하는 신호 즉 '들어와도 좋습니다'는 식의 대답을 합니다. 그러면 슬리퍼를 덜덜 끌고 점프 차림으로 쟈크도 올리지 않은 채로 대뜸 "교수님, 뭐 한잔 없습니까?"하면서 눈을 두리번거리는 모습을 보이곤 합니다. 소위 학과 대표이며 군필 복학생이라는 학생이…….

"예(禮)는 학문에 앞선다."(공자)

안동(안동대)과 대구(ㄱ전문대) 학생들의 행동이 너무도 비교가 되었지요. 제가 대학 다녔을 때를 다시 회상해 봅니다. 법대 건물 벽면에 커다랗게 "예는 학문에 앞선다."는 공자님의 말씀을 가슴 깊게 새기게 했습니다. 그런 영향일까요. 아무튼 교수님께 호출을 당하거나 혹은 상담할 일이 있어 교수님 연구실을 방문할 땐 늘 이랬습니다(자주 있는 일은 아니지만). 즉 연구실에 들어가기 전 화장실에서 거울을 보며 혹시 옷(상의)에 무슨 먼지나 티끌이나 비듬이 붙어 있지 않은지, 구두는 깨끗한지 세심히 살펴보고 심호흡을 하며 연구실 앞으로 가지요. 어떤 때는 너무 긴장한 나머지 방금 확인한 복장이 또 신경이 쓰여 다시 화장실로 가서 옷매무새를 점검한 뒤에야 다소간의 마음을 놓고 교수님의 연구실 문을 조용히 노크를 하였지요.

　세월이 유수라고 벌써 저 자신이 70도 훌쩍 넘은 노인이고, 더구나 지난 5월 15일은 스승의 날이라 감회가 남다른 느낌에 몇 자 추억담을 써보았습니다. 30여 년 전 이곳 구미(선산)에 왔을 때는 선산 뒷골에 대학(선주전문대학) 설립의 명을 받고 반대급부로 '부학장' 보장을 받으며 왔었습니다. 그러나 그것은 일장춘몽으로 공중분해 되었고, 지금은 젊었을 때와 달리 '노인대학'(학장)에서 봉사할 수 있게 되었으니 기회를 주신 분께 그리고 하나님께 늘 감사드립니다. 더구나 '스승의 날'이라 하여 노인대학 학생임원회에서 정성의 선물도 주심에 마음 깊이 감사를 드립니다.

이순락 대구고 8회. 계명문화대 겸임교수·계명대학교·국립 안동대학교 등 13년 재직. 경북미디어뉴스 창간 12년차 운영. (사)대한노인회 구미시지회 부설 구미노인대학장.

노인을 위한 나라는 없다

우동기

퓰리처상을 수상한 코맥 매카시(Cormac McCarthy)의 동명소설을 원작으로 만든「노인을 위한 나라는 없다」는 아카데미 작품상과 감독상 등 4개 부분을 휩쓴 영화다. 하버드대 출신 배우 토미 리 존스가 역을 맡은 늙은 보안관은 빠르게 변화하는 시대에서 노인의 경험과 지혜가 쓸모없어지고 더 이상 노인이 대접받을 수 없게 되는 현실을 상징한다. 대한민국도 효(孝) 문화가 사라지면서 점점 노인을 위하지 않는 나라가 되어가고 있다.

최근 서울 지하철에서 젊은 남성이 80대 노인에게 폭언과 욕설을 퍼붓는 유튜브가 공개되어 공분을 샀다. 젊은 남성은 '인생 똑바로 살아라' '인간 같지 않은 ××야' '그 나이 먹고 차도 하나 없어서 지하철 타고 다니냐' 등의 패륜적 발언을 쏟아냈다. 얼마 전에는 지하철에서 젊은 여성이 나이 든 사람에게 욕설을 하면서 휴대폰으로 피가 나도록 머리를 때리는 동영상이 공개된 적도 있다.

보건복지부의「노인 학대 현황 보고서」에 의하면 2016년 한해 1만2,009건이던 노인 학대 신고 건수는 2020년에 와서 40%가 더 늘었다. 노인 학대의 경우 주로 신체적 학대가 일어날 때 신고하는 경우가 많아 정서적 학대까지 포함한다면 실제 학대 건수는 더 많을 것이다. 노인 학대는 부양자의 부양 부담과 스트레스 및 학대 행위자의 성격적 문제에서 비롯되겠지만 노인 공경의식 저하라는 사회문화적 요인이 강하게 작용하고 있다.

급속한 사회 변화 속에서 '살아본 경험'의 무게감이 급격하게 약화되면서 노인의 위상과 권위도 함께 추락하고 있다. 기술의 발달과 함께 노인들의 삶은 점점 힘들어진다. 스마트폰의 애플리케이션과 주문 매장의 키오스크(kiosk) 앞에서 노인들은 당혹스럽다. 인터넷으로 구매하는 KTX 열차표 구하기 전쟁에서도, 웹사이트로 예약해야 하는 이건희 컬렉션 관람권 구입에서도 노인들은 언제나 패자다.

뇌과학자들은 태어나 처음 10년 동안의 환경에 의해 뇌가 완성된다고 한다. 뇌의 하드웨어는 변하지 않고 소프트웨어만 변한다는 것이다. 노인들이 부딪치는 지금의 환경과 속도는 자신의 뇌가 자랐던 시대와는 판이하다. 그러니 젊은이들에게 물어야 하고 늘 젊은이들의 뒷전에 설 수밖에 없다. 지금의 젊은이들 또한 마찬가지로 자신이 늙은이가 되면 자신의 뇌가 형성되던 시대와는 다른 시대를 살 것이 분명하니 현재의 노인들과 같은 처지에 빠질 수밖에 없다. 젊은이들이 자신의 미래인 노인들을 배려해야 하는 이유다. 노인들을 소외시키지만 젊은이들에게 풍요로운 삶을 누리도록 해주는 기술 발전은 바로 앞선 세대인 노인들의 피와 땀의 결과라는 점도 잊지 말아야 한다.

국가도 노인을 위한 나라를 만드는 데 적극 나서야 한다. 노인이 가장 살기 좋은 나라인 네덜란드는 노인을 위한 다양한 복지정책과 시스템을 구축하고 있다. 매년 건강, 음식, 여가 등 다양한 주제와 아이템을 갖춘 노인박람회를 열어 노인들에게 필요한 정보를 제공한다. 또한 노인전문방송 채널을 운영하며 노인 전문잡지도 발간한다. 노인을 위한 정당을 만들어 노인의 권익을 위한 정책도 개발한다.

문명비평가인 아놀드 토인비는 만약 지구가 멸망하고 인류가 새로운 별로 이주해야 한다면 지구에서 꼭 가지고 가야 할 제일의 문화는 '한국의 효(孝) 문화'라고 극찬했다. 노인을 공경하는 것이 아니라 공격하는 사회가 된 오늘날 '한국의 효 문화'가 더욱 간절해진다.

우동기 대구고 12회. 1979년 영남대학교 법정대학 행정학과 졸업. 태국 아시아공과대 공학대학원에서 석사학위 취득. 1990년 일본 쓰쿠바대학 대학원 사회공학 박사 학위 취득. 영남대학교 행정학과 교수. 제12대 영남대학교 총장. 제8·9대 대구광역시 교육감, 제27대 대구가톨릭대 총장. 제4대 국가균형발전위원회 위원장. 초대 대통령직속지방시대 위원장 역임.

경계(境界) 속을 걷는 법

심영덕

―왠지 불안해지는 지점에서 2분 정도 참고 가면 거기서 오른 편입니다.

2007년 발표된 일본영화 「안경」 중에 나오는 대사이다. 세상에서 가장 조용하고 아름다운 남쪽 바닷가를 배경으로 펼쳐지는 다섯 사람의 맛있는 만남을 그린 이야기다. 전반적인 소재가 '느림'이다 보니 장면마다 설명은 최대한 억제된다. 추측은 관객의 몫이다. 처음인 듯 끝인 듯 정지화면처럼 느껴지는 부분이 많다. 에피소드에 비해 대사 양이 적기에, 코로나 팬데믹의 세파에 젖어 있는 우리에게 다양한 느낌과 풍경으로 스스로 위안을 갖기에 충분하다. 어느 정도 참다보면 현실적인 삶에 칼끝을 돌려 스스로를 겨누는 경우와는 반대로 완전히 새로운 세계를 만날 수 있다는 뜻이다.

국적을 불문하고 진정한 영화감상은 무엇인가를 알아서 보는 것이 아니고, 보고 나서 무엇인가를 배우는 것이 진실에 가까울 때가 더 많다. 그 감상에는 중심과 변방을 따질 필요가 없다. 이것은 문화와 예술의 영역을 구별하지 않는다. 두 가지 모두 시공간을 초월해서 누구에게나 필요한 것이기 때문이다. 그러하기에 젖어 들기

쉽고, 스며들기 쉬워야 한다. 현실로 돌아오면 상황은 어떨까.

정치와 경제가 한 곳으로 집중되면서 그에 따라 인구가 몰리는 것은 산업사회에서 당연하다. 문화 예술도 덩달아 그 자리를 점령한다. 처음에는 문제가 되지 않겠지만, 그것이 비대해지면서 문제가 발생한다. 국가경쟁력이라는 미명 하에 묵인되어 온 지방에 대한 문화예술정책의 홀대(?)가 바로 그것이다.

문화와 예술은 공통적으로 특별하게 범위를 규정할 수 없기 때문에 두 개를 융합하여 보통 문학예술이라 부른다. 이것은 문학예술, 영상예술, 공연예술, 전통예술, 음악예술 등 예술 및 문화 활동 모두를 포괄한다. 하지만 여기에 '지역'이란 접두어가 붙으면 해석은 달라진다. 지역의 공통적인 요소로 연계된 일정한 지역 공간의 생활방식 전체를 범위로 한 예술 및 문화 활동이라 정의된다. 지역에서 향유하고 있는 문화로서, 말하자면 지역의 전통문화, 지역민의 생활문화, 지역 미래문화 등이 여기에 속한다.

그런데 지역의 발전은 직접적인 투자와 함께 사회적 자본과도 깊은 관계를 가지고 있다. 사회학자들에 의하면 사회적 자본이란 개인들 사이의 연결, 그리고 이로부터 발생하는 사회적 네트워크와 호혜성 및 신뢰의 규범을 가리킨다. 그리고 상호이익을 위한 조정과 협력을 가능하게 하는 네트워크나 규범 같은 사회조직의 특성으로 규정하고 있다. 이와 같은 맥락에서 문화예술이 사회에 미치는 긍정적인 영향은 다양하다. 지역사회의 건전성 함양은 물론 개인 간의 소통을 원활하게 하고 내부결속력을 강화시켜 궁극적으로 지역발전과 지역의 경쟁력 제고에 기여하도록 해주는 것이 대표적이다.

지난 9월 1일 한 지역의원이 한국콘텐츠진흥원으로부터 제출받아 분석한 자료에 따르면, 2016년부터 2020년까지 최근 5년간 문화콘텐츠 사업의 연간 평균 매출액은 118조를 넘었다. 이중 수도권 매출액은 87.6%인 103조7,864억 원, 비수도권은 12.4%인 14조6,987억 원이다. 같은 기간 문화콘텐츠 사업체 수도 연평균 10만 4,042개 업체 중 57.3%의 업체가 수도권에 집중됐다. 자연스럽게 종사자 수 역시 수도권에 몰릴 수밖에 없다. 문화콘텐츠 산업 종사자 수는 연간 평균 62만1,281명 가운데 비수도권 종사자는 22%, 수도권 종사자 수는 78%로 나타났다.

"문화예술분야에서 수도권과 비수도권 간의 경제 양극화가 심화되고 있는 가운데 문화콘텐츠산업마저 지역 불균형이 지속된다면 비수도권의 인구 감소로 지방 소멸 위기에 직면할 것"이라는 지적은 그래서 더 설득력을 갖는다.

일반적으로 문화콘텐츠는 무형의 경험 재화로 간주된다. 하지만 그 의미를 확장하여 볼 경우 유형의 문화자원까지 포괄한다. 각 지역 문화자원은 콘텐츠 시작단계에 머물러 있는 자원이 대부분이다. 역사자원, 무형문화재, 유명인물, 자연경관, 인공경관 등은 원형단계에 해당된다. 바로 여기에 또 다른 의미가 있다. 이러한 자원들은 작품화·상품화하는 과정으로 공간과 연계되는 점이 일반적인 디지털 문화콘텐츠와는 다른 점이다. 지역을 대표하는 문화산업이나 특화된 지역 문화상품이 있을 때, 이를 공간과 접목해 지역경제 활성화의 자원으로 다시 실질적으로 활용해야만 한다.

모든 사람의 인생은 다른 사람의 생각이나 견해가 아니라, 자신이 어떻게 느끼느냐에 달려 있다. 체험은 언제나 회상보다 선명한 법이다. 경험은 좇는 게 아니라 발견하는 것이다. 발견의 레이더는 높고 넓은 것일수록 좋다. 풀뿌리 민주주의에 의한 지방자치 시대라는 거스를 수 없는 시대적 흐름에 더 이상 무관심해서는 안 된다. 지역 문화육성발전을 위하여 행정은 지역 문화의 자치화, 자립화, 개성화, 특성화, 다양화, 다원화를 지향해야만 한다. 여기에는 지역문화재단의 역할이 클 수밖에 없다. 이 재단은 지역문화예술의 가치 옹호자와 지역 문화예술의 가치 창조를 위한 혁신자 역할을 강화해야 한다.

이런 시대적 요청이 있었음에도 그동안 지역문화재단의 문화예술 가치 옹호 활동은 활발하게 이루어지지 못한 것이 사실이다. 이것은 문화재단이 무엇이고, 어떤 역할을 수행해야 하는지에 대한 지역민들의 사회적 인식이 낮았던 것이 가장 큰 요인이다. 따라서 제도적으로 문화예술의 자율성, 독립성, 전문성을 확보하기 위한 운영철학과 원칙이 우선 마련되어야 한다. 지역문화재단의 전문성, 유연성, 소통과 협력 네트워크 역량은 지역 특성 기반의 정책을 연구하는 초석이 될 것이다.

예술에 대한 상상력과 창의성이 발현될 수 있는 조건이 성숙할 때 지역민들은 문화적 측면에서 상호 소통하고 공감을 이루면서 지역을 새롭게 디자인하게 된다. 문화 복지를 추구하는 지역의 개념은 일상생활에서 문화예술 및 여가활동을 가능하게 하는 생활권역 중심의 지역을 문화 복지의 단위로 본다. 앞으로 지역문화 복지를 시행하는 지역 문화행정의 관점에서 보면 경제, 사회, 정치를 포괄하여 지역자치에 의한 주민문화 형성이 시민의 목표인 동시에 지역 문화예술 행정의 목표가 되어야 한다.

꿈은 유난히도 생생한 의식이고, 현실은 지독한 꿈이라는 어느 시인의 말처럼 인간은 생존을 위해 어떤 형식으로든 그것을 현실로 바꾸고자 노력한다. 어느 잡지의 표지처럼 통속하지 않더라도 사랑은 의심의 농도가 점차 옅어져 확신만 남을 때 비로소 시작된다. 지역문화 예술도 마찬가지가 아닐까. 그렇다면 이 가을에 일상의 파편과 소유권들 잠시 접어두고, 경계를 위한 들꽃 화분 하나 장만해 보는 것은 어떨지.

수성문화재단 문화예술전문지 『에스콜론』 Vol. 46, 2022 Autumn.

심영덕 대구고 20회. 영남대에서 박사과정을 마치고, 경북대와 대구대 등에서 「문학과 영화」 「문학과 예술의 사회사」 「글쓰기」 「문예창작」을 강의했다. 경운대 교수 역임. 현 대구디지털산업진흥원 평가위원, 한국콘텐츠진흥원 문화예술평가위원.

평론

고통의 언어와 문학적 승화
— 김순경, 『곡비(哭婢)』(수필과비평사, 2025)

김국현

1. 삶의 언어로서의 수필

김순경 수필가의 이력은 특이한 데가 있다. 그는 원래 공학도였다. 대학 졸업 후 전공과 관련된 회사에서 직장 생활을 시작하였고, 퇴직 후에는 대학의 자동차과 교수로 재직하였다. 교수 재직 중에 수필 문단에 첫발을 디딘 후 각종 공모전에서 입상을 거듭하고, 모두 다섯 권의 수필집을 출간하였다.

이번에 출간한 『곡비』는 선집이다. 그간 발표한 수필 가운데 대표작을 엄선하여 엮은 작품집으로서, 가족사와 고향, 그리고 자연과 사물에 대한 섬세한 관찰과 사유를 중심으로 전개된다. 그동안의 작품 세계를 한눈에 바라볼 수 있는 좋은 텍스트이다.

『곡비』는 삶의 고통을 따뜻한 시선으로 응시하며 이를 문학적으로 승화시킨 기록이다. 김순경은 아픔을 단순히 회상하거나 미화하지 않는다. 오히려 삶의 불가피한 현상으로 받아들이며, 그 흔적을 사물에 투사하고 형상화하는 방식을 취한다. 수필은 체험의 기록인 동시에 사유의 형식이다. 김순경은 이 두 가지를 조화롭게 아우르며 독자에게 공감과 성찰의 여지를 남긴다.

여기서는 김순경 수필에서 나타난 '고통'의 형상화 방식을 중심으로 유비 구조와 사물의 의인화 그리고 구성과 문체의 특성을 분석함으로써 그의 수필이 지닌 문학적 가치를 탐색해 본다.

2. 유비적 사유와 사물의 의인화

『곡비』에 실린 수필에서 자주 발견되는 전략은 사물에 인간의 삶을 투사하는 유비적 사유다. 유비는 단순한 비유의 관계를 넘어, 사물의 생애에 감정을 부여하고 그 속성을 인간 삶에 비추어보는 과정이다. 이는 T. S. Eliot의 '객관적 상관물' 개념과 맞닿은 지점으로, 사물이 내면의 정서를 매개하는 기표로 작용한다. 김순경 수필에서 사물로는 가마솥, 나무토막, 북 등이 차용되고, 그 사물의 특징이나 속성을 부모 형제나 조부모의 삶에 주로 적용한다.

표제작 「곡비」는 그 대표적인 예다. 시골집 부엌의 무쇠 가마솥은 고달팠던 어머니의 생애와 절묘하게 유비된다. 솥이 소리 없이 눈물을 흘리는 장면은 침묵 속에서 가족을 돌보며 수없이 참아낸 어머니의 눈물과 포개진다. 김순경은 이 가마솥을 '주인 대신 울던 계집종'인 곡비에 비유하며, 한 여성의 삶을 사물의 언어로 형상화한다. 이는 단순한 사물 묘사가 아니라 존재에 대한 깊은 통찰이 담긴 문학적 승화라 할 수 있다.

「가슴북」에서는 산사의 북소리를 들으며 어머니를 추억한다. 두 아들을 가슴에 묻고 힘든 시집살이를 하며 한 많은 생을 살다 가신 어머니의 생애를 북소리에 조명하고 있다. 산사의 북을, 무두질하듯 가슴을 두드리던 어머니의 '가슴북'으로 은유한다. "북소리가 숨 고르기를 하자 뜨거운 기운이 향불처럼 피어난다. 요동치던 가슴북 소리도 바람을 타고 하늘을 오른다." 결미의 여운이 자못 길다. 하나의 주제에 집중하는 수사력이 돋보이는 글이다.

이처럼 사물의 의인화는 김순경 수필의 미학적 전략이다. 사물은 인간의 또 다른 자아로 변용되고, 수필은 그 목소리를 통역하는 서정적 기록이 된다. 김순경의 사유는 외면적 묘사에 머물지 않고 감정을 이입함으로써, 사물을 통해 인간을 다시 바라보게 한다. 그 안에서 독자는 자신과 닮은 존재를 인식한다. 다만, 사물에 대한 유비의 구조화 과정에서 부모나 조부모의 삶에 귀결되는 경향을 보임으로써 사유가 경도되는 문제는 스스로 경계할 필요가 있다.

3. 고통의 은유적 형상화

김순경 수필의 특징 중 하나는 고통에 대한 깊은 통찰이다. 자연과 사물의 속성에서 건져낸 아픔과 괴로움을 응시하는 데서 착상이 시작된다. 작가는 이러한 과정을 거치면서 삶의 본질을 탐색한다. 이는 문학의 근본적인 역할과도 맞닿은 지점이다.

고통은 인간 존재의 깊이를 깨닫는 실존적 체험이다. 가난, 갈등, 질병, 죽음 등은 피할 수 없는 인간의 조건이며 살아 있다는 증거이다. 고통을 드러내어 글로 표현하는 행위는 타자와의 연결이며, 이때 문학은 고통을 매개로 한 연대의 공간이 된다. 김순경은 고통을 회피가 아니라 연민, 냉소가 아니라 공감의 언어로 표현하고자 했다. 「모탕」, 「껍질」, 「고주박이」가 이러한 작가 정신을 잘 나타낸다.

「모탕」에서 반복적으로 도끼질 당하는 나무토막은 쓰임을 다하며 부서지는 존재를 상징한다. 척박한 환경에서 비틀리며 자랐기에 쓸모가 없어 모탕이 될 수밖에 없는 운명이다. 이에 '살다 보면 원치 않는 일들이 숙명처럼 다가온다'라거나 '억울함에 몸을 떨었지만, 세월이 적응하게 했다'라며 작가는 고통을 수용하는 태도를 보여준다. 이 글에서 '도낏날에 움푹 파여도 자식들의 뒷바라지를 내세우지 않는 부모처럼 장작을 먼저 생각한다'라며, 작가는 부모님의 은공을 잊지 못하는 효심을 드러낸다.

「고주박이」에서는 외진 곳에 초라하게 서 있는 고사목을 바라보며 작가는 '뼈마디마다 굴곡진 삶'을 살다 가신 등 굽은 할머니를 연상한다. 고통의 흔적이 서려 있는 사물에 대한 애정 어린 관찰은, 독자에게 고통에 대한 새로운 감각적 접근을 가능케 한다. 한낱 버려진 사물에서 지난한 고통의 흔적을 발견하여 이를 포용하고 공감한다.

「껍질」에서도 작가는 자연이나 인간의 숙명적 고통을 눈여겨본다. 산을 오르다 만난 고사목의 갈라지고 터진 껍질을 바라보며 자연이 맞닥뜨리는 고통을 공유한다. 석탑과 돌이끼를 연상하며 이들 모두가 세월의 흔적을 남기며 노쇠해 가는 운명적 삶을 애처롭게 여긴다. 결미에서 '바람이 불자 또 송홧가루가 사방에서 구름처럼 피어난다'라며 운명처럼 닥치는 고난을 이겨내며 새 생명의 잉태를 기대하고 있다. 이는 수필집 전체를 관통하는 '삶은 고통 속에서도 계속된다'라는 메시지를 암시한다.

이처럼 김순경은 사물이나 인간 삶의 고통을 연민과 공감의 시선으로 응시한다. 이로써 작가는 인간 존재의 본질에 다가갈 수 있고 독자에게도 자기 성찰의 계기를 마련해 준다. 위의 작품들은 사물에서 천착한 고통을 은유와 형상화 기법으로 표현함으로써 문학성을 확보한다. 김순경 수필이 진정성을 갖는 이유는 고통을 외면하거나 미화하지 않기 때문이다. 오히려 그것을 삶의 본질로 받아들이고, 그 안에서 새롭게 움트는 생명의 기운을 발견한다.

4. 구성 전략과 시점의 변용

김순경 수필은 구성 면에서 연역적 구조를 취한다. 내면의 감정을 직접 고백하는 대신, 외부의 사물과 자연을 통해 주제에 접근하는 방식을 취한다. 이는 사적 체험과 보편적 성찰을 연결하는 구조로서, 독자에게 서정적 몰입을 유도하고 작품에의 관심과 긴장감을 형성한다.

문체는 지나친 수사를 경계하고 간결함을 지향한다. 사물의 속성에 대하여 꾸밈없이 담백하게 기술한다. 과장 없는 묘사와 감정의 절제를 통해 진정성과 신뢰감을 준다. 또한「향내 품은 툇마루」, 「성주(城主)」,「대대리별곡」에서 볼 수 있듯이 김순경 수필은 서사를 이어가는 방식이 자유롭다. 내면으로 들어가기보다 바깥으로 사유를 확장한다. 특정 사물을 중심으로 과거 회상, 부모님 사랑, 조상에 대한 경외심, 고향에 대한 추억 등 다양한 화소를 끌고 와 하나의 주제로 통합하는 확장형 서술 방식이다.

김순경은 시점 변용에도 유연한 감각을 보인다. 1인칭 화자가 사물과 교차하면서 시점을 넘나드는 변화를 시도한다. 즉 1인칭 관찰자 시점과 전지적 서술자 시점을 혼용하는 것으로, 텍스트 내에서 복수의 관점을 부여한다. 예컨대「모탕」에서 모탕 자체가 고통의 주체가 되어 도끼에 찍히는 고통을 모탕의 입장에서 느끼게 하거나,「고주박이」에서 고사목의 시선으로 고개 숙인 할머니의 생애를 비추는 시점 구성이 이루어진다. 이로써 수필 속 자아가 내면 고백에 머무르지 않고 타자의 시선을 수용하는 형식적 진화를 보여준다. 다만, 시점 변환이 자연스럽지 않고 의도적으로 이루어지는 경우 구성에 이분화를 가져와 가독성의 혼란을 초래할 우려가 있다.

5. 사물로 말하는 인간의 기록

『곡비』는 단순한 자전적 수필집이 아니다. 사물로 쓴 가족사이자 상처 입은 존재들의 연대기이다. 김순경은 말 없는 것들에게 귀를 기울이고, 그들의 침묵을 문장으로 옮겨 놓는다.

수필은 삶을 포용하는 문학이다. 고통을 회피하지 않고, 말할 수 없는 대상에 언어를 부여하며, 사물의 그림자 속에서 인간의 흔적을 찾아가는 여정이다. 김순경은 그 길 위에서 묵묵히 자신의 글을 써왔다. 『곡비』는 바로 그 기록의 총합이다. 수필이 삶을 반추하는 문학이라면 김순경은 그 진의를 충실히 구현한다. 사물을 통해 삶을 은유하고, 고통 속에서도 따뜻함을 잃지 않으려는 그의 문학은 독자에게 삶에 대한 성찰의 계기를 마련해준다.

그의 작품은 사물에 깃든 고통이라는 인간의 흔적을 발견하고, 그 고통을 공감의 서사로 전환함으로써 수필 장르의 미학적 지평을 확장한다. 이로써 오늘날과 같은 정서적 단절과 과잉 정보의 시대에 공감과 회복의 가능성을 보여준다. 김순경 수필은 개인적 체험을 근간으로 고통과 연민, 가족과 사물에 대한 시선을 문학적으로 승화한 좋은 사례라 할 만하다.

김국현 대구고 13회. 경북 안동 출생. 성균관대학교와 미국 인디애나대학에서 행정학을 전공했다. 2021년 『에세이21』로 수필, 2023년 『수필미학』으로 평론 등단. 저서로는 『그게 바로 사랑이야』 『청산도를 그리며』 『혼자 걷는 길』 『서해의 일출』, 수필 『선집 토파즈topaz처럼』, 암투병기 『봉선화 붉게 피다』가 있다. 산영수필문학회 회장, 수필미학작가회 부회장, 뉴스리포트 갈럼리스트로 활동하고 있다. 한국지방재정공제회 이사장을 역임했다.

문학이 음악을 만났을 때
―시와 음악이 흐르는 아름다운 세상을 위하여

서영환

우리는 지금 어디로 가고 있는가?

세계는 지금 새 천년에 대한 논의와 기대감에 애드벌룬처럼 들떠 있는 형국이다. 사람들은 달력에 '2000'이란 숫자가 새겨지면 마치 모든 것이 새롭게 좋은 방향으로 변화할 것으로 생각하기도 한다. 하지만 산업혁명 이후 급속도로 발달한 물질문명에 가려 신음하고 있는 정신문명을 정화시킬 대안은커녕 좋게 변할 것은 적어 보인다. 이른바 고도정보화사회란 미명 아래 많은 것들이 사이버화되고 테크노화되고 있다. 사이버문학이 횡횡하는가 하면, 전자음악과 컴퓨터 뮤직은 음악의 기본 틀까지 변형시키면서 우리를 테크노댄스 열풍으로 몰아넣고 있다. 이런 추세라면 머잖아 세계인들은 조지 오웰의 '동물농장'으로 들어가 영화 속의 '로보캅'으로 변해버릴지도 모를 일이다.

이미 서구의 문화 예술은 윤리적 가치관에서 한계점을 노정 시키고 있고, 우리의 문학, 음악계 사정도 별반 다를 게 없다. 시인은 많지만 시를 읽는 독자는 급속도로 줄고 출판사가 자금을 투자하는 시집 발간을 중지하는 경우가 늘고 있다. 예술의 쌍두마차 격인 문학과 음악이 제 역할을 다하지 못할 때 우리의 정신문화는 극도로 피폐해지기 마련이다.

시의 근원은 음악이다.

일반적으로 시는 운문으로 씌어진 것이라는 것이 통념이며, 시는 응축된 감정 표현, 간단히 말하면 고양된 말이라고 할 수 있다. W. H. 페이터가 "모든 예술의 상태는 음악에 가깝다."고 한 것과 같이 시에서도 음악의 역할은 크다. 한편 산문시나 자유시 운동이 일어난 뒤부터 시의 중심은 음악보다도 이미지로 옮겨졌으나 음악성이 배제된 것은 아니다.

한국의 시는 크게 고대가요·향가·고려가요·시조·가사·현대시 등으로 나눌 수 있다. 이들은 대부분 주술적 노래, 송축가, 시가의 형태로 음악과 밀접한 관계를 맺고 있다. 근대시에서 김소월은 「진달래꽃」 등을 통해 민요조의 가락 위에 소박한 한국적 고유 전통의 정서를 담아 표현하였고, 김영랑·정지용·신석정 등 '시문학파'들은 섬세한 언어의 아름다움과 서정성의 추구하였는데, 이들의 성공요소는 뛰어난 음악적 운율 구사에 있다.

시와 음악은 불가분의 관계이다. 최근에 와서는 산문시의 확산으로 둘의 관계가 소원해 진 것도 사실이지만, 대중음악에서 랩송의 유행, 시의 가요 가사화 등 새로운 만남으로 둘의 영역을 동시에 확대시킬 수 있다는 점을 강조하고 싶다.

음악의 사회적 기능

음악의 탄생에 대해 '네틀'은 처음에는 음악과 언어의 구별이 없었으며 소리를 통해 의사소통을 해오다가 차츰 언어와 음악을 구별하게 되었다고 말한다. 음악이 원시사회에서 커뮤니케이션을 위한 필요에서 생겨났다는 의미이다. 오늘날 음악의 가장 큰 특징은 세계에 골고루 편재해 있다는 것이다. 또 어디를 가나 음악은 우리와 함께 하고, 누구나 즐길 수도 있다. 사람은 어머니 뱃속에서부터 태교음악을 듣기 시작하여 이승을 하직할 땐 장송곡이나 상여꾼 소리로 삶을 마친다.

이토록 우리와 밀접한 음악의 기능은 크게 미적인 기능으로서의 음악과, 사회의 기능적인 역할로서의 음악으로 나눌 수 있다. 메리암이 주장하는 음악의 열 가지 기능은 우리가 음악을 사용하는 이유를 좀 더 명확히 해준다. 즉 음악은 말로 표현하지 못하는 감정을 쉽게 표현해주고, 미적인 즐거움을 더해주고. 오락의 방법으로 제공되고, 커뮤니케이션의 방법으로 이용되고, 상징적 표현으로 제공되고, 신체적 반응을 유발시키고, 사회 규범과 관련되고, 사회 기관과 종교 의식을 확인시키고, 사회와 문화의 연속성에 기여하고, 사회의 통합에 기여한다.

시는 가곡 가사의 모든 것

일반적으로 '가곡'이란 음악과 말이 서로 합쳐진 성악곡을 말한다. 가곡은 '가사'가 있으므로 해서 기악곡에 비해 훨씬 구체성을 띠기 때문에 우리에게 보다 더 가깝게 접근할 수 있는 속성을 지니며, 음악사적으로 거슬러 올라가도 인류와 가장 오랫동안 함께 호흡해온 음악예술이라고 할 수 있다. 어느 나라의 음악이든 그것은 그 나라의 언어와 서로 밀접한 관계를 가지고 있다. 여기서 우리 가곡의 문제점은 우리말 가사에 우리의 음악기법을 사용하지 않고 서양의 음악기법을 사용하여 작곡하기 때문에 가사 처리상 어색한 점이 많다는 것이다. 윤용하의 「도라지꽃」에서 보듯이 시를 가사에 그대로 도입함으로서 가사 자체가 어법에 맞지 않은 곡도 허다하다. 한편『한국애창가곡전집』(외국어어학사)에 수록된 가곡 159곡 중 2곡을 제외한 전부가 김소월을 비롯한 우리 시인들의 시를 가사로 도입하고 있다. 이는 문학과 음악이 얼마나 밀접한 관계를 맺고 있는지를 잘 보여주고 있는 반면에 가곡이 너무 고차원의 가사로만 만들어져 일부 계층의 전유물화 되어 시와 음악의 대중화에 정면으로 역행하는 부작용을 낳고 있다. 이러한 문제를 해결하기 위해 순수한 시가 아닌 가곡용 가사들이 좀 더 많이 만들어져야 한다.

시와 대중가요와의 만남

우리 가요의 가사가 전혀 말이 안 되는 경우, 의미 없는 가사의 반복, 도치문이 필요 이상으로 많아 어색한 경우, 문장이 안 되는 노래 소절, 문법과 맞춤법이 엉터리인 경우 등 많은 문제점을 가지고 있다. 백번을 양보하여 시적 표현이라고 관용을 베풀어도 무리한 가사가 많으며, 소재면에서도 '사랑' '이별' '눈물' '슬픔' 등 신파조가 주종을 이루고 있다. 최근 인기 젊은 가수들의 가사는 이러한 소재의 편협성은 극복하고 있지만 무분별한 영어 가사의 사용, 폭력성, 선정성의 난무, 댄스곡 일변도의 음악적 편협성 등 여전히 많은 문제점을 안고 있다.

이러한 제반 문제점을 해결하기 위해 좋은 시와 가요 가사의 활발한 커뮤니케이션이 요구된다. 미당의「푸르른 날」(송창식), 박해수의「저 바다에 누워」(높은음자리), 김광섭의「어디서 무엇이 되어 다시 만나리」(유심초), 정지용의「향수」(이동원, 박인수) 등 꾸준한 인기를 누리고 있는 가요도 있지만 수만 곡의 가요나 그보다 더 많은 시의 숫자 중에서 시를 가사로 채택하고 있는 경우는 불과 100여 건 미만이다. 여기서 필자는 대중매체를 통한 강력한 전파력을 가진 가요에 시를 가사로 도입하는 빈도수를 늘려, '시의 대중화'와 '대중음악의 고급화'란 두 마리 토끼를 동시에 잡자고 제안하는 것이다. 이를 위해 박건호 시인 한 사람만 동분서주하고 있는 '좋은 노랫말 보급운동'을 시협이나 문협 차원의 큰 문화운동으로 확대하고, 시동인 중심의 소그룹 시낭송회를 시와 음악의 의도적 결합 행사로 승화시키는 운동도 펼쳐야 한다. 또 각종 문예지들도 이러한 문화예술운동을 적극적으로 지원하고 스스로 주체가 되어야 한다.

1997년 현대문학상 수상작인 이순원씨의 중편 「은비령」의 사랑도 소설의 전체 분위기를 관통하는 '엔야'의 노래 한 곡으로 인해 더욱 낭만적인 사랑이 아름답게 살아 움직인다. 우리의 삶 속에서 늘 시와 음악이 여유롭게 흘러야 할 필요성이 여기에 있다.

서영환 대구고 19회. 경북 군위 출생. 영남대 국문학과 박사 과정 수료. 2001년 『시와 사람』으로 등단. 1987년 한국예총 주관 제9회 예술문화비평 신인상 당선으로 음악평론가 및 사진작가로 활동 중이며, 한국현대민화협회 대표이사, 대구시인협회, 한국문인협회 회원. 저서로 음악평론집 『음악문화의 재정립을 위한 사회적 반성』 등이 있다.

동심적 철학과 시적 균제미
—하청호 동시의 원형질

최용

1. 지성과 감성의 구심력

　대한민국문학상, 세종아동문학상, 방정환문학상, 윤석중문학상 등을 수상한 하청호 동시는 철저하리만큼 동심의 본질과 시적 완성도에 닿아 있다. 독자들에게 생각하는 힘을 가져다준다. 그의 동시에 대한 첫인상으로는 신선하고 감각적인 시어와 이미지의 구조라는 긍정적인 요소와 한편으로는 난해성의 회의적 비판을 들 수 있다. 그다음 인상은 철학적 사유이다. 그러나 그로 인한 반응이나 양상들은 다양성을 띤다.
　류에 영합하지 않는 진지한 자기 응시의 눈빛이 하청호의 두터운 안경테에 배여 있고, 그가 말하는 동심의 프리즘은 그의 잘 닦은 안경알이다. 그렇다고 해서 하청호는 동심의 수량적 총체를 투명한 유리로만 투영하지는 않는다. 다양한 경험 가운데에서 절실한 동심의 윤곽을 그리고자 할 뿐이다. 사물과 현상을 그리는 것이 아니라 사상(事象)에 드리워진 동심의 그림자를 그린다. 그가 펼쳐 보이는 동심은 깨어 있는 의식과 시적 균제미가 특징이다. 시대, 사회상을 반영한 동시 작품은 현실 상황에 관심을 가지기 때문에 원심력을 갖기 마련이다. 삶의 근원적 문제를 규명하는 냉철한 지성과 따스한 감성은 강한 서정성으로 인해 시적 상상의 구심력을 함유한다. 문학적 구심력의 역동성은 작품 전체를 확산, 동심의 여러 양상을 일깨우는 상징체계로 열린다.

하청호는 동시를 시의 수준으로 상승시킴에 동심적 철학을 원용한다. 그의 작품에는 어떤 생각이 내재해 있다. 빛, 잠, 별, 꿈, 소리 등 추상적인 시어들이 빈번하다. 동시를 사유화(思惟化)하는 시도이다. 직조(織造)된 관념의 동심, 현란한 문장 기교가 더러 난해성의 문제를 보이기는 해도 독특한 시적 여과 장치, 동시 전체를 관류하는 풍부한 상상력으로 해서 난해성의 오해를 벗어나 철학적 사유화를 획득할 수 있는 것이다.

2. 모성애 희구와 생명 존중 의지

하청호는 자아 존재의 근저로부터 외부 세계로 깨어나는데 독특한 통로를 소유하고 있다. 그는 사물에 가치와 의미를 부여하는 과정에서 시적 표현 기법의 중요성을 인식하면서, 그에 못지않게 최초의 상태인 문학적 경험에도 비중을 둔다.

> 어머니 등은/ 잠 밭입니다.// 졸음 겨운 아기가/ 등에 업히면// 어머니 온 마음은/ 잠이 되어/ 아기의 눈 속에서/ 일어섭니다.
>
> 「어머니의 등」부분

어머니와 아기의 교감 의식에서 동심의 원형을 추출(抽出)하는 작품이다. 어머니의 등을 잠 밭, 꿈 밭으로 은유화하여 영원한 안식과 귀의처로서 의미를 부여한다. 잠과 꿈은 단순한 생리, 일상적인 생활 유형이라기보다는 원천적인 동심의 세계를 지향하는 열려있는 통로이다. 어머니는 마음의 고향이며 동심의 본질이다. 시인의 내면에는 언제나 어머니가 존재한다. 그리움 가운데 어머니에 대한 그리움만큼 진한 것은 드물다. 하청호의 어머니에 대한 애정은 남다르다. 시인의 사모곡을 언급한 글이 방증(傍證)이다.

> 비록 세상을 떠나 빈 자리로 남아있지만, 그는 그 빈 자리에 자기의 마음을 올려놓고 있습니다. 이것이 바로 어머니에 대한 그리움입니다.
> 노원호, 「별의 속삭임과 어머니의 향기」 동시집 『풀씨 이야기』 해설 부분

> 하청호 시인의 머릿속에는 온통 어머니를 향한 기도로 꽉 차 있다고 할 수 있습니다. 그만큼 어머니를 향한 안타까운 심정이 많다는 얘기지요.
> 최명표, 「시를 쓰는 아홉 가지 표정」 동시집 『연필로 쓰는 시』 해설 부분

작품 「미루나무 그늘」에서는 은혜로운 자연의 혜택을 묘사한다. 기존의 이미지를 벗어나 새로운 이미지를 구현한다. 그늘은 시원함, 어두움의 틀을 깨고 의인화되어 친근하고 살아있는 생명체로 인식된다. 그늘은 동시의 소재로는 드물다. 미루나무 그늘은 어머니의 마음에 있는 세계로서 평화와 사랑의 이미지로 명징함을 띤다. 그늘은 실재하는 그늘이 아니다. 모성애의 기저에 내재해 있는 시적 사유 공간이다.

풀을 뽑는다/ 뿌리가 흙을 움켜쥐고 있다/ 흙 또한/ 뿌리를 움

켜쥐고 있다/ 뽑히지 않으려고 푸들거리는 풀/ 호미날이 칼빛으로 빛난다/ 풀은 작은 씨앗 몇 개를/ 몰래/ 구덩이에 던져 놓는다.

「잡초 뽑기」 전문

풀을 벤다/ 머리채 잡듯 거머쥐고/ 낫질을 한다.// 애야, 아무리 잡풀이지만/ 그렇게 잡으면 못 쓴다./ 풀을 잡은 아버지 손을/ 가만히 보니/ 풀을 쓰다듬듯 감싸고 있다.// 아버지 눈빛이/ 하늘색 풀꽃처럼 맑다.

「풀베기」 전문

하찮은 것에서도 생명에의 외경심을 형상화한다. 「잡초 뽑기」에서 잡초는 외부의 힘에 뿌리 뽑히면서도 씨앗 몇 개를 구덩이에 몰래 던져 놓는 끈질긴 생명력을 보여준다. 「풀베기」는 생태계 구성 요소로서의 인식과 가치 부여를 하는 시적 자아의 태도를 보여준다. 풀을 쓰다듬듯 감싸는 아버지의 풀베기에서 생명 존중 의지가 선명해진다.

3. 별과 풀의 이미저리, 철학적 사유성

서민의 현실적 삶에 애정을 갖는 하청호의 작품들은 자기희생을 통한 사랑의 구현으로 결집된다. 풀씨와 풀잎은 서민들로 이미지화된 상징물이다. 작품이 난해해질 수도 있으나 상상력의 확충으로 시적 모티브가 객관성을 확보하게 한다. 단순한 시어의 나열이나 일시적인 감정의 노출이 아니다. 참신한 시각과 표현 기법상의 실험 정신에는 수긍이 가나, 서민에 대한 지나친 연민의 정이 개인

적이다.

> 형아, 형아/ 밟아도 밟아도/ 푸른 서릿발로 일어서는/ 청보리 청보리 같은
>
> 「형아, 형아」부분

> 삼태기에/ 가난을 퍼나르는/ 울 어매의/ 거렁거렁한 겨운 숨소리/ 잦아든 손/ 풀물 배인 손
>
> 「풀을 든 손」부분

형에 대한 그리움과 할머니의 한을 주조로 한 투명한 정서이다. 질곡된 현실을 외면하는 안일함에서 벗어나 냉철한 지성으로 진지하다. 건강한 시 정신과 현실적 상상력을 토대로 내면세계의 깊이와 울림을 시적 긴장감으로 구체화 시킨다. 작품을 통한 세계의 비판과 현실의 구조를 재구성하는 상상력을 이룬다.

작품 「풀씨」는 개망초, 바랭이, 머루 온갖 잡풀들을 대하는 애정 어린 시선이 신선함을 더한다. 화려하고 거창한 것보다는 수수하고 보잘 것 없음을 감싸 안는 시인의 인간다움을 내포한다. 바람은 감정이입 되어 풀씨를 지켜주는 시적 재료이다. 「날고 싶은 풀잎」은 서민의 삶을 투영하여 시적 자아의 내면을 형상화한 작품이다. 바람은 동심적 현실 세계를 저해하는 외부 세력을 의미한다. 비상하려는 풀잎의 연약한 몸짓은 고결한 삶을 추구하는 시인의 결연함이다.

하청호는 철학에 깊은 관심을 가지고 작품을 쓴다. 그의 동시는

어렵다는 비판을 듣곤 한다. 그러나 그의 작품은 생각하는 힘을 길러준다. 상상력과 사고력을 동원하여 사물을 고도의 이미지로 환치시켰기 때문이다. 시인은 자연과 인간의 본질을 찾음에 주력하며 그러한 과정과 결과의 다양함을 시적 균제미로 응집시킨다. 그만큼 작품 공간이 광활함을 시사한다. 여러 경험과 사상의 내면화는 하청호의 폭넓은 체험과 깊은 사색으로 가능해진다.

별이 반짝인다/ 태양의 등뒤에서/ 별이 반짝인다// 보이지 않는 별// 그러나 별은 반짝이고/ 우리는 그것을 보지 못한다// 우리들 생각의/ 등뒤에도/ 또 다른 생각은/ 별처럼 반짝이고/ 우리는 그것을 알지 못한다.

「별」전문

풀잎은 아무 말 없이/ 하늘을 우러르고 있다/ 먼 우주에서 오는/ 소리를 듣고 있다.// 이 땅 어느 곳에서도/ 어느 누구도 듣지 못하는/ 우주의 말씀을 듣고 있다.// (…중략…) 그리고는/ 우리가 알든 모르든/ 아낌없이 준다/ 아무 말 없이/ 아무 말 없이

「풀」부분

하청호가 형상화하는 보이지 않음, 보지 못함, 알지 못함, 듣지 못함, 말 없음은 객관적 상관물로 가시화된다. 우리가 보지 못하는 태양의 등 뒤에서 반짝이는 별과 우리가 듣지 못하는 우주의 말씀을 듣는 풀의 상징성에 대한 궁금증을 유발한다. 별과 풀이 시사하는 바를 알기 위해서는 깨어 있어야 하고 깨어 있어야 할 이유인

진솔한 삶의 자세를 배워야 한다. 별과 풀은 사물의 존재를 떠올리는 철학적 사유의 이미저리이다. 시인의 생각이 깨어 있음을 만난다. 별과 풀을 발견하는 내면 추구는 사물과 사물의 다양한 현상을 포착함에 많은 이야기를 함축시키는 작업이다.

4. 새로운 발견과 원숙한 삶의 지혜

1970년대 초 하청호는 시인으로서 드물게 탄탄한 이론과 거시적 비평 안목을 갖추며 등단한다. 풍부한 감성에 비례한 자연과 현실에 대한 통찰력이 그의 시적 자장(磁場)이다. 원초적 세계 구현에 철학적 사유를 접맥하여 투명한 동시 조형물을 완성하여 침체된 동시문학에 활력소를 제공했다. 미적으로 정화되고 정서화된 동심의 표현만이 동시라는 일념으로 시단을 주도해왔다.

하청호를 동심의 원형 탐구에 일가견이 있다고 극찬하는 논자나, 그의 철학적 작품을 인정하면서도 난해성을 벗어나라고 요구하는 논자들이 그의 작품 세계 장점으로 더러는 단점으로 지적하는 것은 깨어 있는 의식이다. 깨어 있는 의식의 구현은 동심의 철학적 이해와 수사적 표현 기교의 능숙함으로 가능하다. 독자가 그의 작품을 읽는 행위는 동심의 본질을 찾는 유목적적 여정이며, 시인의 창작 세계를 이해하는 즐거운 작업으로 상쇄된다.

하청호의 동시는 난해하다. 그렇다고 해서 그가 고급 수준의 지적인 독자를 붙잡아두는 현학적 작품을 쓴다는 것은 아니다. 작품성이 미흡해서 난해한 것은 더욱 아니다. 현실 상황에서 생겨나는 특수한 문제들에 관심을 가지기 때문에 난해하다. 동시를 시로 읽는데 길들여진 독자들이 상대적으로 적기 때문에 그의 작품들이

제대로 평가를 받지 못한다. 하청호가 들려주는 메시지가 직접적인 진술보다는 철학적 진술에 치중하기 때문이다.

　원숙한 삶의 경지에서 시인은 채워지는 빛깔인 초록의 자세로 새로운 발견을 한다. 정겨운 우리말과 말맛에 젖는다. 농촌이나 산골 마을에 남아 있는 말을 찾아낸다. 그러한 과정에서 자연 현상을 응시하여 삶의 지혜를 빚는다. 산돌림처럼 시인은 신비롭고 놀라운 시의 세계를 독자들에게 안겨준다. 대자연이 주는 정서적 활력과 치유의 힘을 믿는다. 하청호 시인이 사는 산골은 풀과 나무, 꽃과 벌레들, 물과 바람, 햇빛이 공존하는 곳이다. 시인은 풀과 나무, 물과 바람과 함께 교류한다.

　필자는 30년 가까이 하청호의 작품 세계를 규찰(糾察)해오고 있다. 동시를 원형, 철학성의 잣대로 계속 재고 있다. 시력 40년 그의 작품을 원형과 철학의 범주에 한정하겠다는 의도는 아니다. 그가 동시를 시로 승화시키는데 주류를 형성했다는 섣부른 평가는 유보해둔다. 그러한 평가와 언제나 깨어 있는 철학적 사유의 힘과 시적 형상화의 눈부심에 무게 중심을 두고 하청호의 신작을 기다릴 것이다.

최용　대구고 24회. 1985년 계간 『아동문학평론』으로 등단. 평론집 『생명 존중의 패러다임』. 제20회 방정환 문학상 수상.

무성(無聲)의 메아리,
그 울(수 없)음의 풍경학

여정

　『내간체(內簡體)를 얻다』(문학동네, 2011)의 「자서」를 통해 시인은 '내 시의 안팎이 풍경만이 아니고 상처의 안팎이기도 했으면 좋겠'다고 했다. '그리하여 내 시가 때로 상처의 무늬와 겹쳐진 오래된 얼룩이었으면' 하였다. 여기서 '풍경'이라 함은 인문학에 바탕을 둔 '송재학'만의 '수사와 미학'으로 많은 평자들에 의해 거론이 되어왔고 또 그렇게 계속 이어질 것이다. 그리고 '상처의 안팎'이라 함은 시인의 '개인사(個人史)'로 평자들에 의해 쉬이 다루어질 수 있는 부분이 아닐지도 모른다. 시인은 이미 「산문」과 「대담」을 통해 '상처'를 직접 드러내기도 하였다. 하지만, '상처의 무늬와 겹쳐진 오래된 얼룩'이라 함은 '겹-텍스트'로 '다중코드' 방식으로 쓰고 있음을 암시한다. 이렇게 '상처'가 '풍경'에 영향을 미칠 때는 그 '상처'를 건드림으로 그 '풍경'에 한 발 더 가까이 다가갈 수 있고 건드려줘야만 또 다른 '풍경'이 보이게 될 것이다.

거세 된 소년, 그리고 14세의 아버지……

　시인의 근작들을 둘러보다가 '상처'를 건드려야만 겹으로 보이는 한 '풍경'을 보았다. '상처'와 겹쳐진 이 '풍경'을 보기 위해서는 어린 나이에 아버지를 여읜 장남인 한 소년의 상처와 심리가 있어

야 한다. 심지가 깊고 곧은 그 소년은, 소년을 거세하고, 14세의 아
버지, 15세의 아버지……로 긴 골목을 지나 어느 장례식장 입구에
서 있다. 긴 상처가 만들어낸 '감춤(凹)과 드러냄(凸)'의 미학을 만
나보자.

    장례식장 입구 골목에서 여자가 울고 있다 좁은 골목은 몇 번
이나 차들이 뒤엉키면서 비린내를 반복했다 여자의 소복은 가로
등에 부담이었다 희부염한 가로등 불빛이 그 울음을 두 손으로
다 움켜쥐지도 못했다 울음이 점점 길어지자 가로등은 한숨 쉬며
등불을 켰다 껐다 반복하면서 여자의 주위를 맴돈다 골목의 그
림자가 인중이 더 길어졌다 그 울음 곁에 굴건 쓴 사내가 다가갔
다 그리고 금방 여자의 울음이 그쳤다 당신은 당신을 찾는 사람
과 닮았다는 말이 얼핏 귓가에 맴돌았다 그 울음이 골목을 벗어
난 건 아니다 하지만 그렇게 내가 당신의 울음이거나 당신이 내
울음이란 요철이 골목에 생겼다고 들었다

「울고 있다」 전문, 『시인수첩』 2012 가을

  하나로 보이는 이 골목은 사실, 아주 복잡하게 뒤엉켜있는 여
러 개의 골목이다. 우선, 장례식장 입구 골목을 '정방향'으로 가보
면 한 여자가 중심이 되어 전개된다. 이 골목은 '철(凸)의 골목'이
다. (소복을 입은) 여자가 울고 있다. 울음은 점점 길어지고……, 그
울음 곁으로 굴건 쓴 사내가 다가가자 금방 여자의 울음이 그친다.
어떻게 보면 이러한 풍경은 장례식장에 가면 흔히 볼 수 있는 풍경
처럼 보인다. 하지만 '철(凸)의 골목'에 드러나지 않은 '요(凹)의 정

황'에 기대어 '정방향'으로 다시 가보면, 그 여자는 굴건 쓴 사내 앞에서 울 수 있는 입장이 아니었을 것이다. 그래서 골목으로 나와서 울고 있었다. 그런데 굴건 쓴 사내가 나타나자 울음을 금방 삼켜버렸다. 이러한 '요(凹)의 정황'들은 굴건 쓴 사내를 어린 아들로 만들고 여자를 젊은 엄마로 만든다. 그래서 여기서는 '울음이 그치는 순간'이 가장 슬프게 다가온다.

하지만, 이게 다가 아니다. 아직 역방향인 '요(凹)의 골목'이 남아 있다. 이 골목은 1인칭 화자인 내가 중심이 되어 전개된다. 그런데 이미 가로등에 의해 전개되고 있었다. 가로등은 과거의 어린 화자(심리)로, 골목에서 자식들을 피해 몰래 울고 있는 엄마를 지켜보고 있었다. 자기가 다가가면 엄마가 마음대로 울지도 못할까봐 이러지도 저러지도 못하고 그 울음이 그치기만을 기다리고 있었다. 하지만 엄마의 울음이 너무 길어지자 어쩔 수 없이 다가갔는데, 어린 화자를 보자마자 엄마는 울음을 금방 삼켜버렸다.

이 시에서 요철(凹凸)이 놓여 있는 곳을 하나만 찾으라고 한다면 '당신은 당신을 찾는 사람과 닮았다는 말이' 아닐까? 이 '닮은 상처의 요철(凹凸)'은 골목이 일방통행이 아니고 양방통행 또는 쌍방교차통행임을 암시한다. 그래서 (소복 입은) 여자와 가로등(어린 화자)에 의해 현재와 과거가 교차되면서 나와 타자를 통해 동시에 진행되었다. 서로가 서로로 인해 울음을 막는(참는) 형태로 상대 앞에서는 울(수 없)음이 되어 그 울음은 속울음으로 계속 이어진다.

이렇게만 놓고 보면 골목은 현재와 과거의 두 지점으로만 겹쳐진다. 하지만 계속되는 속울음을 염두에 두고 생각해보면 장례식장→입구→골목→울음→속울음으로 길게 이어지는 긴 세월이라는 또 다른 '요(凹)의 골목'이 하나 더 생김을 알 수 있다.

하지만 이것만으로도 뭔가 부족하다. 이 울(수 없)음이 그치지 않는 한, '요(凹)의 골목'은 장례식장을 통해, 울고 있는 어느 여자를 통해, 굴건이나 소복을 통해……, 혹은 그것과 관련된 언어나 문자를 통해……, 시간과 공간에 상관없이 얼마든지 생겨날 수 있을 것이다.

메아리, 달빛을 밟고 오는 아버지
이 울(수 없)음의 중심에는 '아버지의 죽음'이 있었다. 아버지의 부재(不在)는 어머니를 아버지로, 장남인 어린 아들 또한 아버지를 덧입게 만든다. 그래서 한 집에 세 명의 아버지가 존재하게 된다.

> 그 너머 가면
> 돌아오지 못할 길이
> 휘어지는 중이다
> 복사꽃잎 쌓이는 십 리 길
> 눈물 글썽이는 집,
> 모롱이 넘기 전에 철새 떼와 만나면서 한참
> 그 너머 길은 멀다
> 며칠 지나 달빛 밟고 되돌아오면
> 식구들도 집도
> 한 잎 나뭇잎 그대로 눈시린 초록일까
>
> 「아버지」 전문, 『시와세계』 2012 가을

'돌아오지 못할 길'과 '되돌아오면'이 자꾸 삐걱거리면서 화자를 되묻게 만드는 이 「아버지」는 '울음의 경로'를 메아리 방식에 기대어 풍경화(風景化)한 아주 독특한 작품이다. '돌아오지 못할 길'과 '되돌아오는'의 경계는 그 너머의 '그'로, 그(山)는 어머니와 겹쳐져 있다. 「울고 있다」의 울음의 경로를 생각해보면 울음의 일부는 아버지의 영혼을 따라가고 일부는 막혀 어머니의 몸(山)으로 스며들어 속울음이 된다. 그리고 속울음의 일부는 다시 기색(氣色, 달빛)으로 새어나간다. 어린 아들이 글썽이는 눈으로 그 속울음의 메아리를 보고 있다.

  '울음의 경로'를 따라가는 이 「아버지」는 아버지의 영혼과 어머니의 몸(속울음)과 아들의 마음(視線)이 하나가 되어 돌아가신 아버지를 메아리 방식으로 되살려놓는다. 그래서 이 시의 화자는 그 경로를 따라가는 세 명의 아버지가 될 지도 모른다. 이제, 어머니의 몸을 통해 새어나오는 달빛(氣色)의 「메아리」를 아들의 시선과 위치에서 함께 따라가 보자.

  ①인적 없는 벌거숭이 민둥산에게도 메아리가 있다 천 개의 메아리가 깃든 목울대를 찾는다면 그늘 쪽이다 ②눈썹 찡그린 메아리가 병치레 같은 파스텔을 칠하는 메아리, 근심을 떠나지 못하는 메아리의 실랑이를 만나기도 한다 ③그림자 없는 메아리에게도 비로드의 對句가 있다 응달에서 웃자라는 풀잎들이 목쉰 채 서걱이며 메아리의 후렴 부분을 돕는다 메아리는 그림자 없는 나비의 날개처럼 부표가 없는 음각이어서 쉬이 잡히지 않는다 ④민둥산 메아리를 애써 찾는 사람은 표정이 밝지 않다 그가 메아리

의 주인은 아니지만 메아리의 단파 주파수는 아직 널리 알려지지 않았다 메아리 라디오에 귀기울이며 산을 오르는 사람들에게 이 명은 흔하디 흔하다

「메아리」 전문, 『시인수첩』 2012 가을

요철(凹凸)의 굴곡이 심한 시행(詩行)들로 된 「메아리」는 화자가 어머니의 속울음을 살피고 헤아리는 것이 쉬운 일이 아님을 효과적으로 그려내고 있다.

평자에 의해 몇 부분으로 나누어보면, ①은 울음을 낼 수 없는 민둥산으로 어머니의 목(頸部)의 풍경을 그려낸다. 그리고 목(頸部) 안쪽인 그늘(心) 쪽에는 천 개의 메아리가 속울음의 형태로 깃들어 있음을 알려준다. ②부터는 기색(氣色)으로 새어나오는 속울음의 메아리로 일부는 잘 살피면 알 수 있는 표정이나, 병색, 실랑이의 형태로 드러나지만 일부는 ③에서처럼 잘 살펴도 알 수 없는 형태로 새어나온다. 그 기색(氣色)을 헤아리기가 쉽지 않음을 비로드의 빛에 기대어 말해주고 있다. 비로드의 빛은 무수히 많은 잔털들이 내는 빛으로, 보는 위치와 각도에 따라 명암과 색을 달리하여 변화무쌍하게 변하기 때문이다. 그래서 그 원래의 빛을 알아내기가 쉽지 않음을 말해주고 있다. ④는 「울고 있다」에서처럼 대상의 범위를 확장시킨다. 여기에서도 나→그→그들로 대상의 범위를 점점 넓혀나가고 있다. 물론, 그것만은 아니다. 메아리의 주인을 헤아려보면 속울음이다. 그렇게 보면 산(어머니)을 오르는(보는) 사람은 '살핌'의 시선으로 ②의 드러나는 기색(氣色)만을 알 수 있다. 하지만 그것은 메아리의 주인(속울음)이 아니다. 메아리의 주인

을 만나기 위해서는 '헤아림'이 있어야 한다. 이 '헤아림'이 또 다른 「메아리」로 이어진다.

이명(異名)의 메아리; '둘'이라는 이름의 '하나'

'살핌'이 산을 오르는 '철(凸)의 공간'에 가깝다면 '헤아림'은 지하실로 내려가는 '요(凹)의 공간'에 더 가깝다. 이 '내려감'은 메아리의 주인(속울음)을 찾기 위함일 것이다.

> 지하생활 몇 개월,
> 난 아직 이곳의 번역본을 갖지 못했다
> 창이 많은 공간을 찾다가 홀리듯 지하실로 들어왔다
>
> 껍질 없는
> 메아리는 지하실의 본능이다
> 메아리가 낯설기에
> 나도 어딘가로 스며드는 버릇이 생겼다
> 메아리의 울림은 꽃피는 순서와 다를 바 없다
>
> 되살아나는 멸종된 언어도 배웠다
> 이를테면 문어체를 닮은 얼룩들,
> 모음과 자음이 느슨하게 역인 원시 지느러미들,
> 어둠 속에서만 사용했던 방언도 있다
>
> 메아리가 또아리 튼 고독한 모서리는

불빛의 모가지도 외면한다
침묵이 소리를 알 때까지
말과 말 사이를 메우는 어둠을 알 때까지

지하실에서 말은 단순해지고 있다
몸을 통과하는 말이다
지하생활자들의 수기가 짧아지는 이유이다

「메아리」 전문, 『김달진문학상특집』 2012 가을

    화자는 지하생활 몇 개월 동안 아직 이곳(지하실)의 번역본을 갖지 못했다. 이곳의 번역본은 저곳(어머니)의 원본이다. 만약, 이곳을 번역하면 저곳을 알 수 있게 된다. 이곳과 저곳의 언어는 결국 하나다.
    하지만, 이곳의 메아리는 저곳의 메아리의 주인(속울음)과는 다른, 지하실의 본능(울림)이라서 그 소리를 알아들을 수가 없다. 울림에 의해 시행들의 순서도 뒤죽박죽 따라 흐트러져 있다. 그래서 화자는 어딘가로 스며들곤 하는데 이곳을 번역할 수 있는 언어를 찾고 배우는 중일 것이다. 이곳은 화자도 번역본을 갖지 못했듯 평자도 갖지 못함이 마땅하다. 화자는 '되살아나는 멸종된 언어도 배웠다'고 한다. 여기는 지하실이다. 하지만 이러한 노력이 계속됨은 저곳으로 가기 위함일 것이다. '말과 말 사이를 메우는 어둠을 알 때까지'
    화자가 배운 이러한 언어들이 시인의 근작에서는 '이명(異名)'의 한 형태로 드러나는데, 「산거울」(『시와반시』 2012 가을)과 「건달불」(『문학나무』 2012 여름)이 이에 해당한다.

    1887년 경복궁에서 처음 켜진 전깃불은 물불이거나 묘화였다. 향원정 연못의 물을 이용한 화력발전이었기에 물불이라 했고, 기묘함 탓에 묘화란 이름을 얻었다 하지만 자주 켜졌다 꺼졌다 하면서 하릴없이 애를 태우며 하는 일 없기에 건달불이라는 냉소도 얻었다 게다가 이 전깃불은 대국이 아니라 오랑캐의 물건이라
  던, 납작하니 낡은 등이 나에게 왔다. 妙火라는 시치미에는 에디슨전등회사의 상표도 짐짓 끼어들었으니 그게 젊은 날 내 곁에서 깜빡거리는 백열등의 계보인가 복화술하는 나를 보며 묘화의 텅스텐 눈썹은 찡그릴 뿐 쉬이 불을 켜지 못한다 혹 잠깐 불을 밝혀도 방은 여전히 어둡고 묘화의 내부만 터럭 한 올까지 환하다 백 년을 기다려도 건달의 속내는 무심하니 건달불 없이 하, 자정과 시절을 구불구불 지나온 사람의 번뇌와 마찬가지이더라

「건달불」부분, 『문학나무』 2012 여름

  여기는 아직 지하실이다. 화자가 저곳으로 가기 위해 언어를 배우고 있는 '헤아림'의 공간이다. 전깃불의 계보처럼 보이는 이 시는 묘화(낡은 등)가 중심이 되어 먼 과거와 현재를 잇고 있다. 묘화는 「울고 있다」의 '소복 입은 여자'와 '어머니'가 뒤섞인 그들의 또 다른 타자(他者)이다. 모두 울(수 없)음을 가진 타자들로, 시공(時空)뿐만 아니라 타자들 또한 언어로 사물로까지 확장되고 있음을 알 수 있다.
  화자는 두 번째 「메아리」에서 배운 되살아나는 멸종어(문어체를

닮은 얼룩들, 모음과 자음이 느슨하게 엮인 원시 지느러미, 어둠 속에서만 사용했던 방언)들로 '헤아림'과 '확장'과 '끌어안음'을 동시에 실천해나가고 있다.

이 시에서 특히 주목해볼 것은 메아리의 형식이다. 산(과거, 타자)과 산(현재, 나) 사이에 있는 메아리의 경로에 해당하는 여백이다. 행(…물건이라/ 던,…)으로 나누어이어지는 이 여백은 아주 긴 시공의 거리를 가지고 있다. 하지만 언어적 탄성을 이용해서 시공을 확 당겨 끌어안는 느낌을 준다. 그만큼 '타자와 나'의 거리가 가까워졌음을 암시하기도 한다. 다른 시들과의 관계를 생각해서 이명(異名)들의 관계를 간단하게 정리해보면, 물불(건달불)-묘화는 부부였다. 물불(몸)은 죽어 오랑캐(天)로 갔고 건달불(영혼)은 묘화의 그늘(속울음)에 드리워져 있다. 화자의 살핌에도 그 내부(속울음, 건달불)를 '방(밖)'으로 잘 드러내지 않는다.

다시 하나로 뭉쳐지는 골목, 그 공간의 황홀경

장례식장, 입구, 골목, 이 골목은 여러 개의 골목이면서 또 하나의 골목으로 뭉쳐지고 있었다. 시인은, 처음부터 어린 화자의 심리(가로등)를 통해 소복 입은 여자(他者)에게 다가가려 했다. 두 팔을 벌리고(凹) 그 울음(凸)을 감싸 안아 달래주고 싶었다. 이 골목은 처음부터 탄성(彈性)을 가지고 있었다. 가로축을 중심으로 시간을 늘렸고 세로축을 중심으로 공간을 늘렸다. 교차방식에 의해 과거와 현재가 뒤섞였고 결에 가까운 겹들을 통해 요철(凹凸)의 공간들이 굴곡을 일으키며 뒤집히곤 했다. 그러면서 타자(他者)들을 확장해나갔다. 여러 골목들이 하나가 되어 만들어놓은 어머니라는 이름의 여러 산(山)들이 지구와 우주가 만나게 되는 마지막 골목이다. 이 골목은 여럿이면서 모든 골목이 뭉쳐지는 하나다. 삶과 죽음의 경계까지 없애버리는 그 공간의 마법을 느껴보자. 평자는 그만 물러가고……, 이제, 적막,

빙하가 있는 산의 밤하늘에서 백 만 개의 눈동자를 헤아렸다 나를 가만히 지켜보는 별과 나를 쏘아보는 별똥별들을 눈부릅뜨고 바라보았으니 별의 높이에서 나도 예민한 눈빛의 별이다 별과 별이 부딪치는 찰랑거리는 패물 소리는 백만년 만에 내 귀에 닿았다 별의 발자국 소리가 새겨졌다 그게 적막이라는 두근거림이다 별은 별을 이해하니까 나를 비롯한 모든 별은 서로 식구들이다

「적막」전문, 『시와세계』 2012 가을

(빙하에별이떠있으면더적당하오떨어지는별이눈이라도상관없소)

여정 본명 박택수. 대구고 29회. 1998년 동아일보 신춘문예에 시 「자모의 검」으로 등단. 시집 『벌레 11호』 『몇 명의 내가 있는 액자 하나』 등.

소설

단편소설
비약(秘藥)

이채형

1

경주 사는 친구가 나타난 것은 십 년 만이었다. 그 사이에 풍문으로도 소식을 듣지 못했던 터라 반가움에 앞서 궁금증이 먼저 들었다. 워낙 기상천외한 친구라 그동안 무엇을 했을까 하고.

그는 긴 수염에 치렁치렁한 머리를 뒤로 묶고 있었다. 거기에다 복장—마치 신라인 같은—까지 남달라서 영락없는 도인의 모습이었다. 그는 본래 깔끔한 친구였다.

몇몇 친구와 함께한 자리에서 그는 공통의 궁금증을 금방 알아차린 모양이었다.

"감옥에 들어가 있었던 건 아니니 안심하게."

그가 웃지도 않고 말했다.

"감옥에 들어갔다면 수염도 못 길렀겠지. 그런데 어떻게 그렇게도 소식이 없었나?"

한 친구가 물었다.

"산에 들어가 세상과 담을 쌓고 지냈다네."

나중에 알고 보니, 그가 들어가 지냈다는 산은 김유신이 무예를 닦은 곳으로 전해지는 곳이었다.

"자네도 자연인이 되었나?"

다른 친구가 요즘 인기를 끄는 티브이 프로를 염두에 두고 물었다.

"그런 셈이지."

"그럼 약초에도 박사가 되었겠군."

그 프로에 나오는 자연인은 모두 약초 박사였다.

"그래서 비약을 연구했다네."

질문과 대답이 아귀가 맞아떨어졌다.

"비약이라니?"

모두들 호기심 어린 눈으로 그를 바라보았다.

"지금까지 없던 약이네."

그는 지난날에도 여러 차례 흥미로운 것들을 고안해서 선보인 바 있었다. 예를 들면 불상, 토우, 칼, 주사위 등 여러 가지 신라 유물의 모조품—그는 창조적 복제품이라고 주장했지만—이 대표적이었다. 그 중에는 목제 반가사유상도 있었는데 그 정교함에 모두 혀를 내둘렀다. 그는 또 문화재와 관련된 몇 가지 신안특허를 내기도 했다. 그래도 비약은 의외였다.

"세상에 그런 약이?"

아까의 친구가 다시 티브이 프로에 빗대어 물었다.

"자네들은 상상하기도 어려울걸."

"대체 무슨 약인데?"

"고통을 없애는 약이라네."

그는 간단하게 대답했다.

그러나 설명을 들으니 결코 간단한 약이 아니었다. 그의 말에 따르면, 이른바 그 비약은 한 알의 복용으로 모든 통증을 가라앉힌다는 것이었다. 정말 고통을 잠재울 수 있다면 그게 어떤 것이든 그 야말로 활인지약이라 할만 했다. 연구는 이미 끝났고 법제(法製) 과정만 남았다는 것이었다.

"진통제 같은 것인가?"

"진통제라면 굳이 비약이라고 할 게 있겠나."

친구들의 호기심은 더욱 커질 수밖에 없었다.

"진통제는 대증요법에다 한시적 아닌가?"

"그럼 자네의 비약은 다른가?"

"이 약은 근본적인 통증을 궁극적으로 치유한다네."

다시 그의 설명에 따르면, 그의 비약은 고통의 근원을 찾아서 아예 뿌리째 뽑아 없앤다는 것이었다. 오, 고통의 완벽한 소멸이라니! 과연 비약임이 분명했다.

"그렇다면 신경성까지?"

"육신 없는 신경이 어디 있나. 육체가 없으면 정신도 없네."

그의 말로 미루어 정신적인 고통까지 포함되는 듯했다.

"그런 비방을 대체 어디서 구했나?"

나는 비약의 근거를 어디서 찾았는지 궁금했다.

"삼국유사에 보면 물계자라는 인물이 나오네. 대단한 현인이지."

그는 잠시 말을 끊고 내 쪽을 바라보았다. 그러면서 과연 자신의 말을 이해할 수 있을지 염려하는 눈빛이었다.

"말년에 산에 들어가 신선이 되었는데, 그가 남긴 비방이 전설로 전해지고 있었다네. 그 전설에 주목했지."

그의 말에 따르면, 비약에 관계된 전설이 천 년 전부터 구전으로 전해져 왔다는 것이었다. 그러나 구체적인 처방은 알려지지 않왔다. 그러다가 도굴된 어느 고분에서 나온 죽간(竹簡)에서 비방의 열쇠를 찾았다는 것이었다.

"십 년 노력 끝에 마침내 실현을 눈앞에 두었네."

도대체 고도(古都)의 풍설에나 어울리는 사연이라 모두들 어리둥절할 뿐이었다.

"약재는 뭔가?"

한 친구가 정신을 수습하고 구체적으로 물었다.

"바로 이거야. 오늘에야 마지막 약재를 구했지."

그가 옆에 놓인 가방을 돌아보며 덧붙였다.

"경동시장의 약령시를 뒤지고 오는 길일세."

"대체 그게 뭔가?"

"독약."

친구는 간단하게 말하고 더 자세히는 설명하지 않았다.

"그러니까 독약처방이로군."

모두들 조금 허탈한 기색이었다. 독약을 먹은 뒤에는 누구도 통증을 느끼지 못할 것이기 때문이었다.

"독 아닌 약이 어디 있는가."

그리고 그는 자신 있게 덧붙였다.

"두고 봐, 고통 없는 세상이 올 테니!"

친구들은 반신반의하면서도 비약 자체의 매력에 대해서는 기대를 감출 수 없었다.

"완성하면 한 알 부탁하네."

"그래, 자네들도 한 가지 고통은 있겠지."

2

 경주 친구를 만난 뒤에 문득 까마득한 지난날의 '꿩약'을 떠올린 것은 우연이었을까.

 그 약은 꿩을 잡는 데 쓰였다. 겨울이면 뒷산의 꿩을 잡으려고 콩으로 만들었는데, 물론 친구의 비약과 견줄 수는 없었다. 그러나 독극물을 사용한다는 점에서는 공통점이 있었다. 비방도 따로 없고, 만드는 방법도 비교적 간단했다.

 먼저 콩에다 구멍을 내고, 그 속에 청산가리―흔히 사이나라고 불렀다―를 넣고, 촛농으로 구멍을 밀봉하면 다였다. 얼른 보아서는 그냥 콩이나 다름없었다. 그러나 독약이 든 콩이었다. 그것을 꿩을 잡는 데 쓴다고 꿩약이라 불렀다. 그 위장한 콩을 산기슭에 뿌려두면 꿩이 날아와 주워 먹고 죽었다. 겨울이 되면, 형은 어디서 그 독극물을 구해 오는지 열심히 꿩약을 만들었다.

 어느 해 겨울, 내가 막 학교에 들어가서 맞은 첫 겨울방학 때였다. 그 해도 겨울이 되기 무섭게 형은 꿩약을 준비했다.

 우선 밭에서 수확한 콩을 확보해야 한다. 그리고 끝을 납작하게 만든 철사토막을 숫돌에 갈아 날을 세운 뒤, 그것으로 콩에다 구멍을 낸다. 세심하고 정밀한 그 작업이 끝나면 하얀 사이나 가루를 그 구멍에 넣는다. 독극물이라 아주 조심스럽게 다루어야 한다. 그런 다음 초에 불을 붙여 떨어지는 촛농으로 그 구멍을 메운다. 정교한 작업이 끝나면 겉으로 보아서는 감쪽같은 콩이다. 한 가지 특이한 점이라면, 보통은 흰 메주콩을 쓴다는데 형은 꼭 검은콩을 썼다. 정성을 다한 꿩약이 완성되면 형은 눈이 내리기를 기다렸다.

 마침내 밤새 눈이 작석을 했다. 형은 꿩약을 갈무리해 두었던 깡통을 들고 집 뒤 산기슭으로 나갔다. 나와 누렁이는 형의 뒤를 따라갔다. 쌓인 눈으로 발목이 푹푹 빠졌다. 비탈밭이 끝나는 양지바른 산기슭에서 형은 발걸음을 멈췄다. 꿩은 대개 산속 숲에서 살았지만 이따금씩 기슭으로 내려왔다.

"이쯤이 좋겠군."

형이 주위를 살피다가 말했다.

"꿩이 정말 여기까지 올까?"

나는 아무래도 미심쩍어 형에게 물었다.

"너 여기 꿩 내려온 거 못 봤니? 꿩 울음소리 자주 들었잖아?"

"이렇게 눈이 많이 왔는데……."

"그러니까 먹을 게 없어 더 내려오는 거야."

형은 이미 그 방면에 도사였다. 형은 적당한 간격으로 눈 위에 콩을 놓았다. 촛농으로 메운 쪽이 반드시 밑으로 가게 했다.

"요놈들이 조금만 이상해도 귀신같이 알고 먹지 않거든."

하얀 눈 위에 놓인 까만 콩! 정말 정물화처럼 아름다웠다. 형이 왜 검은콩을 택했는지 그제야 알 것 같았다. 그러나 그것은 생명이 걸린 살벌한 풍경이기도 했다.

꿩약의 설치가 끝나자 형은 눈 위에 난 발자국을 평평하게 지우면서 뒤로 물러났다.

"요놈들이 의심이 얼마나 많은지."

마침내 모든 준비가 끝났다.

"이제 가자. 내일 다시 와 봐야지."

다음날, 아침 일찍 형은 뒷산으로 나갔다. 나와 누렁이도 물론 따라 나갔다. 어제 꿩약을 뿌려 놓은 곳에 다다랐을 때였다. 산기슭의 눈밭에 한 쌍의 새 발자국이 선명하게 찍혀 있었다. 주저주저하면서 다가간 듯 조심스러운 발자국이었다. 그리고 어제 놓아둔 콩이 사라지고 없었다.

"옳지, 요놈들이 먹었구나!"

온통 눈으로 덮인 세상에 먹이를 찾아 나섰다가 눈에 띈 콩! 배고픈 새는 그 콩의 유혹을 뿌리치기 어려웠으리라.

"자, 요놈들이 어디 처박혔는지 빨리 찾아야 해."

형은 꿩의 행방을 찾아 서둘렀다. 꿩은 꿩약을 먹고 바로 그 자리에 고꾸라지는 것이 아니었다. 날아올랐다가 다른 곳에 떨어져 죽는다고 형은 설명했다.

누렁이가 앞장을 섰다. 군데군데 눈이 무릎까지 빠지는 산을 돌며 이곳저곳을 살폈다. 그리고 눈 속을 헤맨 끝에 마침내 발견했다. 등 너머 청솔 아래 자는 듯 쓰러져 있는 장끼 한 마리. 아직도 윤기 자르르한 고운 목덜미의 진홍빛 털, 그리고 굳게 감은 눈!

그 순간, 생전 처음 느끼는 어떤 감각이 전류처럼 머리끝에서 발끝으로 흘렀다. 처음에는 무엇인지 몰랐으나 차츰 그것이 아픔이란 걸 알았다. 그 설명할 수 없는 아픔이 날카로운 비수처럼 가슴을 찔러댔다.

그런데 꿩약은 꿩만 쓰러뜨린 것이 아니었다.

어느 해 겨울, 형은 웬일로 검은콩이 아닌 흰콩으로 꿩약을 만들었다. 처음 있는 일이었다.

"왜 흰콩이야?"

"꿩이 불쌍해서."

마치 꿩이 흰콩이 아닌 검은콩 때문에 죽은 듯이 형은 말했다.

나는 그 말의 숨은 뜻을 미처 눈치 채지 못했다. 그 흰콩의 꿩약을 꿩이 아니라 스스로를 위해 만들었다는 사실도! 형이 왜 자신이 삼킬 꿩약을 검은콩이 아니라 흰콩으로 하고 싶었는지 나는 짐작도 할 수 없었다.

상급 학교 진학이 최후로 좌절된 그 해 겨울, 눈 내린 산기슭 비탈밭 가에 형은 반듯이 누운 채 잠들어 있었다. 형을 잠들게 하는 데는 한 알의 꿩약으로도 충분했다. 등 너머까지 날아가지도 않았다. 청솔 아래 누운 장끼는 눈을 감고 있었지만 형은 눈을 뜬 채였다.

그 순간, 머리끝에서 발끝까지 다시 전류가 흘러내렸다. 그것은 아픔을 넘어 두려움이었다. 한 번도 느껴 보지 못한 공포였다.

3

언제부터였을까, 그날의 아픔과 두려움이 되살아난 것은. 청솔 아래 쓰러져 있던 장끼와 비탈밭 가에 잠들었던 형의 모습이 수시로 꿈속에 나타났다. 식은땀에 젖은 채 눈을 뜨면 다시는 잠을 이루기 어려웠다.

기억의 촉수가 이렇게도 집요할 줄은 몰랐다. 그 모습은 지금까지 겪은 모든 죽음의 원형이면서, 언젠가 나에게 닥칠 처음이자 마지막 죽음의 상징이었다. 불면증이 심해지면서 그 고통은 밤의 안식을 송두리째 앗아갔다.

그때, 문득 경주 친구가 생각났다. 그가 비약을 완성했는지 그 뒤로 소식이 없었다. 그는 한 알의 비약으로 모든 고통을 잠재울 수 있다고 분명히 말했다. 어쩌면 기억의 고통도 그 범주에 들지 모른다. 나는 친구를 찾아 고도로 내려갔다.

고도는 역시 왕릉의 도시였다. 경주, 하면 나에게는 언제나 무덤의 이미지가 먼저 떠올랐다. 초입에 들어서기도 전에 눈에 들어오는 것이 무덤군(群)이었다. 그것은 무덤이 누려 사는 곳이란 느낌을 갖게 하기에 충분했다. 그러나 그 고총들은 이미 과거완료형이었다.

차창 밖으로 그 과거완료형의 무덤들을 바라보며 나는 까맣게 잊었던 형의 무덤을 떠올렸다. 그것은 무덤이라고도 할 수 없는 한낱 돌무더기였다. 그것마저도 몇 해 뒤에는 흔적 없이 사라지고 말았다. 그것이 형이 남길 수 있었던 유일한 자취이자 진실이었음에도.

친구를 만나자마자 나는 기억의 고통을 호소했다.

"잠 좀 자게 해주게."

"잠이 안 오면 수면제를 먹으면 될 거 아닌가?"

"그건 임시방편일 뿐이지."

"그럼 자네 불면증에 뿌리가 있다는 건가?"

나는 친구에게 내 불면증의 내력을 설명하지 않을 수 없었다. 그에게 장끼와 형의 마지막 모습을 설명하기는 쉽지 않았다. 나는 열심히 그때의 아픔과 두려움을 표현하면서도 그가 과연 이해할지는 자신이 없었다.

"자네는 역시 시인답군."

그가 나를 놀리는 것 같지는 않았다.

"그럼 아주 기억을 지우겠단 말인가?"

"가능하다면 그러고 싶네."

"그러고도 시를 쓸 수 있을까?"

나는 아무 대답도 할 수 없었다.

"우선 바람이나 좀 쐬도록 하세."

친구가 나를 데리고 간 곳은 대릉원이었다. 천 년 전 왕의 무덤들이 모여 있는 곳이었다. 스무 기가 넘는 무덤들 중에는 주인이 밝혀진 무덤도 있고 그렇지 못한 무덤도 있었다. 그중에서 그 속까지 들어가 볼 수 있는 무덤이 있었다. 천마총이었다. 알고는 있었지만 들어가 본 적은 없었다.

천 년의 비밀을 간직한 무덤 속으로 나는 친구를 따라 들어갔다. 무덤 속은 예상과는 달리 어둡지 않았다. 밝은 조명 아래, 무덤은 그 속을 훤히 드러내 보이고 있었다. 부장품인 금관과 환두대도 등을 비롯한 많은 유물들―복제품―이 진열되어 있고, 어떤 왕인지 밝혀지지 않은 무덤의 주인이 누웠던 자리도 재현되어 있었다. 물론 왕의 육신은 사라지고 없었다.

왕이 누운 자리의 벽에 천마도(天馬圖)가 걸려 있었다. 자작나무 껍질에 그려진, 하늘을 나는 하얀 말의 그림이었다.

"저 왕이 편히 잠들었을 것 같나?"

친구는 느닷없이 물었다. 그의 말뜻을 몰라 나는 그의 얼굴을 쳐다보았다.

"아마 자네처럼 많은 밤을 불면에 시달렸을 거야."

"그럼 저기 천마는 뭔가?"

나는 궁금해서 물었다.

"잠 안 오는 밤에 저 말을 타고 날았겠지."

"그래서 어디로 갔을까?"

나는 더욱 궁금했다.

"자네처럼 유년의 기억 속이었는지도 모르지."

친구의 말을 들으며, 나는 천마를 탄 왕의 불면을 상상해 보았으나 그의 고통은 쉽게 떠오르지 않았다. 그리고 천마를 타고 떠난 왕의 죽음 또한 마찬가지였다.

한참 뒤, 친구와 나는 무덤 속을 나왔다. 무덤 밖에는 밝은 햇살이 비쳤다. 나는 고개를 젖히고 하늘을 올려다보았다. 머리 위에 청동빛 하늘이 펼쳐져 있었다. 너무 반가웠다. 아, 신라의 하늘이 저랬을까. 그러자 그 시절 월명사(月明師)의 향가 한 구절이 불현듯 떠올랐다. 삶과 죽음의 길은/여기 있으매 머뭇거리고……

"고통을 없애는 건 어렵지 않네."

대릉원을 나오면서 친구가 말했다.

"그러면 됐네."

나는 뛸 듯이 기뻤다.

"하지만 자네, 고통을 없앤 뒤 무엇으로 살 텐가?"

무슨 말인지 몰라 나는 그를 물끄러미 바라보았다.

"파스칼이, 고통은 정신의 양식이라고 하지 않았나. 자네, 그 양식 없이 살 수 있을 것 같나?"

"그럼 자네는 왜 비약을 만들었지?"

"무수환을 만들고 나서야 그걸 깨달았다네."

무수환(無愁丸)은 그가 만든 비약의 명칭이었다.

"기억이 곧 정신인데 자네, 그 정신을 지워 버리겠다고?"

그가 하는 말의 늪에서 나는 미처 헤어 나오지 못했다.

"기억의 고통이 있어 자네의 삶도, 시도 있네."

"비약을 못 주겠다는 건가?"

나는 농락당한 기분이었다.

"나는 무수환을 영원히 폐기해 버렸네."

그러나 그는 나와 헤어질 때 까만 환약 한 알을 내밀었다.

"마지막 무수환이네. 선택은 자네 몫일세."

떨리는 손으로 비약을 받아 드는데, 천마를 함께 탄 장끼와 형의 모습이 눈앞을 스쳤다.

이채형 대구고 6회. 1946년 경주 출생. 『소설문학』으로 등단. 소설집으로 『동무』 등, 장편으로 『아아 님은 가지 않았습니다』 등.

단편소설
직파(直播)가 쉽다

서지원

대합실로 들어서던 박순덕 동무가 발길을 멈춘 것은 머리를 산발한 사내의 행동 때문이었다. 흙먼지가 덕지덕지 앉은 옷에, 그 옷을 무거운 듯 걸친 앙상한 몸과 물가에는 전혀 가보지 않은 더러운 얼굴을 한 사내가 긴 나무 의자에 누운 사람의 얼굴을 내려다보다가 누운 사람의 외투 속으로 손을 넣어 한쪽 팔을 빼내려고 하였다. 외투를 벗기려는 행동이었다.

1998년 3월 초순의 함흥은 여전히 겨울 추위였다. 날씨보다 더 추운 것은 수년째 계속되는 식량 기근과 이에 따른 일상적인 굶주림일 것이다.

함흥 역사 앞에는 거지와 어린 꽃제비들이 꺼져가는 몸을 벽에 기대어 웅크리고 앉아있었다. 대합실에서 밤을 새운 뒤, 아침 햇볕을 쬐러 기어 나온 사람들이었다.

역 대합실은 바깥 공기와 거의 다르지 않다. 사방을 가로막은 벽이 있고 하늘을 가리는 지붕이 있어서 길거리보다는 낫기는 하지만 햇볕이 들어오지 않고, 난로는 엄두도 못 내는지라 저녁 두 시간을 제외하고는 전깃불을 켜지 않은 곳이므로 분위기부터 우선 음산하고 추웠다.

이곳에 밤낮없이 모여드는 사람 가운데 여행용 가방이나 보따리, 자루를 지닌 여행객은 거의 보이지 않는다. 본래 통행을 함부로 할 수 없는 나라이므로 여행이라는 말조차 생소하다. 이 수년 동안은 전에 없던 풍경이 역 주변에서 벌어지고 있었다. 거의가 자식을 잃고 의지할 데 없이 떠도는 노인, 부모를 잃은 소년 소녀, 가족이 죽자 직장에서 벗어나 거리를 헤매는 사람들이 전부인 듯 보였다. 그들은 무슨 용무가 있어서가 아니라 사람이 많이 모이는 곳이라 하여 나왔을 뿐이다.

간혹 지친 기적소리를 울리며 역으로 들어서는 열차에서 누군가 내리는 사람이 없을까 하고 막연히 사람을 기다린다. 그러나 열차에서 내려 기다리고 있는 사람을 만나 반갑게 인사를 나누는 모습은 거의 없다. 아무도 자신에게 오고 있지 않다는 것을 그들도 잘 알고 있다. 그저 혹시나 하고 목을 늘이며 바라볼 뿐이다.

이들은 김일성 주석이 죽던 94년도부터 시작된 일상적인 굶주림에 겨우 버틴 사람들이다. 이들을 거지라고 한다면 그 말은 조금 사치스러운 것인데, 왜냐하면 세상 대부분의 거지는 길거리를 헤매다가 타버린 볏짚처럼 꺼질 듯 쓰러지지는 않는다는 것이다.

그들은 가족과 함께 굶주림에 허덕이다가 가족의 주검을 두고, 그 주검을 처리할 힘조차 잃은 채 그 자리를 벗어난 사람들이다. 사람이 많은 곳이라고 기어 나왔을 뿐, 역 주변을 하릴없이 배회하다가 대합실의 긴 나무의자에 눕거나 차가운 시멘트 바닥에 쓰러져 임종의 길고 질긴 순간을 맞게 되는 것이다.

외투를 벗기려는 사내가 순간 멈칫했는데, 긴 나무의자에 누운 사람의 입에서,

"아아, 아."

서지원

하는 외마디 소리가 튀어나왔기 때문이다. 죽음을 턱 앞에 둔 사람의 본능적인 자기방어일 것이다. 박 동무가 소리쳤다.
"이 간나새끼! 저리 가지 못 하관?"
놀라 뒤를 돌아본 사내는 비칠비칠 몇 걸음 물러서더니 별일 없다는 얼굴로 역사를 빠져나갔다. 그 역시 역 주변을 얼마 전부터 맴돌던 사내였다.
가까이 가서 보니 눈에 익은 꽃제비였다. 깡마르고 창백했지만 다른 아이와 달리 얼굴도 비교적 깨끗했던 아이였다. 거의 반생을 혹독한 굶주림과 추위로만 보냈을 소년은 그 원초적인 고통을 이기지 못한 채 단말마의 비명을 지른 뒤 지키려 했던 외투를 입은 채 숨을 거두었다. 사내가 벗기려던 외투는 때에 절었지만 그가 보아도 맵시가 있어 보였다.
그날 아침, 대합실에는 소년을 포함해 세 사람의 시신이 누워있었다.

냉기가 깊은 역 사무실로 들어선 박순덕 동무는 주머니에서 봉지담배를 뒤져 마라초(종이로 싼 권련)를 한 대를 말아 불을 붙였다. 푸른 연기가 피어오르자 눈이 몹시 따가워 앙상한 손등으로 눈가를 훔쳤다. 목구멍으로 넘어간 연기가 식도를 넘어간 강냉이 알을 긁어내어 올리는 것 같았다. 집에서 아침이라고 몇 숟가락 떠 넣었던 강냉이 알들이 독한 담배 연기에 질려 비명을 지르는 것 같았다.
순간 구역질이 나면서 머리가 횡 하며 바람이 뚫고 지나갔다. 계속되는 허기와 공복감 때문이리라. 정신이 몽롱하여 한참을 그렇게 앉아있어야 했다.

이때 바깥 대합실이 웅성거렸다. 역 직원 누군가가 꽃제비 몇을 동원하여 시신을 옮기는 것 같았다. 꽃제비에게 줄 모이로 강냉이 몇 움큼이 들려있으리라 짐작했다.

전화통을 붙들고 한참 씨름하던 박순덕 동무가 수화기를 내동댕이치듯 내려놓으며 소리쳤다.

"이 쌍년들이 아직 집구석에서 깔개(남자에게 몸을 주는 여자를 뜻하는 은어)짓이나 하고 자빠졌나? 왜 교환대에 붙어있는 년이 한 년도 없어?"

"아까 연결될 것 같더니 그렇게도 안 되오?"

건너편 책상에 앉아 창밖을 내다보던 역장이 찡그린 얼굴로 물었다.

"한 년이 나와서 뭐라 우물거리더니 끊고 들어가서는 다시 나오지 않소."

"다 식량 구하러 나간 게지."

웬만한 관청에는 전화를 걸 엄두를 내지 않는다. 출근부에 도장만 찍고 식량을 구하러 나가는 일이 다반사인 세상에서 교환원이라고 자리만 지키라는 법이 없다. 아니면 선이 고장 났는데도 고칠 손이 없어 불통일 수도 있을 것이고, 일부러 연결해 주지 않는 경우도 있을 것이다.

이처럼 사람이 연신 죽어 나가고, 모든 것이 엉망진창인 세상에 전화통을 붙들고 있는 것도 사치인지 모를 일이다.

"너무 욕하디 마오. 그 사람들도 먹고 살아야 하지 않슴매?"

"오늘은 시신을 처리해야 하디 안 캇습매까, 역장 동지."

"좀 있다가 한 번 더 전화 해 보구라. 안되면 보안국으로 가는 수밖에 없지."

"차라리 가는 게 빠르지. 내 열통 터져서."

이때 따르릉하고 전화벨이 울렸다.

"아, 전화가 오는 수도 있구만. ……여보시오. 아, 지도원 동지시오?"

박 동무가 역장을 향해 고개를 끄덕거려 보였다.

"그렇잖아도 지금 계속 전화를 걸던 참인데…… 물론 있지요. 오늘은 세 구(具)나 되오. 아이구, 우리도 영 죽을 지경이오."

시(市) 인민보안국 리대혁 지도원의 한숨 섞인 음성이 들려 왔다.

"그 시체를 오늘 중으로 다 치워야겠소."

"예, 그럽시다. 우리도 험한 시체를 굴비 엮듯 늘어놓아 두는 데는 진저리가 나오. 언제 차를 보내주실랴오?"

"글쎄, 보내기는 보내야겠는데……."

여느 때와 달리 목소리에 힘이 쭉 빠져있는 것이 좀 이상했다. 며칠 전만 하더라도 그의 목소리는 피들피들 하고 윤기가 돌았었다.

며칠 전, 리대혁 지도원은 목소리는 평시처럼 유들유들했다.

"이 보구라, 박 동무. 그 함흥역에서는 어쩌자고 하루도 거르지 않고 사람이 죽어 나가오? 무슨 대책이 없소?"

박순덕은 속으로 이 작자가 또 시작이구나 하면서 항상 하는 대로 음성을 낮추어 설설 기는 시늉을 해 보였다.

"하, 우리 역이 당초 평라선(平羅線)의 중핵 역이고, 이 지방의 처음역(시발역)을 겸한 마감역(종착역)이 되어서리······."

"또 차탈피탈(이 핑계 저 핑계)이요? 이 보오. 어제는 방통(객차의 차량) 구경도 못 했지 않았소?"

사실 이 역에서는 기적소리가 드물다. 정상적이면 하루에 적어도 여섯 차례는 열차가 드나들어야 하지만 모든 것이 마비된 근래에는 이틀 전에 겨우 기차 한 대가 지나갔을 뿐이다.

"그래도 우리 역사에는 사람이 아주 많슴매다. 외지에서 흘러들어와 어슬렁거리는 눔, 혹시 어디 튀어 달아날 수 없을까 하고 무작정 역으로 나온 눔, 또 그 틈에 무얼 얻어먹거나 주워 먹을 거나 없을까 하고 기웃거리며 껄떡대는 눔, 사람이 멀쩡히 눈을 뜨고 있는데 남의 물건을 메따(날치기)는 놈에, 뜨바이(도둑질)는 또 얼마나 많은지 모르오. 성천강 삼일장, 사포 장마당, 동흥상구역의 함주장은 저리 가라 하오."

"그래서 죽는 사람도 많단 말이오?"

"사람이 많이 들끓다 보니 죽어 나가는 사람도 많지 안 캇슴매까?"

"내 박 동무에게 공연히 언치(시비) 걸려고 하는 소리가 아니오. 대합실에 뜨뜻하게 불이라도 때어 구호를 좀 하지. 역이니까 석탄이야 있지 않소?"

또 공연한 소리였다. 인민보안성에서는 전국적인 치안과 범죄를 단속할 뿐만 아니라 철도를 경비하고, 여행객 동향을 감시하므로 철도국으로서는 항상 죽어지낼 수밖에 없는 형편이다. 듣기 거북한 소리, 구역질나는 짓을 보아도 참아야 한다. 심심풀이하듯 걸핏하면 이런 식으로 시비를 거는 데는 질려버렸지만 웃는 얼굴을 해 보일 수밖에 없다.

"원, 잘 아시면서 왜 그러시오? 좋은데 계실 때 좀 봐 주시구랴. 믿는 건 우리 대감뿐이라고, 대감만 믿소. 히히히."

역사에는 기차에 쓸 석탄조차 떨어진 지 이미 오래다. 공급이 달려 가뜩이나 부족한 석탄이 지난가을까지만 해도 아기무덤만큼 남아 있기는 했지만 겨울로 접어들자 추위를 이기지 못한 주민들이 몰래 퍼 가기 시작했다. 지키는 열이 도둑 하나 못 당한다고 시민 전체가 눈을 부라리는 데는 당해 낼 재간이 없었던 것이다. 반룡산의 노송을 베어 가고, 김 주석 동상 주변에 있는 나무를 뽑아다 불을 때는가 하면, 공원 화장실의 문짝까지 떼어가는 판이니까. 석탄은 물론 석탄을 쌓아두었던 바닥 흙까지 긁어 가는 실정이니 도둑맞은 게 아니라 강탈당했다고 해야 한다.

단천 어느 역에선가 있었던 이야기가 전해온다.

문제의 그 역 직원들이 추위에 못 이겨 선로에 떨어진 석탄 몇 개를 근근이 주워 난롯불을 피웠더란다. 때마침 상급에서 나온 그루빠(검열단)가 들이닥쳤는데, 그동안 공급했던 석탄은 다 어디 갔느냐고 억지를 부렸다. 역사에 쌓아둔 석탄은 인민 교통의 쌀이요 산업 활동의 피와 같은 것임에도 불구하고 제 한 몸 따뜻이 하기 위하여 함부로 이렇게 불로 소비하였다고 고함을 질러대며, 지금처럼 기차가 원활히 운행되지 못한 것은 이 자들이 제 일신을 위하여 석탄을 함부로 허비했기 때문이니 일벌백계로 다스릴 수밖에 없다고 보고했다. 역무원 셋은 노동교화형에 처해 졌다는 것이다. 그 이후 역무원들은 귀퉁이 떨어져 나간 침목 조각도 곁눈질할 수 없었다.

"차라리 대합실을 닫아걸면 어떻겠소? 그러면 역사에다 시체를 안치할 필요도 없을 꺼이 아니오?"

이 또한 공연한 소리였다. 대합실을 닫는다는 것은 당치도 않는 소리거니와 설혹 닫아놓는다면 시신을 처리하기만 힘들어진다.

박 동무는 역사 뒷담벼락이 떠오를 때마다 등골이 서늘해진다. 거적에 덮여 나란히 누워있는 시체가 오늘 세 구를 합쳐 모두 여섯 구가 그를 기다리고 있지 않는가.

역사 근처에 시체가 나오면 시 공립병원 안치실에서 실어가야 하지만 그런 기능이 마비된 지도 오래되었다. 가족이나 연고자가 나타나도록 단 며칠이라도 기다려야 하는데 십중팔구는 무연고 시신이었다. 나중에 알고 보면, 죽은 자의 가족은 대부분 이미 굶어 죽었거나 다른 가족을 찾을 엄두를 못 내는 형편이었다.

임시방편으로 사람의 눈이 가지 않은 그늘진 담벼락에 거적만 한 장씩 덮어 눕혀 놓았다. 겨울이라 부패하여 냄새를 피울 염려가 없는 것이 다행인데, 그렇게 보관한 시체는 삼사일에 한 차례씩 시 수송부의 트럭으로 실어 내어 매장하는 게 관례였다. 이 역 말고도 다른 공공시설 근처에도 시신을 한군데에 끌어놓았다가 어디론가 실어나르는 곳이 있을 것이다.

오늘 박 동무도 빨리 일을 끝내고 식량을 구하러 나가 봐야 하니 전화통을 오래 붙들고 있을 계제가 못되었다. 더구나 일제 순사보다 더 큰 힘을 가진 인민보안성 사람과 오래 이야기를 끌어봐야 득될 게 없다. 리대혁이 전화통을 붙들고 저런 소리를 하는 것은 자신이 얼마나 정당하고 옳은 말을 하는지 누구든 한번 들어봐 달라는 배짱임을 잘 알고 있다. 언제 그런 배짱이 생겼던지, 순간 오기가 발동한 박 동무가 갑자기 목소리를 낮추었다.

서지원

"위대하신 령도자 동지께서는 으음, 이렇게 말씀하시지 않았습매까? '모든 일의 성패는 끝마무리에 있다. 사회주의 건설을 승리로 이끌기 위해서는 항시 끝마무리를 잘해야 한다.'고 말씀이오."

"으응?"

"음, 사람이 얼어 죽는 데는 한겨울 강추위보다 추위가 풀리는 늦겨울이나 초봄 때가 더 무섭다는 말이 있지않습메까? 한겨울 추위에는 불 곁으로 찾아가고, 옷도 억척같이 껴입다가 날이 조금 풀리면 이제 살았구나 하구서리 마음이 탁 풀리니 추위라는 놈이 확 들이닥쳐서 그만."

"……."

"요즈음 이렇게 죽은 자들은 끝마무리를 잘못한 거이디요. 겨울 잘 넘기려는 각오와 투쟁정신이 부족해서 그리 되었단 말이오. 끝마무리를 잘 해야…… 추위도 참고, 배가 고파도 좀 참고."

박순덕은 속으로, 내가 어쩌다가 이런 소리를 하는가 하면서도 높은 사람들에게 지겹도록 듣던 말투를 자신도 무람없이 쓰고 있는 것이 놀라웠다.

"모든 것을 참고 견디어야 이 고난의 행군을 승리로 결속 지을 수 있단 말이오. 마지막까지 견결하게 투쟁하여 좋은 끝마무리, 훌륭한 결속을 지어야 할 것이라 믿어 의심치 않는 바이오."

"오호."

박순덕의 말씨는 연설조로 변해지면서 혼자 의기양양해졌다. 어두운 철로 가에 서서 희미한 전호등(傳號燈)이나 흔들고, 쇠망치로 썩은 기차 바퀴를 건성으로 두들겨대는 놈이라고 놀려대지만 나도 이런 말을 아무렇지 않게 하는 사람이다, 이눔아 라고 소리쳐 주고 싶었던 것이다.

그날 옆에서 듣고 있던 역장이 눈을 흘기며 얼른 용무나 물어보라고 하여 곧 끊고 말았는데, 그렇지 않았더라면 주석님의 갖가지 교시와 훈령을 동원하여 더 떠들었을 것이다. 리대혁이 기름기 배인 음성으로 이렇게 응수했다.

"동무 말이 백번 옳소. 세상에 동무 같은 사람만 있다면 무슨 걱정이겠소. 그러면 동무가 한번 나서서 이신작칙(以身作則: 몸소 모범을 보여 군중을 교양하는 일)으로 인민 대중을 크게 한번 교양해 보오."

열변을 토하는 역무원의 말을 꼬집어 나무라기도 마뜩하지 않고, 시비 걸기도 귀찮아 얼른 좋은 말로 눙치자는 수작이었다.

"에이, 무슨 말씀을. 그럼 내가 굶다가 죽으란 말이오?"
"하하하. 그게 앙이고 동무 말이 참으로 훌륭하다는 뜻이오."

공연히 시시껄렁한 소리를 주고받았던 며칠 전의 상황을 떠올린 박순덕은, 오늘은 그러지 말아야지 하고 리대혁에게 오금을 박듯 물었다.

"지도원 동지, 오늘 정말 치우디요?"
"그래야 하오."
"기럼 짐차를 언제 보내주시겠습네까? 시체를 쌓아두는 것도 정말 지긋지긋하우다. 날래날래 치웁시다래."
"기럽시다."
"몇 시쯤 오게 되갓시오?"
"쩝, 그게 이렇단 말씀이오."

시체를 실어 나를 시(市) 수송부의 트럭이 모두 발이 묶였다는 것이다. 워낙 낡은 차를 부품도 제대로 구하지 못한 채 질 나쁜 휘발유를 쓰자니 금방 멈출 것 같이 털털거리다가 결국 폐차가 되고 말았고, 다른 차 한 대는 멀리 지원 나갔다가 그 역시 고장이 나서 부품을 구해 돌아오자면 보름은 족히 잡아야 한다고 했다. 그 외에 두 대가 더 있기는 하지만 차 두 대가 이런 꼴을 당하자 시당(市黨) 책임비서가 이런저런 핑계를 대며 차를 내놓으려 하지 않는다는 것이다.

시 보안국에도 차가 더 있기는 있다. 뒷날 리대혁이 살짝 귀띔해 주어 안 사실이지만 차를 뺄 수 없는 사정이 있었다.

굶주림은 군대라고 예외는 아니어서 젊고 피둥피둥해야 할 청년이 피골이 상접하여 눈이 움푹 튀어나오고, 배가 빵그렇게 나오고 설사를 하기 시작하며 비칠거린다. 그런 전사를 "영실"이라 부르는 은어가 생겨났는데, "동무는 강영실인가?"하면 강한 영양실조, 즉 심각한 중증의 영양실조에 걸렸는가 하는 뜻으로 통했다. 이들을 치료 차원에서 조금 낫게 먹여보지만 그래도 안 되는 전사는 죽을 때까지 놓아두기가 곤란하므로 죽더라도 집에 가서 죽으라고 귀가시킨다. 열차로 보내면 보름이나 걸린 경우가 있으므로 집 근처까지는 데려다주어야 한다는 것이다. 여기에 차량이 나가는데 협조를 하지 않을 수 없다는 것이다.

형편이 이러한데 중앙에서 그루빠 사업이 진행된다는 전통이 내려왔다. 다급한 나머지 보안국에서 먼저 전화를 한 것이다.

"그래서 말인데 그 시체들을 오늘은 역에서 책임지고 치워주어야겠소."

"아이구, 그런 말씀은 마시라요. 책임이 따로 있는데."

"책임으로 말하면 우리가 더 억울하오. 원래는 시에서 책임져야 할 일인데 두 손을 놓고 다리를 뻗으니 원 참."

무연고 행려 사망자와 같은 인민의 위생에 관한 것은 원래 시청의 몫이었다. 그러나 굶주림과 추위로 죽어가는 사람이 곳곳에서 무더기로 생겨나자 치안을 담당하는 보안국에서도 협조 차원에서 어쩔 수 없이 나서게 된 것이다. 길거리나 공공건물에 시체가 즐비하게 늘어져 있다는 것은 주민의 심리에 막대한 영향을 끼치고 치안에도 위해한 점이 많아 상부의 특별 명령이 떨어졌던 것이다. 그 책임자인 리대혁 지도원이 함흥역을 포함하여 함주군으로 통하는 오수다리 밑, 장마당 움막 같은 곳을 돌아다니며 임시로 안치된 시체를 실어 나르는 작업을 사무적으로 지휘하게 되었다.

"우리야 힘이 있소, 사람이 있소?"

"그러지 말고 협조 좀 하시오. 우리가 언제 책임만 따졌나?"

"렬차 화통에 연기 끊어진 지 오래된 우리 형편도 한 번 생각해 보시구랴."

"허어 참. 자꾸 그러신다."

박순덕이 한사코 잡아떼자 역무 조리의 직책으로서는 어쩔 수 없다고 여겼던지 역장을 바꾸라고 하였다. 수화기를 바꾸어 든 역장이 한참 리대혁과 승강이한 끝에 역사에 안치된 시신만 평수리 공동묘지로 운반해 주기로 하였다. 그 비용을 리대혁이 어찌어찌 마련해 주기로 했다.

비용이라 한 것도 그렇다. 그 돈을 언제 받을지 모를 일이고, 당장 인부들에게도 주어야 했기 때문에 부랴부랴 다시 리대혁에게 전화하여 선돈을 보내 달라고 매달렸다. 자칫하면 역장과 박순덕의 빚으로 남지 않는다는 보장이 없기 때문이다.

선돈을 주지 않으면 인부들이 가지 않으려고 한다고 허풍을 쳤다. 지금 당장 돈을 보내달라고 소동을 부렸더니 뜻하지 않게 급사를 시켜 금방 돈을 보내주는 것이었다. 봉투를 받은 역장이 고개를 갸웃거렸다.

"거 신기하네."

믿기지 않는다는 투였다. 부 역장이 입을 열었다.

"어제도 폭풍이 불었다더니…… 거기서 나온 돈이겠지요."

"폭풍 한 번이면 이런 돈이 나올까?"

식량, 옷, 생필품 등을 사고파는 장마당의 존재는 원칙적으로 불법인데 배급이 끊기자 여기저기 장터가 생기면서 사람이 들끓기 시작했다. 물건이 돌고 돈이 돌자 며칠에 한 번씩 관할 보안서에서 나가 닥치는 대로 물건을 빼앗아 거두어들였다. 물건을 빼앗기지 않으려고 달아나며 질러내는 고함소리, 울부짖는 소리, 욕지거리 등이 난무하는데 이를 폭풍이라 불렀다.

비용까지 마련되었으니 이제는 인부를 동원하는 일만 남았다.

시신 여섯 구를 옮기는 것도 만만한 일이 아니어서 손수레가 세 대는 필요했다. 수레 하나에 시체 세 구를 싣는 것은 무리였다. 사람도 대여섯은 있어야 한다.

역 부근의 사포 2동과 3동의 인민반장을 찾아 나섰다. 그들은 난감한 기색을 숨기지 않았다.

"평수리 공동묘지가 멀지는 않지만 힘꼴 쓰는 사람이 남아 있지를 않습메. 일개 반이 본래 25가구 80여 명 되지만 성한 사람이 하나도 없다시피 한 형편이지비. 이 보오, 우리 반은 시내 중심지여서 다른 곳보다 형편이 나은데도 강냉이밥이라도 겨우 먹는 집이 다섯 집, 초근목피로 세 끼 연명하는 집이 열 집, 무엇이든 죽으로 두 끼 겨우 먹는 집이 다섯 집, 나머지 다섯 집 이상은 어찌 살고 있는지 모르는 형편임메. 그런 사람들이 무슨 힘을 쓰겠슴?"

"수레 두 대, 인부 다섯 명만 구해 주시구레."

"시체가 여섯 구라면서 수레 두 대로 가당키나 함메?"

"수레 한 대와 인부 하나는 우리 역에서 따라 나가오. 관은 원래 없소. 모두 하는 대로 그냥 입은 채로 묻소."

"그럼 힘이 덜 들기는 하지만."

"수레는 한 대당 5백 원씩, 노력 인부도 한 사람당 5백 원씩이요."

"5백 원씩이라……."

"왜 적단 말이오? 5백 원이면 장마당에서 맛있는 국밥이 세 그릇이오."

인민반장이 고개를 끄덕거렸다.

두어 시간 뒤, 인민반장을 따라 함흥 역사로 손수레 두 대와 인부 다섯 명이 모였다. 인부를 인솔하는 박순덕과 역에 비치된 수레가 한 대 나가게 되었다. 손수레 사용료와 인부 한 사람 몫의 삯도 받으라고 역장이 선심을 썼던 것이다. 그런데 막상 문제는 또 있었다.

돈을 만지작거리는 역장을 물끄러미 바라보던 부역장이 입을 열었다.

"역장 동지도 요즈음 무척 어려우실 건데……."

"나야 뭐 그럭저럭 살면 되디요, 뭐. 허허허."

"그래도 우리보다 쓰임이 많으실 거구……."

부역장이 박순덕을 흘금 보며 말했다.

"박 동무, 잘 좀 생각해 보우다."

"네? 아, 네에. 무슨 말씀인지."

역장이 손사래를 쳤다.

"뭘 그런 걸 가지고 그러우. 어렵기는 부역장 동지도 마찬가지 아님메?"

시체 옮기는 일 전체를 맡아 '오늘 죽었다'고 여긴 박순덕의 얼굴에서 금방 울음이 터져 나올 것 같았다. 자신이 수레를 끌고 가서 번 돈을 속절없이 삼등분해야 할 판이었다.

잠시 후, 누가 먼저 제의를 했던지 부역장도 인부로 나서기로 하고, 수레 하나 인부 두 명분의 수입은 세 사람이 나누기로 합의를 보았다.

십여 명의 역무원이 있는 역에서 역장 혼자 심부름하는 사내아이 하나와 남게 되었다. 기차가 올 리 만무하고, 열차시간표에서 도착, 출발 시각을 알리는 칸에 모두 '미정'이라고 써 놓은 것은 여전히 유효하니까 걱정할 것도 없었다.

박순덕의 기분은 영 말이 아니게 되었다. 부역장이 따라간다고 하지만 처음부터 끝까지 수레를 끄는 것은 자신일 터이고, 뒤에 밀어준다고 하지만 얼마나 힘이 될지 모를 일이었던 것이다. 엎친 데 덮친 격으로 인민반 인부 하나를 돌려보내자니 서로 돌아가지 않겠다고 버티는 바람에 두 사람 몫에서 50원을 떼어내 주지 않을 수 없었으니 박순덕으로서는 안팎 곱사등이가 된 셈이다.

손수레를 끌고 담벼락으로 가자 오랜 기다림에 지쳤다는 듯이 시체들이 그들을 올려다보고 있었다. 그곳에는 죽기 전에 흘린 침으로 수염에 고드름이 달린 노인도 있었다. 노인은 옛날부터 어디서 많이 보던 얼굴이다. 머리카락이 까치집처럼 엉켜 먼지로 뿌옇게 빛이 바랜 중년 여인과 열 살이 채 안 돼 보이는 소녀도 있었다. 소녀는 이집트 미라처럼 말라비틀어져 형체마저 심하게 왜곡되었다.

인민반 인부들은 어깨와 가랑이의 옷깃을 마주 잡고 들어 올려 집어던지듯 수레에 실었다. 덮었던 거적을 걷어 수레 위의 시신을 덮었다. 수레 밖으로 삐죽이 내미는 다리는 애써 거적으로 싸매었다.

이때, 얼굴에 검버섯이 잔뜩 낀 인부가 시체 하나를 들어 올리며 소리쳤다.

"이 째포(재포, 재일 교포를 뜻하는 은어) 아이도 여기 있네!"

아침에 보았던 소년이었다. 푸른 하늘을 응시하는 듯 눈을 반쯤 뜬 채 석고처럼 하얗게 굳어 있었다.

"동흥산구역에서 꽤 잘 살았던 모양이야. 어찌 된 일인지 일본에서 소식이 끊기고, 제 아비아는 어디로 끌려갔는지 소식을 모르고, 오마에는 정신이 좀 이상해져서 일본 가네, 남조선 가네 하고 실성한 소리를 하며 다니다가 죽었다지 아마. 그때부터 이 아이도 거리로 떠돌아다니게 된 거지 뭐."

"어떻게 죽었대?"

"어떻게 죽긴. 이 난리 통에 굶어죽지 않으면 귀신도 아니란다."

"참 아까운 얼굴인데."

"아깝지. 우리는 이런 아이가 죽어가는 게 아깝고, 이 아이는 들고 다니던 빠요린이 아깝고. 빠요린을 꼭 끼고 다니더니 언제부턴가 없더라고. 견디다 못해 팔아먹었는지, 어떤 놈에게 빼앗겼을 거야."

시체를 싣던 사람 모두가 잠시 손을 멈추고 멍하니 서서 푸른 하늘만 쳐다보았다.

평수교를 건너 평수리 공동묘지로 가는 작은 고개를 넘자 해가 동흥산 자락에 걸려 있었다. 서둘러야 했다.

공동묘지는 어디나 음산하고 적막하다. 게딱지처럼 닥지닥지 붙은 무덤 가운데는 최근에 쓴 듯한 무덤들이 누런 흙을 덮어쓴 채 누워있었다. 공동묘지의 맨 위쪽 꼭대기에서 삽과 곡괭이를 든 묘지 인부 대여섯 명이 이쪽을 향하여 손을 흔들었다.

"아이고, 사람 죽이네. 어쩌자고 저렇게 높이 올라갔어?"

일행은 모두 손을 놓고 그 자리에 털썩 주저앉았다. 함흥역을 출발하여 한 시간은 족히 수레를 몰았을 것이다.

땀을 닦으며 한참 맥을 놓고 앉아있으려니 산마루 쪽에서 누군가 내려오며 어서 올라오라고 손을 흔들어댔다. 정장을 한 보안원이었다.

"죽어도 저기까지 가서 죽어야 한다네. 가세."

나이 많은 인부가 털고 일어났다. 좌우에 무덤이 줄지어 늘어선 좁은 길을 올라가면서 저마다 투덜거렸다.

"저 자식들이 미쳤지. 무슨 힘이 남아돈다고 꼭대기까지 올라갔는가 그래?"

"뫼 터 보고 광중을 했나?"

"거적문에 돌쩌귀라고, 관도 없는 형편에 터는 뭘 터를 봐?"

"제기랄, 황천길은 이 량반들이 아니라 우리가 가고 있구먼."

그것도 잠시, 공동묘지의 수레 길조차 끊겨버렸다. 일행은 또다시 땅바닥에 주저앉았다. 보안원이 내려오며 소리쳤다.

"해가 막 지고 있음매. 날래날래 올라 오기오."

박순덕이 그를 보고 볼멘소리를 했다.

"어쩌자고 맨 꼭대기에 땅을 팠단 말이오?"

"사정이 그렇게 됐으니 빨리 올라갑시다래."

위의 인부들을 향해 고함으로 대꾸했다.

"내려와 봉죽 좀 드오. 빌어먹을."

더는 수레가 들어갈 수 없는 좁은 길에 다다르자 시신을 수레에서 내렸다. 두 사람씩 조를 짜서 어깨와 다리를 맞들고 좁은 길을 더듬어 올랐다. 그들은 시신의 얼굴과 마주치지 않으려고 고개를 외로 꼬았다. 보다 못한 보안원이 위를 향해 좀 내려오라고 소리쳤다. 두어 사람이 못 이긴 체하고 엉덩이를 털고 일어났다.

끙끙대며 끌어올린 시신을 동댕이치 듯 내려놓으며 인부 하나가 언성을 높였다.

"어쩌자고 이 높은 곳까지 올라왔습메?"

기다리고 있던 인부 하나가 삽으로 땅바닥을 꾹꾹 치며 대꾸했다.

"이 탱탱 언 땅을 한번 파 보시구래."

파 놓은 곳이 어디냐고 묻자 그 인부가 발아래 움푹 파인 곳을 삽으로 가리켰다.

"이거 인민군 전사들이 들어가 싸우는 곳이 아임매? 참호구만."

"참호는 싸우다 죽는 곳인디, 여기다 시체가 들어가 또 죽으라는 게야?"

"야, 이거이 완전히 사람 죽이자는 놀음이구만."

돌아가며 한마디씩 떠들었다. 박순덕이 짧은 탄성을 토해냈다.

"아, 바로 그 참호!"

60년대 언제든가, 원산 앞바다에 미제의 정탐선이 들어왔고, 그 정탐선을 용감한 공화국 해군이 나포해서 끌고 왔다고 떠든 적이 있다. 푸에블로호 나포 사건이었다. 그때 나라 전체가 미제와 남조선 괴뢰의 침략 획책이 끝없이 계속되고 있으니 공화국을 수호하고 사회주의 조국을 건설하기 위하여 적을 막아야 하고, 적이 어떻게 쳐들어오더라도 우리가 사는 땅은 우리가 지켜야 한다, 비상시를 대비해 참호를 파야 한다고 산천을 뒤지고 다녔었다.

고등중학교에 다니던 박 동무도 수업을 팽개치고 전교생과 함께 나섰다. 인민군은 물론 노농적위대, 각 직장 단위의 노동자, 각급 학교의 학생, 일반 주민 등 남녀노소를 가리지 않고 전 인민이 주변의 산기슭과 등성이에 새까맣게 붙어 참호를 판 적이 있다.

당시 그는 내리쪼이는 태양 아래서도 지칠 줄 모르고 곡괭이질, 삽질을 한 적이 있다. 미제와 남조선 괴뢰가 쳐들어오기만 한다면 흥남 앞바다에서부터 아예 쓸어내리라, 어쩔 수 없이 밀리고 밀린다 하더라도 이 참호에서 이 곡괭이라도 들고 싸우다가 조국과 사회주의 건설을 위해 장렬히 죽으리라고 수없이 부르짖었다.

"이거이 누구를 놀리기야? 전쟁 때 쓸 참호에 어찌 사람을 묻슴?"

누군가 퉁명스럽게 대꾸했다.

"지금 이게 전쟁이디 무어이 전쟁인가?"

"전쟁이 나면 어찌 하려 함매?"

"이 전쟁보다 더한 전쟁이 어디 있겠슴? 전쟁이야 콱 죽으면 쉽디. 이렇게 질기고, 사람 많이 죽는 전쟁으르 어디 봤슴?"

해는 거의 서산에 기울었다. 박순덕의 시야에 고드름 수염이 붙은 노인이 들어왔다.

저 노인도 젊었을 때, 곡괭이를 들고 참호를 팠을 것이다. 아마 이 산등성이에서 젊은 그는 자신이 죽을 자리를 스스로 파고 있었는지 모른다. 그 옛날 조국과 사회주의 건설에 몸 바쳤던 노인은 마침내 추위와 굶주림과 싸우다가 함흥 거리에 내팽개쳐졌다.

노인은 수의도 없이 입은 채로, 관도 없이 맨몸으로, 한 알갱이의 벌거벗은 씨앗처럼 차디찬 땅에 던져진다.

주위에 어둠이 깔리기 시작하자 더는 참호를 두고 시비할 시간이 없다는 것을 깨달은 인부들은 시신을 참호 옆으로 나란히 옮기기 시작했다. 누군가 참호 안으로 던져버리고 가자고 소리쳤고, 그러면 안 된다며 나이 먹은 인부 하나가 참호 속으로 뛰어들었다. 한 사람 더 들어가야 하는데 뒤따르는 사람이 없었다. 어쩔 수 없이 박순덕이 참호 안으로 뛰어들었다.

위에서 굴려 내리는 시신을 두 사람이 맞들어 내려놓았다. 머리가 희뿌연 중년여인과 이집트 미라 같은 소녀가 내려졌다. 정체 모를 두 사람도 내려지고, 노인도 내려져 수염에 고드름을 단 채 차디찬 땅에 뉘어졌다. '빠요린'을 들고 다녔다는 소년을 받아 내리려고 팔을 올리는데, 위에서 누군가가 소리쳤다.

"직파(直播)가 쉽기는 쉽구나!"

시신에 수의를 입히고 관에 넣어 묻는 것을 모내기, 파종이라 한다면 시신을 평소 입은 옷 그대로 관도 없이 바로 매장하는 것을 '직파(直播)한다'고 한다. 직파가 유행처럼 되어버린 세상에서 뜻하지 않게 그런 말을 이런 자리에서 듣게 된 박순덕은 순간 숨이

서지원

콱 막혔다. 고개를 들어 소년의 시신을 받아들던 그는 크고 단단한 돌멩이 하나가 가슴을 내리치는 것 같아 다리가 휘청했다. 순간 그 자리에 픽 쓰러졌다. 소년의 시체가 털썩 그의 등허리를 덮쳐눌렀다. 박순덕이 언 참호 속에 얼굴을 박으며 소리쳤다.

"직파가 쉽다!"

길고 예리한 비수가 그의 가슴 깊이 푸른 비명을 남기고 지나갔다.

서지원 대구고 7회. 경북 영주 출생. 소설가. 한학자. 『월간문학』으로 등단. 창작집 『오손공주』, 장편역사소설 『殷墟』(2권), 장편가상역사소설 『슬픈 호모 스크립투스』 등. 고교시절 손성호, 정덕환 선배가 이끄는 『詩塔』 동인지에 詩를 조금 쓰려다가 곧 한문에 끌리어 40대 후반까지 한심한 文靑(멍청)시절을 보냈다. 이채형 선배의 닦달에 못 견뎌 소설을 쓰기 시작했는데 그도 열심히 하지 못했더니 여든에 가까워 공연히 마음만 바빠진다. 지금은 先代의 家藏 문헌을 골라 번역과 저술에 마음을 붙이고 있다. 내년쯤 소설집 한 권을 낼까 한다.

단편소설
홧김에 서방질하기와 못 먹는 감 찔러보기

허종구

    그해 12월 초순의 어느 날 밤 노정한 장관의 정책보좌관 방희작이 오랜만에 가족과 더불어 집에서 오붓한 저녁 식사를 하며, 텔레비전의 9시 뉴스를 본 후였다. 오늘은 우리 부처와 관련해선 별것이 없나 보네. 뭐 다른 특별한 것이 있나, 라고 생각하며 리모컨을 쥐고 화면을 이리저리 돌려보고 있을 때이었다. '긴급뉴스 비상계엄'이라는 자막과 함께 여의도 국회의사당의 헬기장 위를 수십 대의 군 헬기가 선회하다가 내려앉더니, 이내 완전 군장한 군인들이 본관 정문으로 들이닥친다. 거기에는 진입하려는 군인들과 그들을 막으려는 국회 직원들 사이에 몸싸움과 대치 국면이 한참 진행 중이다. 그리고 국회 정문에서는 경비원들이 국회로의 출입을 막고 있고, 일부 국회의원들이 이를 피해 담장을 넘어 들어가는 장면도 보인다. 5·16, 12·12 등 까마득하게 오래전의 군사쿠데타 때나 보던 실로 낯선 장면이다.

    그는 자신이 본 국회 상황을 장관에게 전화로 보고했다. 장관은 비상국무회의 소집 연락을 받고 대통령실로 가는 중이라고 한다. 그는 바로 출근복으로 갈아입고 현관에 섰다. 그러나 이 사태가 어떻게 귀결될지 알 수 없다는 생각이 들자, 자신이 갈 길을 잃어버린 미아가 되어 문득 무인도에 홀로 서 있는 느낌이 든다. 그리고 현관 거울 앞에 유달리 낯선 모습으로 서 있는 또 다른 자신을 무심히 바라보다가, 거실로 되돌아온다. 갈 곳을 정한 후에 움직일 생각을 한다.

그는 거실 소파에 잠시 기대어 앉았다가 자신과 동지들에 대한 생각의 무게를 이기지 못하고 이내 졸음에 빠져든다.

한편, 김용우 장관의 비선 참모 조우원 역시 그즈음에 숙소에서 텔레비전에 긴급 뉴스가 나오는지를 잔뜩 긴장하며 돌려보고 있었다. 그날이 자신이 여옥아씨에게서 '디데이'를 점지 받아 김용우에게 건의한 '길일(吉日)' 중의 하루이어서, 곧 판도라의 상자가 열리나 하던 중에 얼마가 지나서 비상계엄 보도가 있었다. 그 순간에 그는 자신의 앞길을 보여주는 듯한 상반된 두 모습이 섬광처럼 뇌리에 겹쳐 보인다.

"사나이가 눈앞의 불의를 보고 눈 감고 있느냐? 이제 대의를 위해 큰일을 도모할 때가 다가오고 있다. 곧 내가 주는 정의의 칼을 받으라!"고 하며, 최근 몇 차례 그의 꿈속에 나타난 20대조 할아버지 조사의. 그는 조선 초 패륜과 전횡을 일삼던 태종에 맞서 건국왕 태조 이성계의 복위를 위해 난을 일으키다가 실패하고, 관군에게 붙잡혀 주살 당한 한반도 역사상 최초 친위 쿠데타의 주역이다.

꿈에 그리던 장군으로 육사 동기 중에 첫 승진하던 날 저녁 동기회의 축하 야외 회식 장소. 동기들이 그를 하늘 높이 들어 올리면서 "조 장군, 부라보! 승승장구!" 하던 짧은 순간에도, 그는 하늘 뚜껑을 열고 혼자 미래의 우주선을 타고 누구도 가본 적 없는 별세계를 돌아보는 기분이 들었다. 인간의 운명은 이렇게 순간에 던져진 주사위에 따라 결정되는가 보다 생각했다.

이어서 그는 수개월의 노심초사 끝에 자신의 명운이 이 한순간의 결과로 귀결된다고 골똘히 생각하다가 밀려오는 졸음을 떨쳐내지 못하고 잠깐의 꿈속에 빠져든다.

*

그해 7월 초순의 어느 날 5학년 희작과 우원의 초등학교에서는 4학년 이상의 학생을 동원해 농번기 가사실습 수업의 일환으로 봄 무 수확과 운반 작업을 하러 간다. 그들은 학교가 있는 마을을 한참 지나 낙동강으로 가기 전 한들의 학교 실습 농지를 향해 이 열로 줄 서서 간다. 초여름의 들에는 진한 녹색의 무·배추 등 채소가 심겨져 있고, 수박·참외의 향긋한 냄새가 코를 간질이고 있다. 하늘에는 이름 모를 새들이 지지배배 노래 부르며 마음껏 날고 있다. 둘은 그 모습을 보며 그 주변의 백 리 밖도 별로 가보지 못하고, 우리에 갇힌 짐승처럼 지내는 자신이 저 새들처럼 언제 세상을 마음껏 유영할 수 있을까 하는 생각을 한다. 그들 일행은 학교 실습 농장에 도착해 토실하게 자란 봄 무를 뽑아 학교 안의 교장 관사 내 창고로 옮기기 위해 각자 몇 개씩을 비닐과 새끼줄·노끈으로 묶어 짊어지고 이 열로 줄지어 학교를 향해 한참 걸어간다.

더운 날씨에 모두가 땀에 흠뻑 젖어서 큰길가의 나무 그늘에서 잠시 쉬는 중에 6학년 한기주가 먼저 무 먹자는 얘기를 했고, 일부 반대의견도 있었다.

"더운 날에 너무 무거워 옮기가 힘들지? 각자 한 개씩 무를 먹은 후 무게를 좀 줄여서 지고 가자."

"선생님이 아시면 경을 칠 것이야!"

우원이 말했다.

"형들! 학교 실습 밭의 무는 교장 선생님 개인의 것이 아니라, 우리 학교의 것이잖아. 우리가 우리 것을 먹어도 문제가 되니? 얼마 전 우리 교내의 교장 관사 옆 밭의 토마토가 탐스럽게 열려 우리 반 동무와 내가 지나가다가 한 개씩 따먹고 있었어. 우리 반의 교장댁 딸 유나가 우릴 보고 '우리 집 토마토를 너희가 왜 따 먹냐'고 따졌어. 우리가 '여기가 학교 밭이지 너희 것이냐'고 일축했지. 걔는 계속 자기 집의 것이라고 우겼어."

이어서 희작이 말했다.

"나도 유나에게서 그런 얘기를 들은 적이 있어. 이번 기회에 학교 실습 밭이 학교의 것, 바로 우리의 것이라는 걸 확실히 보여주자고!"

이어서 전교어린이회장 장도윤이 힘들어하고 땀 흘리는 동무들을 보며 말했다.

"그 말도 일리가 있어. 여기서 학교까지 짊어지고 가려면 너무 힘들겠네. 그러면 지고 가기가 힘들고 목마른 친구들은 각자 무를 한 개씩만 먹고서 옮기자."

도윤의 제의에 따라 각자 무를 한 개씩, 몇 명은 두어 개를 먹고 무게를 줄여서 교장 관사에 들여놓고 각자 교실에 들어갔다.

   다음날 전교 조회시간에 실습과목 주임 교사가 단상에 올라서서 어제 실습시간에 무를 나르던 중에 베어 먹은 어린이는 모두 앞으로 나오라고 말했다. 실습작업에 참여한 어린이 대부분이 앞으로 나갔다. 그 교사가 누가 그렇게 하자고 제의했냐고 하니, 몇 명이 전교어린이회장 장도윤이 우원의 부추김에 따라 한 것이라고 했다. 그 교사가 생무를 가지고 도윤과 우원의 이마와 배를 쿡쿡 찌르고 입에 쑤셔 넣고는 계속 손으로 잡고 있으라고 한다. 그는 둘은 전교어린이회 간부로서 말려야 할 일을 앞장서서 모두가 먹게 시켰으니 벌 받아도 싸다고 했다. 단하의 학생들 대부분은 생전 처음 보는 우스꽝스러운 체벌을 보며 처음에는 웃었다. 그러나 그들은 자신들의 치기어린 장난으로 치부해줄 수도 있는 일탈에 대해 과잉 체벌을 가하는 교사에 대한 거부감, 그리고 모두 함께 저지른 일에 대해 처음 바람을 잡은 한기주는 제쳐두고 장도윤과 우원이 감당하기 어려운 곤욕을 당하는데 대해 미안한 마음도 들었다. 그리고 그 교사가 교장에 대해 과잉 충성함에 따라 비롯된 일이라고 생각하니 은근히 부아가 치밀어 오르는 것을 참을 수 없었다.

   장도윤은 한순간의 장난을 기화로 전교생 앞에서 자신에게 심한 모욕을 주는 실습교사와의 지난날 악연을 반추해본다. 그 1년 전 5학년 담임선생이 군 교육청 회의에 참석함에 따라 그 교사가 산수 과목 수업시간에 자신의 반에 대신 들어와 더하기·빼기·곱하기·나누기 계산문제의 풀이방법을 가르치고 있었다. 이어서 흑판에 또 다른 계산문제를 내어놓고 각자 풀어보라고 한 후에, 나와서 계산해보겠는 학생을 찾았으나 아무도 없었다. 이때 도윤이 손들고 단상에 나가서 그보다 간단한 방법으로 푸는 산식을 흑판에 적어 보이며 풀고서 자신만만한 미소를 지어 보였다.

그 교사는 난감한 표정을 짓더니, 들고 있던 지시봉으로 그의 손·등·엉덩이를 한참이나 때리면서 말했다.

"익은 벼 이삭이 고개를 먼저 숙이는 법이지. 네 아버지처럼 너 역시 너무 건방져!"

그는 매 학년 학교 성적 수석으로 반의 급장을 맡아온 자신에게 그 교사가 지역 유지로 통하는 아버지까지 들먹이며 급우들 앞에서 창피를 주는 그 일로 참을 수 없는 모욕감을 느꼈다. 게다가 그 교사는 그 후에도 전교 실습 시간이나 체육 시간에 자신과 마주치면 사소한 일로 참견하고 딴지를 걸어, 그의 학교 내의 권위를 손상하기 일쑤였다. 한동안 꿈속에서도 그 교사가 자신의 뒤를 쫓아다니며 감시하고 괜한 트집과 함께 체벌을 주어 한동안 그것이 자신의 트라우마가 되기도 하였다.

다음날 전교 어린이회장단 전원이 교감 선생에게 찾아가서 학교 실습 농지의 수확물은 학교의 것이지, 교장 선생 개인의 것이 아니므로 이번 학교의 처사가 부당하다고 대들었다. 일부 학부모도 가세하였다. 학교와 어린이회장단이 완강하게 대립해 서로의 주장이 평행선을 달렸다. 학교 측에서는 마지못해 전교대의원회에 넘겨서 이 문제를 자율적으로 논의해보라고 권고했다. 어린이회장단은 대의원회에 이 문제의 논의를 요청했다. 대의원회는 4학년 이상의 각 학급과 관내 마을별 대표로 구성되어 있었다. 장도윤은 전교대의원회 의장 한기주가 지난 봄 전교어린이회장 선거에서 자신과 경합하여 아슬아슬하게 낙선한 맞수인 것이 약간 마음에 걸렸다. 그러나 학교 농지의 수확물을 자신들이 조금 맛본 것이 문책 사항이라고 판단하지는 않을 것이고, 기주도 작업한 날 무겁고 목말라 각자 무 한 개씩 먹자고 먼저 제의한 것을 기억하고는 안심했다.

장도윤은 그날 대의원회에서 학교 측의 처리방안에 손을 들어주고, 이를 주도한 어린이회장단이 책임을 지는 것으로 의결했다는 얘기를 듣고 깜짝 놀랐다. 그러나 이미 때가 늦은 것을 알았다. 그 경위를 알아보니, 실습 주관 교사와 교감이 한기주에게 앞으로 어린이회장 보궐선거를 하면 네가 유력하다고까지 말했다는 것이다. 한기주는 지난번 어린이회장 선거에서 자신을 많이 지지한 낙동강 건너 서촌마을 출신의 대의원들을 움직여 학교의 입장을 도와주자고 설득했다고 한다.

그 후에 어린이회장단의 일부 지역 유지급 학부모가 군 교육청에 민원을 제기했으나, 교육청은 학교가 자발적으로 처리방안을 정할 사항이라며 이 문제에 대해 발을 뺐다. 이에 불만을 품은 어린이회장단 전원이 1학기 말에 사퇴했고, 학교에서는 2학기가 시작되는 9월 초에 전교어린이회장 보궐선거를 시행한다고 공지했다.

*

 2학기가 시작되자 학교에서는 전교어린이회장 보궐선거가 바로 있다고 공고하였다.
 한기주가 서촌마을 쪽 어린이들 중심으로 규합해 1학기에 이어 후보로 나섰다. 그의 아버지는 수년 전 서촌마을의 이장을 하면서 마을 사람들의 농약·비료 대금 등 농자금을 군농협에서 대출받도록 주선한 후 상환하는 일도 대행했다고 한다. 후에 그가 그 상환 자금의 일부를 유용한 일이 문제가 되어, 야반도주하듯이 온 가족을 데리고 먼 대도시로 이사했다고 한다. 한기주는 가정형편이 어려워 학교를 2년간 쉬며 거기에서 사실상 소년 가장처럼 생활전선에 나섰다는 얘기도 들렸다. 작년 초에 홀로 돌아와서 그의 고향 서촌마을의 큰댁에 들어와 이 학교의 5학년에 편입했다. 그는 동급생보다 두 살 위이면서 도시에서의 사회생활 경험도 있어 또래보다 어른스러웠다. 그래서 서촌마을 쪽 학생들 중에서는 바로 리더 역할을 하고 있었다.

 우원과 희작은 그 전해 5월 한기주와 그보다 1년 전에 인근 도시에서 전학 온 민세윤 간의 맞장 싸움을 생생히 기억한다. 그 날 둘은 반의 청소 당번을 정함에 있어서 서촌과 중촌마을 어린이들이 언제, 어디를 하느냐에 관해 심하게 말다툼을 했다. 누군가의 중재로 방과 후에 반원 십여 명이 참관하여 학교 마을 입구의 묘지 주변 풀밭에서 맞장을 뜨기로 했다고 한다. 반의 싸움 서열이 5위 이내인 민세윤과 힘이 더 세어 보이는 신규 전입생 한기주의 맞장 후에 반 전체의 서열을 조정할 필요도 있었던 것이다. 민세윤은 무엇이든 경쟁에서 지기를 싫어했다. 우원과 희작은 노정한 형에게서 둘의 맞장 대결 소식을 듣고 오랜만의 이벤트라 생각해, 십여 명의 5학년 형들 사이에 끼어서 이들의 대결을 지켜보았다.

처음에는 덩치가 큰 한기주가 민세윤을 순식간에 넘어뜨려 그 몸 위에 올라타고 얼굴을 세차게 내려치니 민세윤이 코피를 흘렸다. 심판 역할을 하는 형이 둘을 일으켜 세워 대결을 끝내주려고 하니, 민세윤이 계속하겠다고 한다. 몸이 날렵한 민세윤이 순식간에 한기주의 양 다리 사이를 걸고서 넘어뜨려 그의 몸 위에 올라타고 목을 조였다. 한기주는 심한 고통을 느껴 손을 저었다. 민세윤의 기와 뚝심이 한기주의 힘을 이긴 셈이다. 이로써 민세윤은 싸움 서열에 있어 재평가를 받았고, 둘은 앙숙이 되어 그 후에도 몇 차례 더 대결하여 서열이 엎치락뒤치락했다.

6학년 봄이 되어 한기주가 전교어린이회장 선거에 나서 서촌마을의 학생들을 중심으로 표를 규합했으나, 장도윤에게 져 아슬아슬하게 낙선했다. 그 차점을 기반으로 그는 바로 전교대의원회의 의장으로 선출되었다.

한편, 그 회장 보궐선거에는 전 어린이회장단 출신 중에서 부회장 기세치와 생활부장 노정한이 회장 후보로 경합했다. 그들 중에서는 당초에 기세치가 학생회 경험이 더 많고 공부도 잘해 후보로 선호하는 분위기였다. 그러다가 회장단의 사직에 상당한 책임이 있고, 보궐선거를 주관하는 심판 격인 부회장이 선수로서 새 회장으로 나서는 것이 적합하지 않다는 의견도 제기되었다. 전 회장단에서는 회장과 함께 학생회 활동을 해왔고 5학년 시절 대의원회 부의장의 경험이 있는 생활부장 노정한을 미는 분위기로 바뀌었다. 그리고 학교 소재 지역 주변의 대처인 동촌마을 출신이라 득표력이 있을 것이라는 의견도 많았다. 이에 따라 그가 전 어린이회장단이 미는 후보로 나섰다. 대의원회 부회장인 5학년 희작이 4, 5학년생에 대한 그의 공식적인 선거운동 참모 역할을 하고, 학교 측의 견제를 받는 우원은 배후에서 은밀히 그를 돕는 것으로 역할분담을 하였다.

대의원회 측에서는 노정한이 생활부장으로서 지난번 무 사건에 책임이 있는 어린이회장을 보필해 생활부장직을 맡았으므로 신임 회장으로 부적합하다고 비판했다. 전 어린이회 측에서는 한기주가 그 운반작업 중에 무를 먹는 것을 처음 제의했을 뿐만 아니라, 학교 측과 내통해 전 어린이회장을 몰아내는데 일조한 책임이 있다고 맞섰다.

그리고 대립하는 양 후보 사이에서 중도적 입장인 제3의 후보로는 민세윤이 나섰다. 그의 집안은 원래 동촌에 살았으나, 마을 저수지 조성 과정에서 댐의 물을 그 아래 농지로 내려 보내는 여수로의 설치와 관련해 마을 사람들과 이견을 보이다가 몇 해 전에 인근 도회지로 이사했다고 한다. 여수로의 설치에 관해 마을 사람들 대부분은 다수의 농지에 물 대기 편리하도록 댐 중간에 여수로를 설치하자고 했으나, 그의 집안은 자신들의 농지 대부분이 있는 댐 좌측에 설치하자고 고집을 심하게 부린 것이다. 그 후 그의 집이 2년 전에 귀향하면서 동촌으로 돌아오기가 마뜩치 않았는지 중촌에 자리를 잡았다. 민세윤은 도회지 출신답게 세련되고 재기가 넘쳤으나, 순진한 동급생들을 시골뜨기 취급하는 등 독불장군처럼 행동하여 학교에서 그를 따르는 친구들이 많지는 않았다.

선거전은 전 어린이회와 대의원회 간의 조직 대결일 뿐만 아니라, 전 생활부장 노정한을 미는 동촌마을과 대의원회 의장 한기주를 미는 서촌마을 간의 지역 대결, 때로는 다소 형편이 되는 집안의 어린이와 형편이 어려운 집안 출신 간의 대결이기도 했다. 기본적으로는 농촌 지역이기는 하지만, 5일 장을 끼고 상업을 하는 집안도 꽤 되는 동촌지역을 기반으로 하는 노정한 후보와 거의 농·어업 위주의 서촌지역을 기반으로 하는 한기주 후보의 지지기반에도 다소의 차이가 있었기 때문이다.

한편, 제3의 후보 민세윤이 당선권에 들기는 어렵겠으나, 그 집안의 뿌리가 동촌지역이어서 노정한의 표를 일부라도 잠식하면 서촌지역 출신인 한기주가 어부지리를 얻을 수도 있다는 분석도 있었다. 이에 따라 노정한 후보 측에서 민세윤 후보에게 사퇴하고 당선될 가능성이 높은 노정한 후보로 단일화를 하자고 여러 차례 제의했으나, 그는 이를 일축했다. 그는 대신 전교어린이회 부회장직을 수차례 제의받고도 흔들림이 없었다는 풍문도 돌았다. 일설에는 그의 집안이 수년 전 동촌마을에서 따돌림을 당해 도회로 나간 것에 대해 앙갚음을 하는 것이 아닌가 하는 추측도 있었다.

투표일에 투표 전 후보자 정견발표회가 운동장에서 있었다.

기호 1번 한기주 후보는, 노정한 후보를 비롯한 전 전교어린이회장단 측이 지난 7월 학교 실습 농지의 무를 학교로 옮기는 작업 중에 덥고 힘든 것을 핑계로 학생들이 지고 가던 무를 베어 먹도록 부추겼다. 이로써 학교 측과 대립해서 회장단이 일괄 사퇴해 어린이회가 해체되고 보궐선거를 하는 혼란을 일으킨 책임이 크므로 다시 어린이회를 맡을 자격이 없다고 공격하였다. 또 노정한 후보가 물러난 장도윤 전 어린이회장의 아바타라고 하면서, 그가 회장이 되면 장도윤의 입김에 따라 또 유사한 일이 재발할 수도 있다고 비판했다. 그리고 노 후보가 학우들에게 가시적으로 도움이 되는 무엇을 하겠다고 하기보다는, 확인되지 않은 개인사로써 타 후보를 공격하거나 구체성이 없는 공약을 내세우는 준비되지 않은 후보라고 공격했다.

반면 기호 2번 노정한 후보는, 실습 밭의 무는 개인 누구의 것도 아니고 학교, 나아가 학생 모두의 것으로, 작업자가 목이 말라 한 개 정도의 무를 먹었다고 하더라도 학교 당국이 이에 대해 사실상 어린이회를 해체할 정도의 책임을 물리는 것은 과하다. 외부 화물 업자에게 맡겨도 작업자 전부가 먹은 무 값 이상의 운반비가 들지 않느냐고 항변했다. 게다가 한기주 후보가 당일 작업자별로 무를 한 개씩 먹자고 처음으로 제의하여 그 사건에 대한 책임이 크다고 되받아쳤다. 그리고 한기주 후보는 대의원회를 운영하면서 하급생 대의원들에게 개인적인 심부름을 시키거나 음료수·땅콩·밤 등을 가져오게 하는 등 공·사의 구분을 제대로 하지 못하는 문제가 있어 어린이회장으로 적합하지 않다고 비판했다.

　기호 3번 민세윤 후보는, 출신 지역을 기반으로 투표하는 행태를 비판하며, 두 후보 모두에 대해 비판했다. 그리고 한기주 후보가 자신이 장악하고 있는 전교대의원회를 움직여 별일 아닌 일을 평계로 학교 측과 연합해 자신이 어린이회장을 할 욕심으로 장도윤을 몰아냈다고 비판했다. 그리고 그는 한기주 후보가 자신을 보살펴주고 있는 큰어머니나 사촌 누나에 대해서도 자기 또래의 큰집 사촌과 자신을 차별 대우한다면서 입에 담기도 힘든 욕을 했다는 애기도 들린다며 인신공격도 서슴지 않았다.

　그리고 두 유력 후보는 지지기반이 되는 지역과 생활환경에 따라 그들이 제시하는 학생회 운영 방향에도 차이가 있었다. 학생회 자치회비의 납부에 관해서 노정한 후보는 이를 현금으로 통일해 내자고 한 반면, 한기주 후보는 쌀이나 땅콩 같은 지역 농산물로도 회비를 내면 소비촉진 효과가 있고 시장에 내다 파는 수고도 덜 수가 있다고 주장했다.
　당면한 중학교 입시를 위한 과외수업에 관해서도 입장이 달랐다. 다소 형편이 어려운 지역을 기반으로 하는 한기주 후보는 정규 수업으로도 족하다고 했다. 그래도 형편이 나은 지역을 기반으로 하는 노정한 후보는 인근 T시의 명문 중학 입시 준비를 위해서 성적이 우수하고 과외비를 부담할 수 있는 학생을 대상으로 외부 강사를 초빙해서라도 방과 후나 주말에 과외수업을 해야 한다고 주장했다.

그리고 주된 지지기반이 되는 유권자의 출신지역, 생활환경 및 수준에도 차이가 있어서 양 후보의 공약에도 차이가 있었다.

노정한 후보는 얼마가 되지 않는 학생 1인당 급식비를 균일하게 분담토록 해 계산을 단순화하고 급우들 간에 집안 형편을 노출하지 않도록 배려하자고 하였다. 반면 한기주 후보는 농지세나 소득세 납부금액을 감안하여 집안 형편에 따라 납부금액에 차등을 두어서 실질적 형평을 기하자고 주장하였다. 그 납부의 기준이 산술적 공평 부담이냐, 실질적 공평 부담이냐에 따라 선거공약에 차이가 있었다.

그리고 남녀학생 간에도 지지성향에 다소 차이가 있었다. 여학생들은 나이도 두어 살 더 들어 어른스러워 보이고 근엄하면서도 다소 우울해 보이는 한기주 후보보다는 더 오래 같이 공부해오고 맑고 밝은 얼굴에 붙임성이 좋은 노정한 후보를 더 선호하는 것으로 보였다.

개표 결과 예상과는 달리 한기주 후보가 근소한 표 차이로 전교 어린이회장으로 당선되었다. 소문에는 물러난 전 어린이회장 장도윤의 입김으로 그의 측근이 회장으로 당선되는 것을 마뜩찮아 한 학교 측이 한기주 후보를 표 나지 않게 밀었다는 것이다.

그리고 무엇보다도 노정한 후보와 거주지역이나 지지기반에 있어서 유사성이 더 많은 민세윤 후보가 얻은 표 수는 얼마가 되지 않으나, 노정한 후보의 표를 더 많이 잠식해 한기주 후보가 어부지리를 얻었다는 평가가 설득력 있게 들렸다.

선거에서 석패한 노정한 후보 못지않게 희작과 우원의 실망감도 크다. 자신들의 절친인 5학년 친구 민세율을 동원하여 형 민세윤 후보에게 당선 가능성이 희박하고 동촌에 사는 그의 일가친척들의 입장도 생각해서 용퇴하는 것이 현명한 선택이라고 더 강력히 권하지 못한 것이 내내 아쉽다.

*

　마을의 호수·전통·경제력 등의 여러 면에서 동촌지역에 밀려 수년 만에야 전교어린이회장 직을 되찾은 서촌지역에서는 환호의 소리가 들린다. 반면 우세한 여러 여건에서도 무 사건으로 그 직을 내려놓고 다시 치른 선거에서 예기치 않은 패배의 쓴맛을 본 동촌지역에서는 자존심이 상한다며 한숨과 자성의 소리가 새어 나온다.
　특히 전 전교어린이회장 장도윤이 자신의 성정을 이기지 못하고, 자신뿐만 아니라 그 회장단 전원이 물러나도록 분위기를 조성함으로써 수년 만에 서촌지역 중심의 어린이회가 구성된 데 대하여 자성과 비판의 얘기가 많다.
　그리고 승산이 없으면서도 노정한과의 단일화로 후보직을 사퇴하는 것을 끝까지 거부해 서촌마을에 어부지리를 준 민세윤에 대하여도 대를 이어 동촌마을에 폐를 끼쳤다면서, 상종하지 못할 집안이라고 모두 수군거린다.

　이번 선거를 지켜본 동촌마을의 주민들 사이에서는 다음의 속담이 이 경우에 딱 맞는 제격이라며, 장도윤과 민세윤의 처신이 두고 두고 대를 이어 인구에 오르내릴 것이라고들 한다.

"홧김에 서방질해 생긴 일인데, 어찌하랴!"
"못 먹는 감 찔러나 보기냐?"

허종구 대구고 10회. 연세대 정치외교학과 졸업. 서울대학원 행정학과 석사·박사과정 수료. 행정고시로 공직 입문하여 기획재정부, 국세청, 청와대 경제수석비서관실, 국무총리 조세심판원 초대 원장 역임. 미국 컬럼비아대학 Visiting Scholar. 제이앤피세무컨설팅 설립 대표로 14년간 경영. 고교 1학년 때 학과 공부를 제쳐두고 소설 읽기와 습작에 몰입해 수상도 한 기억을 되살려 뒤늦게 배우고 쓰고 있음.

단편소설
말입술꽃

이인화

떨어지는 꽃은 말이 없어서 한결 더 그윽하다고 한다. 그러나 어딘가에는 떨어지지 않고 바람에 불려 공기보다 가볍게 흩어지는 꽃도 있다. 몽실몽실 솜털 같은 꽃씨를 단 보랏빛 꽃. 여름이면 대초원에 지천으로 피었다가 어느 순간 후르르 날아올라 다시는 못 돌이킬 허공의 엇갈림으로 사라져간다.

사람들이 서상효(徐翔孝)의 일을 물으면 나는 늘 그의 시체 옆에 피어 있던 그 말입술꽃이 생각났다. 그동안 그의 유고 시집을 위해 지인(知人)들을 만나면서 나는 여러 가지 험구와 비웃음을 들었다. 그러나 이제는 그의 시집도 나왔고 세상의 시비도 잠잠해져서 나의 이 한 무더기 어설픈 정회도 듣고 싶어 하는 사람들이 있을 것이다.

서상효는 나의 대학 선배다. 눈썹이 시원스러운 잘 생긴 얼굴에 두뇌가 명석해서 학창시절 친구들의 기대를 모았다. 80년대 초에 대학을 다닌 사람들이 으레 그랬듯이 그도 헤겔과 마르크스를 읽었고 한동안 학생운동에도 열심이었다. 87년 6월 항쟁과 89년 베를린 장벽의 붕괴가 그런 청춘에 마침표를 찍어 주었다.

인생은 계속되었다. 사람들은 나이를 먹어갔고 시험 준비를 해서 언론사, 방송사, 정부종합청사, 검찰청사, 법원, 국회의사당, 정당사무실로, 혹은 입시학원이나 대학원으로 들어갔다. 서상효는 모(某) 대기업에 취직했지만 곧 사표를 던지고 모교의 국문과 대학원으로 돌아왔다. 속물스런 윗사람들 밑에서 승진과 돈벌이에 골몰하기보다는 학위 과정을 밟아 대학 강단에 서고 가끔은 시를 쓰며 살고 싶다는 생각이었다. 그는 조용히 공부하며, 틈틈이 시작(詩作)에 열중했다. 그의 시는 참신한 표현과 반짝이는 아포리즘, 높은 격조를 가진 훌륭한 작품들이었다. 그러나 어쩐 일인지 그의 시는 통 빛을 보지 못했고 생활도 날로 궁핍해 갔다.

나는 그의 4년 후배였으나 그가 중간에 회사를 다녀서 대학원은 동기생이었다. 우리는 같이 강의를 들었고 자료를 강독하거나 이론서를 발제할 때도 붙어 다녔다. 똑같이 창작을 한다는 이유도 있어서 친구가 거의 없는 그에게 어쩌면 나는 가장 친한 벗이었는지도 모른다.

그러는 동안 잘난 척 하기를 좋아하는 나는 소설가로 약간의 허명을 얻었다. 얼마 뒤에는 그런 허명 덕에 분에 넘치는 명문대학의 교수가 되어 강단의 말석을 더럽히게 되었다. 그때부터 그와 나는 서먹해지기 시작했다. 어쩌다 아는 후배의 결혼식에서 만나도 나는 면구스러울 뿐이었다. 그의 재능과 문학적 포부를 생각하면 아무래도 그와 나의 자리가 바뀌었다는 부끄러움을 떨쳐버릴 수 없었다.

서상효도 나를 보면 괴로운 얼굴이었다. 실제로 그는 초조했을 것이다. 박사과정에 들어갈 무렵 결혼을 하였으나 아이가 둘씩이나 되도록 이렇다 할 전망이 없었다. 잘 알지는 못하나 그가 괴팍한 언행과 술주정으로 지인들의 신망을 잃은 것도 이 무렵일 것이다. 그는 그 때 입시학원의 국어 강사로 나가고 있었다. 옛날 대기업의 동년배들은 이미 과장, 부장이 되어 있었고 그는 학위를 다 마치고도 삶의 후미진 뒷골목을 떠돌며 성마르고 버릇없는 아이들의 수능시험 준비를 거들고 있었다. 이러한 처지는 한 때 수재로 이름을 날렸던 그의 자존심에 참을 수 없는 손톱자국을 만들었을 것이다.

그러던 어느 날 서상효는 홀연 몽골로 떠나버렸다. 몽골국립대학 한국어과의 교수로 자원해 갔다는 것이었다. 나는 그의 낙탁불우(落拓不遇)에 가슴이 아팠다. 몽골로 들어간 8세기 고구려 유민들의 이야기를 소설로 썼던 나는 그곳의 사정을 잘 알고 있었다. 몽골은 가난한 나라다. 몽골국립대학의 교수란 직함만 교수일 뿐 일주일 24시간 강의에 미화(美貨) 80불을 '월급'으로 받는, 한국의 시간강사만도 못한 자리였다. 그 후 그가 몽골에서 어떻게 지내는지를 아는 사람은 아무도 없었다.

그 이듬해, 그러니까 작년 여름 나는 다시 몽골에 가게 되었다. 옛날 신문에 연재했던 소설을 고쳐서 단행본으로 출간하기 위해 마지막 취재를 하려 했던 것이다. 그 기회에 서상효를 만나보려 했던 나는 울란바토르 공항에서 뜻밖의 소식을 들었다. 몽골로 답사를 올 때마다 길 안내를 맡아주던 몽골국립역사연구소의 감볼트에게서였다.

"아, 국립대학의 서상효 선생요? 그 사람 이젠 여기 살지 않아요. 지난 학기에 시골로 옮겨 갔어요. 서부의 아라항가이로."

"옮겨 가다니?"

감볼트는 술냄새 나는 입꼬리를 비틀며 히히히 웃었다. 언젠가 답사 중에 시골 아가씨랑 어딘가로 사라졌다가 다음날 아침에야 돌아오면서 보여주던 그 웃음이었다.

"한국어과에 아우란치라고 눈부시게 예쁜 여학생이 있었거든요. 스물한 살인데 흰 사슴처럼 쭉 빠졌죠. 그 여학생이랑 그렇고 그런 사이가 되서 같이 떠났어요. 지금 잘 살고 있대죠. 아라항가이에서."

"이봐. 당신 또 뭘 잘못 들었겠지. 서상효 선생은 처자가 있어. 한국에."

"아, 나도 알아요. 아우란치도 남편이 있었어요. 여기 사는 남잔데 나도 잘 아는 사람이라구요. 그 남편이랑 헤어지고 서상효 선생과 친정으로 돌아가 버린 거예요. 아후우, 그 냥반 조오켓다."

힌티 항가이 싸이니. 운드르 세홍 노르누트. 호이트 주근 치미크

율쓴.(아름다운 항가이. 높고 고운 산들. 북쪽으로 대지를 수놓는 넓고 큰 강들.) 감볼트는 수염이 거뭇한 턱을 쳐들고 나를 놀리듯 노래를 흥얼거렸다. 나는 허탈했다. 남녀의 이합(離合)을 남이 뭐라고 할 수 있겠는가. 나는 감볼트를 붙들고 그런 얘기 한국에서 온 사람들에게 하지 말라고 다잡았다. 국립대학에 연락해서 아우란치라는 여자의 고향 주소를 알 수도 있었지만 서상효가 달가와 하지 않을 것 같아 그것도 포기했다.

나는 나대로 일정이 빠듯했다. 몽골 사람들이 가장 좋은 목초지로 여기는 아라항가이 아이막(道)은 우리나라보다 더 넓은 지역이다. 그 어느 쏨(郡), 어느 박(面)에 있다 한들 웬걸 거기까지 찾아갈 수 있을까. 나는 이튿날 전세 낸 지프차에 짐을 싣고 먼저 내 소설 끝부분의 무대가 된 8세기 돌궐 제국의 여름 야영지 '씨네 우쓰'로 출발했다. 그 곳은 망망대해 같은 초원을 덜컹거리며 울란바토르에서 서북쪽으로 600km나 가야 하는 곳이었다.

그런데 서상효와의 인연이 다하지 않았는지 공교로운 일이 일어났다. 씨네 우쓰가 있는 볼간 아이막에서 하루를 묵고 난 1996년 8월 11일. 몽골 역사상 최초로 콜레라가 발생했던 것이다. 셀렝게 아이막에서 발생한 콜레라는 셀렝가 강을 따라 북진하여 볼간에서도 6명의 목숨을 앗아갔다.

며칠 지나자 콜레라는 북부지역 전체로 번졌고 사망자는 더욱 늘어났다. 땅덩어리만 넓었지 인구는 260만에 불과한 소국(小國)

몽골은 온 나라가 시끄러웠다. 당국은 우왕좌왕하다가 초강경책만 내어놓았다. 볼간과 셀렝게는 전 지역이 봉쇄되고 울란바토르로 들어가는 모든 기차들이 폐쇄되었다. 실탄을 장전한 군인들이 도로마다 지키고 있다가 봉쇄선 안으로 건너오는 가축들을 전부 사살하여 불태워버렸다.

나의 답사 여행은 씨네 우쓰를 끝으로 속절없이 되어버렸다. 모든 도로가 봉쇄되기 전에 빨리 울란바토르로 돌아가야 했다. 길을 남쪽으로 크게 우회해 아직 콜레라가 발생하지 않은 아라항가이까지 내려갔다가 거기서 동쪽으로 달려 울란바토르로 들어가는 수밖에 없었다. 그러나 아라항가이로 진입하자마자 우리 지프는 경찰에 의해 제지되었다. 북쪽에서 내려오는 모든 차량은 방역반이 올 때까지 기다려야 한다는 것이다.

답사 내내 밥도 설거지도 안 하고 딴전을 부리던 감볼트가 이때만은 꼴값을 하겠다고 소매를 걷어붙였다. 그는 내가 한국인이고 당국이 학술조사를 위촉한 귀빈이라고 허풍을 치며 당장 통과시키라고 화를 내었다. 그런데 누가 알았으리오. 그렇게 옥신각신하다가 똥색 경찰제복을 입은 중년 사내로부터 서상효의 이야기를 듣게 되었던 것이다.

"쏠롱고스(한국인)? 그저께 여기서도 쏠롱고스 남자가 하나 죽었는데."

물어 물어 아우란치의 집을 찾아간 것은 그날 밤이 이슥할 무렵이었다. 나무 울타리를 둘러친 천여 평의 초지 안에 네 채의 겔(몽고 천막집)이 있었다. 울타리 안으로 들어가자 겔 속이 수런거리며 사내아이들이 뛰어나왔다. '서 박시(서선생)'의 부음을 듣고 찾아온 한국 사람이라고 하자 아이들이 그들 가장의 겔로 나를 안내했다.

아우란치의 아버지 직지드수렌 씨는 한밤중이었음에도 옷을 다 차려입고 중절모까지 갖추어 쓴 모습으로 우리를 맞았다. 어머니 토고후 부인이 마유주(馬乳酒)를 차려오는 동안 그는 괴로운 얼굴로 한국에 알리지도 못하고 장례를 치러서 미안하다는 말을 반복했다. 유족도 아닌 내가 그런 사과를 받기는 이상했으나 그의 태도가 워낙 진중하여 말부리를 딸 수 없었다. 겔 안에 들어가면 차려온 마유주를 다 마시는 것이 몽골의 예법이다. 나는 그저 마유주 그릇만 꿀꺽대었다.

잠시 후 그의 장성한 아들 바샨자부와 며느리, 딸 아우란치가 들어와 인사를 나누었다. 이 집의 데릴사위 격이었던 서상효의 빈소는 아우란치의 겔 안에 있었다. 나는 라마교 불단에 모셔진 그의 사진에 절을 하고 조의금을 놓았다.

그리고 나서야 아우란치의 이야기를 들을 수 있었다. 서상효는 한 달 전 말에서 떨어져 다쳤는데 별로 큰 상처는 아니었다고 한다. 그러다가 며칠 전 갑자기 고열이 일어나 어떻게 손을 써보기도 전에 '하늘로 떠나버렸다'는 것이다.

"콜레라가 아니냐고 마을사람들이 몰려왔어요. 한국에 알려야 한다고 했지만 빨리 시체를 없애라고 사람들이 막무가내였어요. 그래서 장례를 치르지 않을 수 없었습니다. 결국 일타비히를 했어요."

나는 충격을 받아 입을 다물지 못했다. 핼쑥하게 여윈 아우란치는 내 눈을 피해 고개를 숙였다.

"일타비히를 했다구? 한국 사람을?"

초장(草葬)을 해버렸다는 것이다. 몽골의 풍습대로 시체를 초원에 내어가서 들개들이 뜯어먹게 했다는 것이다. 초장은 라마교의 조장(鳥葬)이 몽골의 식생에 맞게 변형된 것이다. 사람들은 들개들이 시체를 빨리 먹을수록 좋은 내세가 보장된다고 생각한다. 그 광경이 너무 끔찍하다 하여 한 때 법으로 금지되기도 했으나 사회주의가 붕괴된 90년부터 다시 부활되었다.

소문으로는 들었지만 세상에 서상효가 그렇게 되었다니. 마음의 부담이 없는 외국에서 만나 격의 없는 정담을 나누려 했던 벗이 들개에게 뜯어 먹힌 바 되었다는 것이다. 나도 모르게 눈물이 흘렀다. 때를 못 만나 강물의 나무토막처럼 이리저리 떠돌던 가난한 시인. 그런 그가 마지막까지도 이렇게 박복하다니. 막힌 정에 가슴은 아프고 오장이 무너지는 듯 했다.

잠시 후 아우란치는 슬그머니 일어나 부모의 겔로 자러 갔다. 그와 엇갈리듯 바산자부가 들어와서 '시빔 아르히(우유주)'나 한 잔 하라고 했다. 감볼트는 새가 벌레 소리를 들은 것처럼 내 눈치를 살피더니 슬그머니 나가버렸다.

혼자 남은 나는 서상효의 서재이자 거실이며 침실이었던 4평 남짓한 겔을 둘러보았다. 솔표 약상자, 옷들이 들어 있는 농심 라면 빈 박스, 단추 같은 것을 담아놓은 동원참치 빈 캔, 도루코 면도기…… 주인을 잃은 사물들이 슬픈 눈을 뜨고 나를 보고 있었다. 유고(遺稿)라고 하기도 뭣한 서상효의 노트를 발견한 것은 그 참치 캔과 도루코 면도기가 놓인 세 뼘쯤 되는 작은 책상에서였다.

먼지가 소복히 쌓인 그 낡은 노트를 펼치는 순간 나는 금방 서상효의 글씨를 알아보았다. 국민학생처럼 각이 진 딱딱한 글씨. 그것은 지난날 대학원에서 스터디를 하며 서로 교환했던 그 수많은 복사물 속에 있던 바로 그 글씨였다. 만리 호지(胡地)에서 찾은 벗의 유필. 나는 눈물을 훔치고 노트를 읽어가기 시작했다. 그것은 일기였다.

1995. 3. 17.

후배 황석본이의 결혼식에 갔다. 신랑과 신부는 행복해보였다. 그들은 며칠 동안이나 행복할까? 행복이라는 것이 이 세상에 아직 남아 있다면 그것은 여기가 아닌 다른 곳에 존재하리라. 대마초 연기가 자욱한 아메리카의 어느 어두운 까페에, 사파이어처럼 푸른 밤바다가 있는 아프리카의 어느 항구에, 저 산맥 너머 어딘가에, 아니면 저 대양 건너 어딘가에 행복은 존재하리라. 그러나 이곳만은 아니리라. 인생에 대한 허무와 사회에 대한 환멸 속에서 결혼과 출산과 집장만으로 나이를 먹어가는 이곳만은 아니리라.

오, 환멸에 길들여진 나의 마음. 허무에 길들여진 나의 마음. 가장 저열하고 가장 나쁜 반성 없는 인생. 뻣뻣하게 무디어진 나머지 그 무엇에도 감격할 줄 모르고, 모든 것이 다 아는 것이어서 세상에 이해 못할 일이 없는 나. 말라빠진 시체의 나. 죽은 영혼의 계절을 살아가는 나여.

1995. 3. 22.
야, 이 자식아, 자라는데 왜 자꾸 찡찡대는 거야! 귀싸대기를 맞을 놈 같으니 건너방에서 두 아들을 때리는 아내의 쳇소리가 쨍쨍 울린다. 그저께 내가 55만원이나 하는 근대시사(近代詩史) 자료집 세트를 들여놓은 뒤부터 아내는 계속 저 모양이다. 내가 들어올 때마다 거칠게 문 쪽을 쏘아본다. 꼴도 보기 싫으니 나가달라는 것인가? '당신 미쳤어요?'로 시작하는 아내와의 언쟁. 발갛게 피고름 덧난 이 일상이 이젠 지긋지긋하다.

특별히 아내가 미운 것은 아니다. 나는 오래 전부터 어떠한 삶의 현상에도 따로 의미를 부여하지 않는다. 아니 의미를 부여할 힘이 없다. 아내와 싸울 때도 나는 코 푼 손수건을 바라보는 사람처럼 멍청히 아내를 바라본다. 무심(無心)은 인생에 깨뜨려질 수 없는 가치란 없다는 것을 배운 사람이 갖게 되는 불가피한 자세가 아닐까.

그러나 아내는 그런 내가 자신의 인생에 치명적인 위해를 가하고 있는 악마라고 믿고 싶은, 밑도 끝도 없는 열정으로 가득 차 있다.

 큰 놈이 악을 쓰며 울고 있다. 나는 읽고 있던 책을 찢어 구겨버린다. 지금부터 이 반 지하 셋방을 걸어 나가 골목 끝에서 두통약을 사먹을 생각이다. 그리고 찻길을 건너가 맞은편 술집에서 오늘 일용할 취기(醉氣)를 얻을 것이다. 집에 돌아오면 아내는 또 편도선이 부은 목으로 소릴 지르겠지. 그러나마나 나는 고꾸라져서 꿈을 꾸리라. 이 방구들이 무너지는 것을. 어떤 상징 하나가 숨 가쁘게 일어서는 것을. 오, 이 막막한 삶, 이 밑바닥을 뚫어 다른 곳을 엿볼 한 점의 응축을 만날 수 있다면.

1995. 4. 10.

 D여대에서 여학생에게 뜻밖의 편지를 받았다. 이 비슷한 일이 없었던 것은 아니다. 시간 강사라도 현대문학을 가르치는 젊은 선생은 묘한 환상을 준다. 가끔 리포트 사이에 편지를 끼워 넣는 학생도 있고 과자나 초콜릿 같은 것을 선물하며 카드를 곁들이는 학생도 있다. 그러나 그런 것들은 모두 자기 기분에 취해 상투적인 암시를 던져 보는, 웃어넘기면 그 뿐인 편지들이다. 그러나 오늘은 그런 것이 아니었다.

 강의가 끝난 뒤 한 여학생이 교탁 앞으로 다가왔다. 그 여학생은 출석을 확인하는 척 하더니 슬쩍 딱지처럼 접은 메모를 건네주었다. 거기엔 이런 내용이 적혀 있었다.

서상효 선생님. 인생을 너무 미워하시는군요. 그러시면 못 써요. 세상을 불쌍히 여겨야지요. 사랑할 줄 모르는 사람은 남을 가르치지도 못한대요. 사람은 자기를 가장 많이 사랑해주는 사람에게서 가장 많은 것을 배우잖아요. 엄마나 아빠처럼. 전 문학이 뭔지는 잘 모르지만 그것도 인간을 더 깊이 사랑하는 법을 가르쳐주는 것 아닌가요? 김수련 올림.

한동안 어안이 벙벙했다. 거두절미하고 곧바로 할 말을 다해버린 이 메모. 그 너무도 오만한 짧은 문장들의 단호함이 놀라웠다. 한참 후에야 이 여학생이 이런 이야기를 한 이유를 짐작할 수 있었다.

1920년대 사회주의 문학을 강의한 오늘 나는 좀 이상했다. 난 요즘 학생들이 사회주의 운동에 일말의 관심도 없다는 것을 잘 알고 있었다. 그래서 애초에는 10분 안에 정리하고 넘어가려 했던 대목이었다. 그런데 막상 예상했던 그대로의 무반응을 접하자 화가 나면서 생각과 생각 사이의 연결 부분이 뚝 뚝 끊겨졌다. 그 사이로 평소에는 거의 내색하지 않았던 환멸감이 섞여들었다.

여러분들은 국제화, 전문화, 정보화의 21세기를 준비한다고 합니다. 그런 여러분들의 눈에 20년대 KAPF(한국프롤레타리아예술동맹) 문학을 했던 이 시인들은 마치 외계에서 온 우주인처럼 보일지도 모르겠습니다. 그러나 나는 본질적인 것은 어느 것 하나 변하지 않았다고 말하고 싶습니다.

21세기는 사람들을 홀리는 수사학적 마술일 뿐 2000년이 된다고 해서 변하는 것은 아무 것도 없습니다. 정보화 사회가 도래한다고 하지만 그것도 역시 자본주의 사회, 정보 자본주의 사회일 뿐입니다.

흔히 정보화 사회에서는 세계의 모든 인류가 인터넷 웹 사이트에서 재화와 지식에 대한 투명한 정보를 공유하고 그에 따라 합리적인 선택을 한다고 합니다. 그것은 실로 유치한 백면서생들의 잠꼬대일 뿐, 현실에서는 절대로 실현될 수 없는 꿈입니다. 어떤 자본가도 그런 사회를 원하지 않습니다. 그렇게 투명한 시장에서는 자본주의가 추구하는 대규모 이윤이 발생하지 않기 때문입니다.

자본주의는 언제나 겉으로 공정한 시장 경쟁을 주장하면서 안으로 투기와 독점의 욕망을 관철해왔습니다. 자본주의가 존재하는 한 정보화는 하드웨어뿐만 아니라 소프트웨어의 생산까지를 지배하는 자본의 논리에 의해 영원히 왜곡될 수밖에 없어요.

여기까지만 하고 그만두었어야 했다. 여기까지도 시민사회의 자제들을 맡아 가르치며 그들에게 인생과 세계에 대한 안정된 가치관을 심어주어야 하는 대학 강사로서 아슬아슬한 경계선을 건드리고 있었다. 그러나 나는 그만두지 못했다. 그 순간 무언가가 꿈틀하며 아무렇지도 않아 보이는 내 얼굴의 얇은 껍질 밑에서 내 내면의 부패가 솟구쳤다. 환멸이 만든 추악한 부패. 마르크스주의에서 배웠으되 그 배후에 있었던 사랑과 휴머니즘은 다 잊어버리고 그 비판의 저열한 냉소주의만을 암세포처럼 증식시켜 자의식을 갉아먹어간 내 내면의 부패.

……역사의 전환기마다 사회 발전의 지렛대가 된 것은 인간의 가장 사악한 정열, 즉 소유욕과 지배욕이었습니다. 자본주의는 이제까지 분업, 경쟁, 제국주의적 시장 쟁탈, 새로운 시장의 독점, 전쟁, 정치적 협잡 등으로 인간의 이기적 충동들을 육성하며 발전해왔던 것입니다. 이제까지 독점과 폭리를 추구하던 자본주의가 단순한 컴퓨터 테크놀로지 때문에 갑자기 성자(聖者)들의 사회로 변한다는, 그런 황당무계한 소리를 여러분은 믿습니까? 오늘날 정보화 사회의 증후를 보여주는 경제 환경 역시 자본의 이기주의가 자신의 유연성과 절충성을 극대화하기 위해 선택한 '금융화'의 한 양상일 뿐입니다.

인간은 영원히 변하지 않고 변할 수도 없습니다. 시는 이같은 인간의 망설임, 자신의 진면목이 자신의 의지와는 너무 다르다는 느낌 때문에 생겨난 하나의 망설임이라고 하겠습니다. 대부분의 인간들은 이같은 진실을 되받아 감당할 만한 힘이 없습니다. 이것이 시인이 이 세상에 존재하는 이유인지도 모릅니다.

오늘 강의를 반추하면서 나는 부끄러움에 몸서리친다. 나의 영혼은 앞으로 남은 일생을 다 살지 않아도 될 만큼 충분히 늙고 추해졌다. 내 어린 날의 푸른 영혼은 미칠 듯한 열정으로 항해를 하고 나서 전혀 낯설은 섬에 도달해버렸다. 나의 섬엔 모든 이상(理想)

의 폐허 속에 서로의 목을 물어뜯어 입이 더럽혀진 사람들만이 살고 있다. 나의 섬엔 순진했던 내 젊은 날의 모든 것에 유죄(有罪)를 선고하는 환멸만이 흘러간다.

나는 강단에 서서 무엇을 가르치겠다는 것일까. 인간의 근원은 체액과 단백질이 만든 고깃덩어리였고 인간의 현재는 짐승이라고? 인간이란 저와 제 새끼들의 입에 들어가는 것에 골몰하며 돈에 미쳐 날뛰고 모든 이상을 자신의 출세를 위한 수단으로 수렴하는 악랄한 짐승이라고? 인간이란 말이 표상하는 고귀함을 믿지 않으면서 문학을 가르친다는 것은 추잡한 밥벌이일 것이다. 오늘 미지(未知)를 향한 목마름으로 가득 찬 이 젊은 영혼은 나에게 그런 말을 하고 있는 것이다 그런데 선생이라고 해서 무엇 하나 접어주는 것이 없는 이 당돌한 여학생은 대체 누구일까?

95. 5. 9.
D여대는 오늘 축제였다. 강의실에는 한 명의 학생도 없었고 5월의 향기가 흐르는 캠퍼스는 쌍쌍의 남녀들로 떠들썩했다. 모욕을 당한 느낌이었다. 축제면 축제라고 미리 알려주었어야 할 것 아닌가. 과(科) 사무실의 무성의에 화가 났지만 말할 기분도, 심지어는 생각할 기분조차 나지 않았다. 간밤에 마신 깡소주가 견고한 자학처럼 남아 머리가 지끈지끈 아팠다. 그런데 그렇게 캠퍼스를 걸어 나오다가 거짓말처럼 언젠가 출석부에 메모를 끼워 넣은 그 여학생과 마주쳤다.

우리는 콜라 하나씩을 들고 북적거리는 축제판에서 멀리 떨어진 언덕 위 벤치에 앉았다. 기왕의 불쾌감은 씻은 듯이 사라졌다. 우리는 이런 저런 이야기를 나누었다.

김수련은 영문과 4학년이었고 방과 후엔 신림동 달동네에서 아이들을 가르치는 야학 선생이었다. "처음엔 학교 못 가는 아이들을 가르치려고 했는데요, 요즘은 그냥 돈 없는 집 아이들 과외 선생처럼 되어버렸어요." 그래도 할 수 없지 않느냐는 얼굴로 그녀는 웃었다. 그녀는 할머니와 같이 살고 있다고 했다. 6살 때 부모님이 이혼하셨는데 어느 쪽도 그녀를 맡아 기르고 싶어 하지 않았기 때문이다.

"하지만 저는 버림받은 것이 아니라 자유로운 거죠. 부모님은 학비며 용돈을 넉넉하게 부쳐 주시고 일체 간섭을 안 하세요. 그래서 전 어디고 사랑할 수 있을 때까지만 살고 떠날 수 있어요. 한 곳에 오래 사는 건 재미없잖아요. 나쁜 기억도 많아지고."

맑디맑은 이슬 한 방울이 내 심장 위에 떨어졌다가 증발하는 느낌이었다. 수련의 하얀 이빨이 눈부셨다. 내가 앉은 벤치가 공중에 높이 들려 올려진 느낌이었다. 세상은 까마득한 발밑으로 흘러가고 있었다. 나는 수련이 일으키는 묘한 향기에 취해 시간의 흐름을 감지할 수 없었다. 벤치에서 일어나고 싶지 않았다. 그렇게 되면 시간은 다시 움직이기 시작할 것이다. 내 현재의 삶이 되살아날 것이고 나는 또다시 똑같은 삶을 영위해야 할 것이다 수련이 인사를 하고 가버릴 때까지 나는 내내 그렇게 취해서 앉아 있었다.

95. 5. 16.
수련이와 인사동에서 차를 마셨다. 은은한 초록빛 녹차 한 잔이 행복의 신성한 영접처럼 느껴졌다. 깜박거리는 수련의 속눈썹 사이로 사라진 젊은 날들이 일제히 깃을 치며 날개를 퍼들었다.

95. 5. 23.
수련이와 버스를 타고 광릉 수목원에 갔다. 서늘해진 숲의 대기 속에서 생명의 고즈넉함이 너무도 사무쳤다. 물리도록 생명을 맛보고 돌아온 지금도 나는 그것들의 그 알콜 같은 향기를 느낄 수 있다. 오늘에서야 깨달은 것인데 수련을 만난 뒤 나는 벌써 3주째 술을 끊고 있다.

95. 6. 14.
수련이가 2주째 내리 결석을 하고 있다. 호출을 해도 응답이 없다. 몸이 아픈 것일까? 집안에 무슨 문제가 있는 것일까? 혹시 정말 어딘가로 떠난 것인가? 어디고 사랑할 수 있을 때까지만 살고 떠난다. 그 낯선 사랑법이 빨아들일 것 같은 매혹으로 가슴에 스며든다. 그나저나 나는 어쩌자고 이렇게 주책을 떨고 있는 것인가. 이건 나이값도 못하고 자기 암시에 속고 있는 것이다. 수련이의 메모가 만든 내 자의식의 파문에 내가 속고 있는 것이다. 그래서 무의식중에 그녀가 나를 일깨우는 마법의 존재이며, 그녀의 마력에 의해 나는 내 인생의 무의미로부터 구제받을 수 있을 것이라고 예감하는 것이다. 이 무슨 터무니없는 망상이란 말인가.

1995. 6. 19.
1년이 넘도록 시 한 편 못 쓰고 있다. 대학의 시간을 뛰고 입시 학원에서 시달리다 돌아오면 온 몸이 파김치처럼 퀴퀴한 땀 냄새에 절어 있다. 자리에 누우면 천정에 내 인생의 남루가 어른거린다.

나는 친구들이 재능을 한 밑천 삼아 장사를 하고 있다고 비난해 왔다. 재능을 팔려고만 할 뿐 자신의 재능으로 진정한 무언가를 이룩해 보려 하지 않는다고. 그러나 정작 나야말로 재능을 낭비하고 있었던 것이 아닌가. 그 잦은 유보와 유보는 나의 재능을 무디게 만들었고 결국은 창작에 대한 의욕마저 앗아가 버린 것이 아닐까.

얼마 전까지도 나는 내가 쓰지 않는다고 생각했다. 언제든 하면 할 수 있다고 생각했다. 그러나 이젠 정말 쓸 수 없을 것이라는 예감이 점점 더 무겁게 나를 내리누른다. 예전에 쓰려고 했던 것들을 아쉽게 되씹어보지만 그때의 착상, 그때의 느낌이 하나도 떠오르지 않는다. 완전한 백지다. 아, 나는 너무 먼 곳에 혼자 있다. 나의 세계는 너무나 적막한 나머지 '산다'는 개념조차 없다. 이제 어떻게 살아야 하나.

1995. 6. 29.
수련이가 죽었다고 한다. 죽음이 이렇게 가까이 있었다는 것을 미처 몰랐다. 기말시험을 칠 때까지도 수련은 강의실에 나타나지 않았다. 나의 강의 시간 안에는 그녀를 아는 학생이 없었다. 참다못한 나는 그녀의 과에 물었다. 그제야 나는 수련이 지난 5월에 사고로 죽었다는 것을 알았다. 한창 주변건물이 철거 중이던 신림동 달동네에서 그녀가 일하던 야학 교실이 갑자기 무너져 내렸다고 한다.

일기를 거기까지 읽었을 때 쿵쾅 하며 겔이 흔들리는 것을 느꼈다. 지진이 아니었다. 독한 우유주에 취한 감볼트가 겔로 들어오다 장막을 들이받으며 넘어진 것이다. 아까 가수 싸른토야의 노래들을 줄줄이 불러 제끼는 그의 고성방가가 들려 올 때부터 이럴 줄 알았다. 나는 일기를 덮고 눈살을 찌푸렸다. 감볼트는 네 활개를 뻗고 드러누워 술주정을 하며 끙끙거렸다.

이 박시, 걱정하지 마라. 이깟 놈의 봉쇄령이 다 뭐냐. 내가 책임진다. 내가 누군지 모르느냐. 이 시골 경찰놈들 사람을 너무 몰라본다. 경찰국장이 우리 큰아버지랑 사돈 간이다. 오치르바트(대통령)가 우리 장인 영감 친구다. 나 감볼트가 집으로 못 갈 것 같으냐. 답사 때마다 되풀이되는 일이었다. 닭털 침낭을 펴서 감볼트를 눕혔다. 감볼트는 또 일어나 뭐라고 소릴 질렀다. 알았다, 고맙다, 제발 좀 처자라고 한참 동안 실랑이를 하고 나자 머릿속이 다 황황해졌다.

바람을 쏘이려고 겔 밖으로 나오니 하얀 달이 은빛을 흩뿌리는 겔 앞의 초지에 바샨자부가 있었다. 그도 감볼트 때문에 잠이 다 달아나버렸던 것이다. 그는 내일 토산공사(土産公司)에 팔러가는 양모(羊毛)를 손질해 수레에 묶고 있다가 내 옆에 와서 담배를 나눠 피웠다. 내가 감볼트의 술주정을 사과하자 그는 고개를 저으며 아니라고, 오랜만에 재미있는 손님이 와서 무척 반갑다고 웃어주었다.

나는 망설이던 말을 꺼내었다. 한국과 몽골은 풍습이 다르다, 친구의 시체를 저렇게 벌판에 버려둘 수는 없다, 내일이라도 서상효의 시체를 찾아 한국으로 가져갔으면 좋겠다는 이야기였다. 바샨자부는 고개를 끄덕이며 내일 아침 아버지와 의논해 보겠다고 했다. 자신은 내일 토산공사로 가야 하니 안 되고 여기서 20km쯤 떨어진 곳에 사는 큰 형이 안내해줄 수 있을 거라고 했다. 나는 고맙다고 두 손으로 따뜻이 악수를 하고 겔로 돌아왔다. 감볼트는 쿰쿰한 시궁창 냄새를 풍기며 자고 있었다. 그 옆에 침낭을 깔고 누웠으나 도무지 잠이 오지 않았다. 일어나 다시 서상효의 일기를 펴들었다.

1995. 8. 28.
여기가 울란바토르라는 것이 믿어지지 않는다. 시 외곽의 이 아파트에서 보면 밖은 불빛이라고는 별빛밖에 없는 캄캄한 어둠이다. 하늘보다 좀 더 진한 초원의 어둠은 마치 나와 하늘 사이에 놓인 텅 빈 공간처럼 보인다. 나는 어떤 착각에 사로잡힌다. 내가 어딘가 낯익은 곳에 와 있고 먼 옛날로 되돌아와 있는 것만 같은 착각. 어두운 대지는 너무도 편안해서 마치도 내 신체의 일부처럼 따뜻하고 생생하다.

"거기 학과장이 그러는데 자네가 웬 여학생과 좋아지낸다고 소문이 안 좋게 났다더군. 절대 그런 사람이 아니라고 했네만, 대체 처신을 어떻게 했기에 그런 소리를 듣고 다니나…… 잊어버리게. 또 기회가 있겠지."

D여대의 교수 공채에 탈락했다는 것을 들은 날이었다. 나를 힐난하는 지도교수는 나보다 당신이 더 답답한 얼굴이었다. 나는 몽유병자처럼 이리저리 걷다가 옛날 내가 공부하던 대학원 연구실로 들어갔다. 연구실에는 낯이 익지만 너무 후배여서 이름은 모르는 얼굴들이 내 나이를 말해주고 있었다. 창밖으로 쓸쓸한 미루나무가 흔들리는 모교의 교정을 바라보다가 문득 게시판에 붙은 '해외 한국학 파견교수 후보자 추천의뢰'라는 공문을 보았다. 그 공문을 보자 황량한 내 내면의 숲이 웅성거렸다. 수련이의 하얀 웃음이 떠올랐다.

그리하여 드디어 이곳이었다. 푸른 대초원의 지평선, 그 위로 뭉게구름 천층만층 피어오르는 몽골의 아득한 하늘이었다. 나를 보다 원대한 곳으로 이끄는 보이지 않는 힘이 꿈틀거리는 이곳이었다. 구름 한 점 없는 가을 하늘 아래 말발굽 소리를 내며 평지로 구릉으로 미친 듯이 달리고 싶구나. 다시는 돌아가고 싶지 않구나.

1995. 8. 31.
서울의 아내로부터 전화가 왔다. 서울의 재단으로부터 받는 월 1,600불의 현지생활비를 아내에게 돌리고 나는 월 100불의 교재

연구비, 출국 때 받은 이전비, 몽골국립대 한국어과로부터 나오는 월급 등으로 살아갈 생각이다. 여기서는 그 돈만으로도 그럭저럭 살 수 있을 것 같다. 아내는 그 1,600불을 은행에서 찾았다고 한다. 모처럼 비아냥거리지 않는, 보통의 목소리였다.

그러고 보니 울란바토르에 오고 일주일이 넘도록 단 한 번도 아내를 생각하지 않았다. 죽음보다 더 큰 그림자를 드리운 식구(食口)의 끈을 잠시라도 잊고 싶었나 보다.

1995. 9. 3.
몽골국립대학에서 첫 강의를 했다. 몹시 황당했다. 성한 것이 하나도 없는 건물의 유리창, 흙탕물을 튀기며 강의실 옆을 질주하는 낡아빠진 지프들의 소음, 빗물이 새는 강의실, 복도에 노점상처럼 죽치고 앉은 학생들, 반 정도가 결석한 한국문학 강의…… 멋쩍은 미소를 지으며 영어와 중국어로 간단한 인사를 했지만 학생들의 반응은 썰렁했다. 괜히 강의 노트만 뒤적거리다가 더듬더듬 내 과목의 성격에 대해 이야기하기 시작했는데 아무도 나에게 귀를 기울이는 것 같지 않았다.

그런데 그 곤혹스러운 순간 다소곳이 앉아 내 말을 들어주는 학생이 있었다. 갈색으로 그을린 피부, 맑고 또렷한 눈동자, 찰랑거리는 단발머리에 하얀 셔츠를 입은 여학생이었다. 내가 얘기하면 그 학생은 고개를 끄덕여 주었고 따뜻한 미소를 지으며 노트를 해주었다. 고개를 숙일 때마다 흘러내리는 밤색 머리를 귀 뒤로 넘기면서. 그런 학생을 보자 자신감이 되살아났다.

얼마나 시간이 흘렀을까. 그녀와 단 둘이 대화를 하듯 정신없이 강의를 하다 주위를 둘러보니 어느덧 다른 학생들도 열심히 내 말을 받아 적고 있었다. 출석을 부를 때 유심히 살펴 그녀의 이름을 알았다. '아우란치'. 얼굴만큼이나 예쁜 이름이었다.

1995. 9. 25.
강의를 시작한 지 벌써 한 달이 지났다. 소감은 절망이다. 환멸은 어느 곳에나 있었다. 한국에 가서 떼돈 벌 궁리를 하는 속악한 학생들을 데리고 나는 퇴계(退溪)와 이상(李箱)을 가르치고 있다. 이렇게 살자고 몽골에 왔던가. 자본주의에는 국경이 없다. 욕망과 상품의 저 위대한 보편성이 오래 사회주의를 겪은 이 순결한 초원에까지 군림하고 있다.

인간이란 얼마나 징그러운 것일까. 더 많이 일하고 더 세게 일하고 그래서 더 많은 돈을 남기려는 욕망이 어느새 모든 것을 사로잡는다. 24시간 강의를 하는데 왜 파견교수라고 초과 강의수당을 주지 않는지 나는 그것이 못 마땅해 죽을 지경이다. 주당 22불도 안 되는 그 돈을 생각하다가 나는 문득 누더기를 느낀다. 아무리 지우려 해도 지울 수 없는 내 영혼의 비계와 군살.

95. 11. 11.
울란바토르는 도시 전체가 하나의 화력발전소에서 스팀을 공급하는 중앙난방식이다. 오늘 교실 밖은 영하 20도의 강추위. 아이가 감기 들었다며 결석한 여학생들이 너무 많았다. 몽골의 여자들은 17, 18세만 되면 거의 다 결혼을 하기 때문에 대학생들 중에도 아이를 가진 유부녀들이 많다. 누구를 탓할 수도 없고 진도를 나갈 수도 없어서 자유토론시간을 갖기로 했다. 나는 학생들에게 졸업을 하면 제일 하고 싶은 일을 얘기해보라고 했다.

관광객 통역을 하고 싶다, 서울의 무역회사에 들어가 돈을 왕창 벌어보고 싶다는 소망에서부터 산사르TV에 취직하고 싶다, 오노드르 신문의 기자가 되고 싶다, 『통갈릭크 타미르』 같은 국민소설을 쓰고 싶다 등등 별의별 이야기가 다 나왔다. 아우란치에게도 얘기를 해보라고 했다. 아우란치는 담담하고 맑은 목소리로 말했다.

"저는 울란바토르를 떠나고 싶어요. 남편은 반대하지만 고향으로 돌아가고 싶어요. 한국어는 인기 있는 외국어라서 고향의 중고등학교에도 얼마든지 자리가 있어요. 제가 제일 하고 싶은 일은 고향 집에서 말을 타는 거예요. 제 고향 아라항가이는 아늑하고 정겨운 초원입니다. 먼 지평선에는 항가이 산맥이 검은 띠처럼 이어져 들과 하늘을 잇고 있지요. 굽이굽이 초원을 감돌아 흐르는 강가엔 푸른 버드나무들이 줄지어 서 있습니다. 흰 구름 같은 양떼들과 한가로운 말들이 평화롭게 풀을 뜯고 있구요. 그 초원의 강기슭, 늙은 느릅나무 몇 그루가 서 있는 곳에 우리 집이 있습니다. 사방 5, 6km 안에 다른 집은 없어요."

아라항가이의 초원을 그리는 아우란치의 눈동자가 내게 휑한 메아리를 일으켰다. 나도 모르게 그 눈동자에 빠져들었다.

"아침 햇살에 안개가 서서히 걷히고 풀잎에 이슬방울들이 빛날 때면 우리 집 앞, 그러나 누구의 것도 아닌 대초원은 말할 수 없이 아름다워요. 온 가족이 불단(佛壇) 앞에 모여 아침을 먹고 바지, 모자에 가죽장화를 신고 가축들의 방목을 나갑니다. 오빠와 남동생들은 낙타떼와 말떼를 몰고 풀이 무성한 먼 곳으로 갑니다. 여덟 살 박이 여동생까지 말을 타고 양떼를 몰고 아침햇살이 빛나는 황금빛 언덕을 넘어갑니다. 어머니는 집 근처에서 아르갈(가축의 분뇨)을 모으고 젖을 짭니다. 그러다가 해가 저물어 노을이 지고 초원이 연보랏빛으로 곱게 물들면 말들은 발길을 재촉하여 집으로 돌아옵니다. 익살스런 검둥개들도 어머니를 에워싸고 껑충거리며 집으로 돌아옵니다. 석양 속에 만경창파 붉은 풀파도가 넘실거리고 초원은 곧 적막에 싸입니다. 아, 나담(여름 축제)이 있을 때 우리 고향을 보여드리고 싶어요. 짙은 초록의 대초원 위에 보랏빛 말 입술꽃이 지천으로 피어 있는 우리 고향을요."

학생들은 너 나 없이 턱을 괴고 눈만 꿈뻑거리고 있었다. 아우란치의 말에 취해버린 것이다. 그들 역시 여름이면 천막을 싸들고 도시에서 초원으로 나가 살고 싶어 하는 몽골인들이었다. 아우란치의 말이 끝나자 교실은 잡담으로 웅성거렸다. "그래, 아라항가이가 좋지. 사람으로 고비에 사느니 개로 태어나도 아라항가이가 좋다 잖아." "나도 고향으로 돌아가까? 어, 이거 왜 이래. 내 고향 호부트도 아라항가이 못지 않아. 부귀 따위야 말할 게 못 되지이."

나는 멍청히 아우란치만 바라보았다. 초원의 햇살에 그을린 갈색 피부 때문에 그동안 나는 감쪽같이 모르고 있었다. 아우란치의 얼굴은 수련이를 빼다 박은 듯이 닮지 않았는가. 나는 아우란치의 눈을 응시하며 수업을 마쳤다.

95. 12. 24.

본토박이의 여자에 손을 댄 이방인은 죽음을 각오해야 한다. 이건 고대부터 항상 그래 오던 율법이다. 그런데 이상하다. 아예 시작을 말았어야 하는 건데 별로 후회가 되지 않는다. 스스로의 병신스러움에 대한 환멸로부터 이렇게 자유로워 보기도 처음이다. 아우란치의 배 위에서 느낀 오르가즘은 황홀했다. 죽어도 여한이 없다. 몽골의 여자는 그윽하고 힘차고 탄탄했다. 어머니 대지(大地)와도 같은 무엇이 있었다.

이주일 전. 아우란치는 내게 남편이 북부 자르갈란트의 삼림지대로 곰사냥을 떠났다고 했다. 그날 밤 나는 그녀의 아파트로 가지 말자고 4시간 동안이나 스스로를 타일렀다. 나 자신 정말 그녀를 사랑하고 있는지도 의심스러웠다. 이런 감정의 사치에 빠질 형편이 못 된다고 다짐도 했다.

그러나 밤이었고 달빛이 나를 호명했다. 나는 녹은 눈 때문에 지저분해진 길을 가로질러 그녀의 아파트로 갔다. 그녀가 문을 열어

주었다. 우리는 한 마디도 하지 않았다. 다만 그녀의 나긋나긋한 팔이 천천히 나의 목을 감싸 안았고 촉촉한 입술이 나의 이마에 와 닿았다.

그리고 오늘. 아우란치는 일본인 여자친구의 아파트로 도망갔고 나는 입을 꽉 다문 몽골인들에게 붙잡혔다. 피떡이 되도록 얻어맞았고 손가락이 부러졌다. 지금 글씨가 삐뚤삐뚤한 것은 그 때문이다. 왼손으로 쓰고 있으니까. 죽지 않은 것이 천만다행이라고 말하고 싶지만 불행히도 그렇지 못하다. 오늘 나를 두들겨 팬 몽골인들 중에 정작 아우란치의 남편은 없었다.

그는 자르갈란트에서 아직 돌아오지 않았다. 나를 두들겨 팬 것은 그의 '동생들'이다. 아우란치의 남편 이루가이는 밀무역으로 돈을 버는 사나이다. 아우란치의 아파트에서 같이 자다가 우연히 그 '동생들'에게 들켰을 때부터 아우란치는 줄창 떨고 있다. 남편이 오면 죽을 거라면서.

이 순간 멀리서 개가 짖어대는 소리가 들린다. 이 밤중에 누가 이런 외진 아파트로 오는 것일까. 개소리가 견딜 수 없이 머리를 쑤신다. 정말 이런 분위기에 너무 잘 어울리는 배경음악이다. 어쩌면 이것이 내가 쓰는 마지막 글일지도 모르겠다.

96. 1. 19.
내 평생 이런 곳에서 정월을 맞으리라고는 생각지도 못했다. 초원엔 눈이 엄청 내려 가장 가까운 도시까지 오가는 데에 닷새가 걸린다고 한다. 어디선가는 눈 덮인 하천을 건너다가 사람과 땀이 난 말들이 같이 얼어 죽었다고도 한다. 이곳은 아라항가이에 있는 아우란치의 집이다. 우리는 열흘 전 트럭을 얻어 타고 도망치듯 울란바토르를 떠나 일주일 만에 이곳에 도착했다.

인간 세상과는 완벽히 절연된 겨울의 대초원. 아우란치의 겔 앞에 앉아 저 잔혹한 눈보라가 몰아치는 초원을 보노라면 몽골인들을 이해할 수 있을 것 같다. 그 생명에 대한 무조건의 애정, 생명에 대한 무조건의 관대함이 결코 미개한 감상만은 아닐 것이다.

아우란치의 아버지 직지드수렌씨는 이래도 좋을까 싶을 만큼 나를 환대해준다. 설맞이와 함께 새로 사위를 맞았다면서 양초를 넣은 유리병 등불을 있는 대로 내걸었다. 어두운 밤에 화톳불을 피우고 양고기를 끓인 것을 후후 불며 같이 먹다가 나는 문득 불빛에 얼굴을 벌겋게 달구고 있는 아우란치의 오래비들에게서 형제애 같은 것을 느꼈다.

이렇게 되었으니 파견교수로서의 모든 지원금이 끊기겠지만 나에겐 서울 H대학의 지역학연구소로부터 송금 받은 1,500불 가량의 달러가 있었다. 그걸 직지드수렌씨께 드렸다. 한화로 백만 원 남짓한 그 돈에 이 집 사람들은 과분하게 즐거워한다. 그들은 이 돈이면 여기서 2, 3년은 잘 놀고먹을 수 있다고 말했다.

뜻하지 않은 나와 딸의 출현에 이 집의 가축들까지 상기된 듯 귀여운 새끼 양들이 화톳불 가에 모여들고 장난꾸러기 망아지는 주둥이로 내 옷을 끌어당긴다. 이렇게 다정하고 귀여운 것들에 정이 들어버리면 영영 그 곁을 떠나지 못하고 이 초원에서 일생을 마치는 유목민이 된다는 것도 알 수 있을 것 같다.

96. 3. 24.

3월이지만 초원의 눈은 아직 녹지 않았다. 나는 이곳에서 시를 쓴다. 이렇게 좋은 시들을 써 본 것이 얼마만인지. 꼬리에 꼬리를 무는 시상(詩想)이 뇌리를 사로잡아 펜은 불이 붙은 듯 종이 위를 달린다. 어린 양의 모피를 뒤집어 쓴 온 몸이 후끈 달아오른다. 내 자신의 인생이 이토록 명료하고 신선하게 느껴진 적은 없었다. 과거와 결부된 어떤 주제를 건드려도 영감과 착상이 떠오른다. 이 시들은 시집으로 묶을 수 있겠다는 확신이 든다. 지금 너무 행복하다.

시를 쓰다 지치면 소설 비슷한 것을 끄적거리고, 그것도 싫증이 나면 서울에서 가져온 책들을 읽고 또 가끔은 아우란치에게 한국 문학을 가르친다. 후두룩 후두룩 코뚜레질을 하는 말을 타고 아우란치와 겨울 방목을 나가기도 한다.

방목은 해가 따뜻한 10시부터 4시까지 6시간 정도만 할 수 있다. 찬바람을 피할 수 있고 풀의 질이 좋은 곳으로 양들을 데려간다. 몽골사람들이 '흰 털이 나부끼는 바람'이라고 부르는 눈보라가 치면 얼른 산기슭의 안전한 곳으로 양들을 대피시켜야 한다. 1,000

여 마리의 양떼를 몰아가는 그 일을 아우란치 혼자서 능숙하게 한다. '부자 나라에서 온' 무위도식의 사내는 겨우 자기 말 하나를 건사해 움직일 뿐이다.

너무 놀고먹기가 미안해서 가끔은 축사로 들어가 아우란치의 동생이 어릴 때 빨던 우유병에 우유를 담아 망아지를 먹인다. 그러면 직지드수렌씨는 "우리 서 박시 우유를 먹은 망아지는 앞으로 산보다 더 클 거야." 하며 허허 웃는다. 이 집엔 개도 20마리가 넘는다. 나는 고깃덩어리를 큼직큼직하게 잘라 개밥을 만드는 일도 한다. 덕분에 개들이 나만 보면 꼬리를 치며 열심히 따라 다닌다. 승냥이며 늑대로부터 양떼를 보호하느라 얼굴 가득 흉터가 생긴 이 충직한 개들을 어루만지면 아무리 환멸에 찌든 인간도 정을 모른다고 하지 못하리라.

96. 4. 22.

봄바람이 불면서 이 집은 부산해졌다. 양들이 태어나기 시작한 것이다. 거의 온 식구가 매달려 양의 출산을 거들었다. 그제는 검은 머리의 소 한 마리도 새끼를 낳았는데 직지드수렌 영감은 그 놈이 '가오란가이'라고 걱정을 한다. 제 새끼를 알지 못하고 젖을 주지 않는 어미라는 것이다. 갑자기 서울의 자식들이 생각났다. 머리가 터질 듯이 아팠다.

영감은 젖을 짜서 새끼의 머리에 묻히고 어미에게 새끼 냄새를 가르치려고 하는데 어미는 완강하게 버티며 거부한다. 지치고 화가 난 영감은 몽둥이로 그 놈의 머리를 때리고 막사를 나가버렸다. 나는 심장이 쿵쿵 뛰는 소리를 들으며 놈의 머리통만 바라보았다. 고쳐지지 않는 막된 버릇이여, 불행의 원천이여, 막무가내여, 내 죽은 뒤에도 길게 빛날 업보여.

96. 7. 2.
오늘은 아우란치와 같이 소 떼를 몰고 멀리까지 나갔다.

풍경은 아스라이 펼쳐져 있었다. 끝없이 물러서는 지평선, 청청한 하늘. 눈을 빨아들일 듯이 그 하늘의 깊이는 인간의 혼을 사로잡고 있었다. 인간의 뇌를 빨아들이는 아편의 위력처럼 영원한 유랑의 유혹을 혈관의 핏속에 불어넣어 돌돌돌 흐르게 하는 하늘. 그러나 나만은 저 하늘에 가 닿을 수 없다는 안타까움이 전에 없이 강하게 느껴졌다.

하늘은 이 땅에 묶여 있는 나를 온 몸으로 밟으며 멀어져간다. 들꽃이며 풀잎이며 언덕이며 바위가 다 손에 잡힐 듯 했지만 내가 거기에 닿을 수 없다는 것은 분명했다. 내가 바라보면 바위도, 풀잎도, 구름도 그 존재를 잃는다. 낡은 감동의 무수한 반복. 시는 멀어져 가고 내 마음은 이곳에 미만한 터질 듯한 생명을 받아들이지 않는다…… 그러는 사이 날이 저물었다.

집으로 말머리를 돌리려 할 때 아우란치가 나의 손을 잡아끌었다. 우리는 초원 한 복판에 오라가(소를 모는 긴 장대)를 꽂고 옷을 벗었다. 오라가가 있는 곳은 가축을 모는 목동들도 웃으며 멀리 돌아간다. 우리는 그렇게 알몸이 되어 풀 향기에 취하며 사랑을 했다. 아우란치의 다리는 나의 쓸쓸한 등판을 휘감았고 손은 나의 어깨를 할퀴고 입술은 나의 가슴을 핥았다. 나는 빠른 속도로 시를 써 내려갔다. 숨 가쁜 운율을 토하며 종이가 흔들렸다. 나는 생전 처음 온 몸이 으스러지는 듯한 쾌감에 목을 떨었다.

그녀의 젖가슴에 머리를 맡기고 나는 한참 동안 엎드려 있었다. 갑자기 묘한 생각이 들었다. 나의 둘레에 펼쳐진 이 풍경들과 이 냄새들, 이 소리들이 현실이 아니라고 여겨지는 것이었다. 만약 이것이 현실이라면 나 자신이 이 자리에 있는 것이 아니라는 느낌이었다. 나는 얼굴을 부비다가 눈앞에 핀 연보랏빛 민들레 같은 꽃을 보았다.

"여보, 저게 무슨 꽃이지?"

"저것? 모리니호롤(말입술꽃)이에요. 연기보다 더 가벼운 꽃이죠. 바람이 불면 저 보랏빛 꽃씨들이 담배연기처럼 둥글게 말려 올라갔다가 초원으로 흩어지거든요."

나는 어지러움을 느꼈다. 갑자기 대기는 짙은 풀냄새, 아니 혼탁한 수증기로 가득 찬 듯 했다. 노을빛이 아롱지는 초원. 날개를 나란히 하고 잠자리를 찾아 날으는 새들. 물속에 들어온 듯 귀가 먹먹해지는 한 순간의 정적. 나는 세계의 한 발치에 쓰러져 내 살과

뼈의 무거움으로 그 무한(無限)을 느꼈다. 나도 그리로 가야 할 것이었다. 빗방울이 강물에 떨어지듯 나도 그것에 섞여 함께 흐르며 똑같은 리듬으로 굽이쳐 가야 할 것이었다. 연기보다 더 가볍게 흩어지는 저 말입술꽃처럼.

무한보다 더 예리한 송곳이 없나니 우수는 고통스러울 정도로 가슴을 파고들었다. 나의 생은 작고 초라하고 슬프고 허무했다. 이루어질 수 없었던 사랑, 우정과 배반과 회한, 고립, 이 모든 것이 하나가 되어 소용돌이치며 긴 들판, 막막한 지평선, 찰랑이는 노을의 빛무리 속에 허무하게 타올랐다. 망망한 초록의 대초원에 찍힌 한 점의 보랏빛 응축. 공기도 아니고 흙도 아닌 저 이상한 존재는 무엇인가. 나는 살아서 무엇을 꿈꾸었던가. 나는 인생의 저편을 뚫고 들어갈 어떤 찬란한 응축을 꿈꾸었다. 결국은 바람에 불려 하늘로 사라질 꽃을.

아우란치와 나는 옷을 입고 어둑어둑해진 뒤에야 집으로 돌아왔다. 모기를 쫓기 위해 태우는 마른 풀 연기가 있고 넓은 하늘엔 보석을 흩뿌린 듯 별들이 빛나고 있었다.

서상효의 일기는 여기서 끝나고 있었다.

그의 일기를 다 읽고 나자 어느 새 내가 앉은 겔의 장막 사이로 햇살이 스며들고 있었다. 사방은 더할 나위 없이 조용했다. 나는 멀리서 반짝이는 태양의 붉은 빛을 두 그루의 느릅나무 사이로 아련히 바라보았다.

　오전 나절은 서상효의 시체를 가져가기 위한 준비로 다 보냈다. 아이를 보내 북쪽에 사는 직지드수렌씨의 장남 이트겔테를 불러오고 대강이라도 그의 시체를 수습할 낡은 문짝과 종이상자, 천 등을 구했다. 우리 지프에 어떻게 시체를 싣고 가냐고 펄펄 뛰는 감볼트를 무마하는 데도 애를 먹었다. 나는 울란바토르 교외에 화장터가 있다는데 거기서 깨끗이 화장을 하면 된다고 그를 달래었다.

　서상효를 초장한 곳으로 출발했을 때는 해가 중천에서 떠오른 정오였다. 초원엔 모든 것을 태워버릴 듯한 햇살이 탐욕스럽게 번뜩이고 있었다. 감볼트와 나, 직지드수렌씨와 이트겔테 부자를 태운 지프는 폭이 좁고 얕지만 물살이 빠른 강을 건너 일망무제의 들판을 덜컹거리며 달려갔다. 지프 뒤로 바퀴에 짓이겨진 풀잎들이 소롯한 길을 만들어내고 있었다.

　지프는 들꽃이 만발하고 풀빛이 짙은 비취빛 초원으로 들어섰다. 이트겔테는 한참 비탈길을 오르다가 갑자기 움푹 들어가며 내리막길이 시작하는 곳에서 차를 멈추라고 했다. 그곳이 초장터였다. 손가락이 가리키는 곳을 자세히 보자 그윽한 들꽃 향기가 풍기는 풀밭 사이 보일 듯 말 듯 희끗희끗한 것들이 있었다. 들개가 뜯어먹고 남긴 시체의 뼈다귀들이었다. 나는 그 풍경의 장엄함에 말을 잃었다.

솜처럼 부드러운 구름이 흘러가는 창천(蒼天), 두 눈이 쓰릴 정도로 강한 햇빛의 백열(白熱), 방초(芳草)의 육감적인 냄새가 코를 긁는 망망한 벌판, 그 위에 자는 듯이 조용히 누운 죽은 자들의 촉루(髑髏)…… 어디서도 죽음의 입김을 느낄 수 없었다. 죽음은 아마 다른 곳으로 떠나버린 모양이었다. 죽음은 뜨겁게 단 대초원의 신(神) 앞에 사람들을 내려놓고 아무 기척도 없이 조용히 사라져 버린 듯 했다.

우리는 어렵지 않게 서상효를 찾아냈다. 신기하게도 서상효의 시체는 불과 며칠 사이에 말끔히 육탈(肉脫)이 되어 있었다. 초원의 건조한 공기에다 그 동안 날씨가 계속 맑았던 탓일까. 살점은 짐승들이 가져가고 체액은 강렬한 햇살에 휘발해 버려 누르죽죽한 뼈다귀에는 물기도 없어 보였다.

그러나 지프에서 내리는 순간 숨이 컥 막혔다. 언제 어디서 나타났는지 모를 들개들이 나에게 달려들었기 때문이다. 눈두덩이 위에 두 개의 하얀 점이 있어 마치 눈이 네 개처럼 보이는 흉측한 검은 털의 들개들이었다. 나는 지프에 등을 붙인 채 얼어붙어 버렸다. 한 마리가 나의 목을 물어뜯으려 뛰어올랐을 때 이트겔테의 날랜 몽둥이가 그 머리통을 후려쳤다. 이트겔테는 몽둥이를 휘둘러 개들을 쫓아버리고 돌아서서 씨익 웃었다. 사람 고기에 맛을 들인 개들이라고 했다.

직지드수렌씨 부자는 서상효의 유체 옆에 낡은 문짝과 종이상자 천 등을 늘어놓고 향을 피웠다. 그 앞에 간단하게 준비한 음식들을 진설하고 불경을 외우기 시작했다. 이제 주위엔 들개도 독수리도 없었다. 정신을 차린 나도 서울에서 가져온 종이팩의 진로 소주를 은술잔에 따라 올렸다. 독경을 끝나자 우리는 장갑을 끼고 서상효의 유골을 수습하기 시작했다. 낡은 문짝 위에 천을 깔아 유골을 모으고 종이상자를 찢어 덮고 보자기로 묶으려다 나는 잠시 손을 멈추었다.

서상효가 누웠던 그 자리에 해를 향해 동그란 머리통을 쳐든 말입술꽃이 하나 피어 있었다. 몇 걸음 앞으로 걸어가 꽃을 조심스럽게 꺾었다. 어젯밤에 읽은 그의 일기가 생각나서였다. 그 꽃을 유골과 함께 수습하려고 상자로 가져오는데 돌연 방향을 알 수 없는 바람이 일었다. 말입술꽃은 보랏빛 꽃씨로 후루루 흩어지며 초원의 하늘로 불려가 사라졌다.

이인화 본명 유철균. 대구고 24회. 서울대학교 국문과를 졸업하고 같은 대학원에서 창작론으로 박사학위 취득. 소설 작품으로『내가 누구인지 말할 수 있는 자는 누구인가』『영원한 제국』『초원의 향기』『시인의 별』등. 창작발표『신시 21』대본, 설치미술『아슈웰론의 개』, 영화『청연』시나리오 집필. 작가세계문학상, 오늘의 젊은 예술가상, 추리소설독자상, 중한청년학술상, 이상문학상 등 수상. 이화여자대학교 디지털미디어학부 교수 및 국어국문학과 교수, ITRC 게임 애니메이션 센터 참여교수 역임. 현재 경북연구원 원장.

미니픽션
하보이곶의 이방인

남명희

    하보이곶을 떠난 이방인은 서둘러 마을로 향했다. 그녀가 묵고 있는 자작나무집 펜션에 도착했을 때는 자정이 다 된 시각이었다. 짙은 어둠 속에 거실만 훤했다. 그는 한동안 마당에서 서성이다 창가로 다가갔다. 1년 만에 보는 그녀의 얼굴이 무척 수척해 보였다. 한국에서 바이칼까지 오려면 쉽지 않을 텐데 벌써 4년째다. 그녀를 바라보는 이방인의 눈가에 이슬이 맺혔다.
    뿌옇게 증기가 서린 유리창 안에서 그녀는 한 남자와 식탁에 마주 앉아 있었다. 식탁 위에는 보드카 병과 다이빙하는 여자 라벨이 붙은 '바이칼 스카야' 생수통이 보였다. 전설의 바이칼 처녀 앙가라를 상징하는 상표다. 두 개의 크리스털 잔에 술을 채운 그녀는 맞은편 남자에게 잔 하나를 건넸다. 남자는 푸른색 옷에 푸른색 고깔을 쓰고 있었다. 이방인은 알혼섬 후지르마을의 전통 샤먼(shaman) 복장의 브리야트인을 떠올렸다. 후지르에서는 푸른 옷에 푸른 고깔을 쓰고 당나귀처럼 작은 말을 타고 다니는 샤먼을 종종 볼 수 있었다. 푸른 고깔은 그녀가 준 술잔을 식탁에 내려놓은 채 손으로 흑빵을 떼어먹었다. 그녀가 남자에게 술을 권했다.
  "자, 마셔요."
    반쯤 열린 유리문 사이로 그녀의 쉰 듯한 목소리가 흘러나왔다.

"스빠씨버, 이즈비니쩨."

하지만 말없이 흑빵을 떼어먹던 푸른 고깔은 아주 미안하다는 표정을 지으며 손사래를 쳤다.

"괜찮아요. 사양할 거 없어요. 당신 술 마실 줄 아는 거 다 알아요."

그녀의 말에 푸른 고깔은 잠시 머뭇거리다가 단숨에 잔을 비웠다. 그녀도 푸른 고깔이 하듯이 단숨에 마셨다. 잔을 비운 그들은 서로에게 한마디도 하지 않았다. 한참 후, 어색한 적막함을 깨뜨리려는 듯 그녀가 입을 열었다.

"남편은 여행을 좋아했어요."

그녀의 거나한 목소리는 거실 밖에서도 크게 들렸다. 창밖의 이방인은 입안에 가득 고인 침을 소리 나지 않게 두어 번 나누어 삼키며 유리창 안을 주시했다.

"그이는 친구 셋과 바이칼에 갔어요. 4년 전 여름이었죠."

단숨에 잔을 비운 그녀가 길게 한숨을 내쉬며 말했다. 창밖의 이방인은 그녀가 뿜어내는 보드카의 독한 알코올 냄새가 맡아지는 듯 고개를 옆으로 돌렸다. 푸른 고깔은 그녀의 얘기를 그냥 듣기만 했다.

"남편과 친구들은 호수 안의 알혼섬 북단의 하보이곶으로 갔어요. 당신들은 알혼섬을 영혼의 집으로 부른다죠? 아무튼 어릴 적 소아마비 후유증으로 한쪽 다리가 불편한 남편은 하보이 절벽 정상에서 발을 헛디뎌 그만 호수로 떨어졌어요. 물론 그 사실도 나중에 그이 친구들이 알려줘서 알았어요."

그 순간, 그녀의 얘기를 듣고 있던 이방인이 흠칫 놀라며 창가에서 한 발 뒤로 물러났다. 그때 그녀가 가쁜 숨을 몰아쉬며 일어섰다. 잠시 후, 그녀는 주방에서 보드카 한 병을 더 갖고 왔다.

"연어포, 라르도, 러시아산 햄, 깔바싸……, 안주는 뭐든지 있으니까 실컷 마셔요. 원한다면 샤슬릭도 당장 구워낼 수 있어요."

그녀는 안주거리를 식탁에 내려놓으며 말했다.

"남편 소식을 듣고 곧장 하보이곶으로 달려갔어요. 그러나 현장에 도착했을 땐 이미 구조대원들은 그이의 시신을 찾는 걸 포기한 상태였어요. 바이칼에는 에피슈라라는 아주 작은 새우가 사는데 호수에 들어오는 어떤 불순물도 다 먹어 치운대요. 동물시체의 해골이나 뼈까지도 3일이면 흔적도 없이 사라진대요."

잠시 말을 멈춘 그녀의 눈에 언뜻 물기가 비쳤다. 창밖의 이방인은 마치 그녀가 자신을 바라보는 것 같아 얼른 머리를 창틀 밑으로 숙였다. 다시 그녀의 목소리가 들렸다.

"붉은 대장종양 같은 이끼가 다닥다닥 달라붙은 바위 절벽이었어요. 하늘까지 닿을 듯 치솟은 높다란 하보이곶의 절벽을 올려다본 순간, 그이가 부르는 환청이 들렸어요. 정말, 바로 옆에서 부르는 것 같았어요. 소리를 따라 호수 속으로 뛰어들려고 했지만 그렇게 하지 못했어요. 오늘도 그 절벽에 갔다가 마침 근처 부르한 바위에서 샤먼 의식을 치르던 당신을 본 거예요. 매년 그이가 죽은 날이면 그 절벽에서 뛰어내리려고 찾으러 가지만 막상 절벽 위에 서면 엄두가 나지 않아요. 오늘도 뛰어내리지 못했어요. 나는 그런 여자예요. 왜 그런지 나도 모르겠어요."

빈 술잔을 든 채 서 있던 그녀는, 절망적인 목소리로 왜, 왜, 라며 절규하다 알 수 없는 소리를 마구 질렀다.

"알아요? 난 지금 살아있는 게 아니라고요! 그이는 내 영혼까지 다 가져갔어요. 에피슈라가 바이칼을 깨끗이 청소해버리듯 말예요."

그녀는 바닥에 풀썩 주저앉았다.

"그이가 그리워요. 영혼이라도 한번 만나보고 싶어요. 자, 이쯤에서 당신의 능력을 보여주세요. 지금 내 앞으로 그이의 영혼을 데려온다면 돈은 원하는 대로 다 드리겠어요."

그제야 꼿꼿이 앉아 있던 푸른 고깔은 가방에서 푸른색의 긴 비단 천과 북을 꺼냈다. 그러고 나서 목과 허리에 푸른 비단을 칭칭 동여맨 다음, 북을 치며 큰 소리로 주문을 외기 시작했다. 그 소리는 마치 달빛 없는 캄캄한 밤에 하늘을 향해 울부짖는 야생의 들개나 여우가 울부짖는 소리 같았다. 한참 후, 거실을 빙빙 돌며 주문을 외던 푸른 고깔이 힐끗 창가 쪽을 쳐다보았다. 깜짝 놀란 창밖의 이방인은 재빠르게 몸을 낮추었다.

벽에 기대어 고자누룩이 앉아 있는 그녀의 눈길은 초점을 잃은 채 먼 곳을 향해 있었다. 그녀는 침묵했고, 북소리와 푸른 고깔의 주문 외는 소리만 요란하게 하늘로 날아올랐다. 멀리서 자정을 알리는 종소리가 들려왔다. 그때, 희붐한 빛의 안개가 자욱이 밀려왔다. 창밖에서 줄곧 그녀를 지켜보고 있던 이방인을 끌어안은 안개는 푸른 고깔이 두드리는 북소리에 맞춰 남실남실 창틈을 넘어 들어갔다. 잠시 방안을 맴돌던 한 덩이 안개가 스멀스멀 그녀의 몸을 감쌌다. 안개에 휘감긴 그녀는, 몇 번 몸을 뒤척이고는 깊은 잠 속으로 빠져들었다. 주문을 외는 푸른 고깔은 더욱 힘차게 북을 두드렸다.

남명희 대구고 6회. 2014년 『문학나무』에 「이콘을 찾아서」로 등단. 소설집 『자밀』, 미니픽션 집 『당신은 GPS로 추적을 받고 있습니다』. 경북일보 문학대전 수상(2014, 2015). 연세대학교 상학과, 서울대 대학원 경영학과(MBA), 미국 펜실베니아대학교 워튼스쿨(AMP). 금융기관 등 기업체에서 오랫동안 일함. 현재 성북문화원 마을아카이브 주민기록단 활동 중.

꽁트
작은 연두빛 새

이창동

    얼마 전 나는 한 외국 영화잡지의 편집자로부터 젊은 독자들을 위해 나 자신의 이야기, 특히 젊은 시절의 이야기를 써달라는 부탁을 받았다. 이 글은 전적으로 내 개인적인 경험을 바탕으로 한 것이지만, 독자들이 내가 누군지 알 수 없도록 픽션 형식으로 살짝 숨겨 놓았다. J. D. 샐린저 식으로 말하자면, 이야기 속에 내가 등장하지만 여러분은 내가 누구인지 절대로 알아차릴 수 없을 것이다.

*

    그는 익숙한 고독감으로 몸을 감싼 채 어둠 속을 걸었다. 밤늦은 시간이라 길거리에 사람들은 보이지 않았고, 굉음과 함께 차들이 희미한 가로등 불빛을 가르며 달리고 있었다. 날씨는 매우 추웠다. 그날 저녁 라디오에서는 몇십 년 만의 기록적인 추위가 한반도에 몰아닥쳤다는 뉴스를 전했다. 그 뉴스를 들으며 그는 자살하기 좋은 날이라고 생각했었.
    그날 밤 그는 자살할 작정이었다. 그는 열아홉 살이었다. 때 이르게 삶의 잔혹함과 부당함에 지쳐 있었으나 그것으로 자살의 이유를 삼기엔 너무 젊은 나이였다. 저녁 내내 그는 약국이 눈에 띌 때마다 들어가서 수면제를 사 모았는데, 어느 약국에서나 치사량의 약은 팔지 않았기 때문에 여러 군데를 돌며 조금씩 사야 했다. 걸으면서 발을 내디딜 때마다 그는 바지 주머니에 찌른 손끝으로, 마치 노름꾼이 판돈을 확인하듯 불룩한 약봉지를 만지고 있었다.

자살하기 직전인데도 막상 닥쳐보니 견디기 힘들 정도의 비참함과 고통은 없었다. 오히려 지금 그의 가슴을 채우고 있는 것은 자기연민의 쓸쓸함 같은 것이었다. 어쩌면 그의 마음 밑바닥에 실제로는 죽으려는 의지가 전혀 없었던 것인지도 모른다. 아니면 그가 안고 있는 절망이 진정으로 죽음을 실감하기엔 너무 미약한 것이었던지. 하지만 사람은 반드시 절망에 의해서만 죽음을 선택하게 되는 것은 아니다. 절망이란 자살을 결심하는 한 동기가 되긴 하지만, 실제로 자살을 결행하게 되는 것은 또 다른 욕망 때문일 것이다. 이를테면 자신의 죽음을 통해서 사람들에게 충격과 고통을 주겠다든가, 죽음을 통해서 누군가에게 복수를 하겠다든가, 이래도 나를 알아주지 않겠느냐는 식의 처절한 하소연 같은 것들—그것들은 결국 살고 싶다는 욕망에 다름 아닐 것이다.

그는 여관을 찾고 있었다. 이왕이면 따뜻한 온돌방에서 마음을 정리하고 유서를 쓴 다음 생을 마감하고 싶었다. 그런데 길가의 여관들 간판은 다 불이 꺼진 채 문이 닫혀 있었다. 그는 점차 마음이 급해지고 있었다. 자정까지 시간이 얼마 남지 않았기 때문이었다. 자정에서 새벽 네 시까지는 군사정권이 정해놓은 통행금지 시간이었다.

어둠 속에서 저만치 파출소 건물이 보였다. 인적이 끊긴 어둡고 삭막한 거리에서 그 파출소에만 환히 불이 켜져 있었고, 이제 막

경찰관 한 명이 차량 통행을 막기 위해 도로 가운데에 바리케이드를 끌어다 놓고 있었다. 갑자기 요란한 소리가 차가운 밤하늘을 가득 채우기 시작했다. 통행금지 사이렌이었다. 그 소리에 그는 얼어붙은 듯 그 자리에 멈춰 섰다. 자칫하면 죽음을 실행에 옮기기도 전에 통금 위반으로 잡힐 판이었다.

그때 그의 머릿속에 어떤 유혹의 목소리가 들려왔다. 내가 과연 오늘 밤 주머니 속에 든 약을 먹고 죽을 수 있을지 주사위를 던져보는 게 어떨까. 만약 지금 통금 위반으로 잡히게 된다면, 그것은 운명이 내 죽음을 말리는 것이 아닐까.

사이렌 소리가 계속되는 동안 그는 파출소 앞까지 걸어갔다. 마지막 운명의 주사위를 던져보기 위해서였다. 아마도 그는 최후의 순간까지 죽음을 피할 구실을 찾고 있었는지도 모른다. 파출소 앞에 도착했을 때, 끝나지 않을 것처럼 계속되던, 다급하고 절박한 비명 같은 소리가 갑자기 툭 그치더니 언제 그랬냐는 듯 꼬리를 끌며 사라졌다. 그는 파출소 앞에서 경찰관들이 자신을 볼 수 있도록 왔다갔다 어슬렁대기 시작했다. 그러나 그들은 그에게 조금도 신경을 쓰지 않았다. 일부러 창문 너머로 파출소 안을 기웃거리기까지 했지만, 아무도 거들떠보지 않는 것이었다. 그의 행동이 너무 거리낌 없었기 때문에 가까운 이웃 주민이라고 생각한 모양이었다. 파출소 안 정면 벽에 걸린 액자 속 낯익은 독재자의 얼굴만이 음울한 표정으로 그를 주시하고 있을 뿐이었다.

그때 파출소 안의 라디오에서 트럼펫 음악이 들려왔다. 그 역시 평소에 곧잘 듣곤 하던 '밤을 잊은 그대에게'라는 지역방송 프로그램의 시그널 뮤직이었다. 그것은 방금까지 세상을 가득 채웠던 사이렌 소리와는 너무나 다른 소리였다. 사이렌이 지옥의 소리였다면, 그 음악은 천상에서 들려오는 것 같았다. 나중에 그는 그 음악이 Jean-Claude Borelly의 Dolannes Melodie라는 것을 알았는데, 오랜 시간이 지난 지금까지도 그는 그때 들었던 그 트럼펫 선율보다 더 아름다운 음악을 듣지 못했다.

"어이, 뭐 해? 빨리 집에 들어가!"

경찰관 한 명이 파출소 밖으로 나와 버릇 나쁜 동생한테 하듯 소리쳤다. 그는 그 자리를 떠날 수밖에 없었다. 운명의 주사위는 소용이 없어졌고, 별수 없이 다시 여관을 찾아 나서야만 했다. 파출소 옆 골목을 한참 올라가서 마침내 그는 언덕바지 위 좁은 골목 끝에 불이 켜져 있는 여인숙 간판을 발견할 수 있었다. 그러나 아주 작고 허름한 그 여인숙에 들어갔을 때, 때 낀 작은 카운터 창문 너머로 얼굴을 내민 여관 주인은 방이 다 나가버렸다고 말했다.

"그래도 어떻게 잠잘 만한 데가 없을까요?"

여관 주인은 추위에 얼어붙은 그의 얼굴을 딱하다는 듯 쳐다보았다. 주인 남자의 뒤쪽에서 새 소리가 들려왔다. 카운터 너머로 보이는 좁은 방 가득히 크고 작은 새장들이 있었다.

"그럼 이 방에서라도 잘 거요?"

주인이 부업으로 새를 키우는 그 작고 누추한 방이 오늘 밤 그가 지상에서 몸을 눕힐 수 있는 유일한 장소였다. 주인이 비워준 방에 들어가 앉아서 그는 방안을 둘러보았다. 방안에는 수많은 새장들이 들어차 있어서 겨우 한 사람이 누울 정도의 공간밖에 없었고, 그나마 새들의 모이인 좁쌀들이 리놀륨 장판 위에 지저분하게 흩어져 버석거리고 있었다. 형광등 불빛 때문인지 새들은 잠들지 않고 있었다. 새들은 자기들끼리 속삭이기도 하고 고개를 갸웃거리 기도 하면서 낯선 투숙객을 호기심 어린 표정으로 내려다보고 있었다. 지친 몸을 벽에 기댄 채 그 이름 모를 수많은 새들을 망연히 올려다보며 그는 이곳이 자신의 짧은 생애를 마감하는 운명의 장소가 될 것임을 슬프게 받아들이고 있었다. 그 순간 그는 알 수 없게도 어떤 위안을 받고 있는 듯한 느낌이 들었다. 새들의 그 무심한 눈길과 관심에도 위안을 느끼다니. 죽어야겠다고 작심하고 호주머니 가득 치사량의 약을 넣고 여인숙의 낯선 방에 들어선 그 순간까지도 정작 그가 원하고 있었던 것은 누군가의 애정과 관심이었던 모양이다.

이윽고 그는 점퍼 안주머니에서 종이 뭉치를 꺼내놓았다. 수면제를 사기 위해 약국을 돌아다닐 때 문방구에 들러 산 종이였다. 그는 마치 제단에 제물을 차리듯 그 희고 깨끗한 종이들을 간추려서 머리맡에 놓고 그 옆에 볼펜 한 자루와 약봉지를 가지런히 놓았다.

오늘 밤 이것이 내가 쓰는 마지막 글이 될 것이다.

그는 자기연민의 쓰라린 마음으로, 그리고 죽음을 앞둔 인간답게 비장한 마음으로 그렇게 되뇌었다. 그것은 죽기 전에 쓰는 것이니 이른바 유서라는 것이 틀림없었지만, 그러나 그에게는 단순히 유서 이상의 의미가 있는 글이 될 것이었다.

그는 언제부터인가 작가가 되길 꿈꾸었었다. 그러나 이제 그 기회는 영원히 사라지게 될 것이었다. 그러므로 오늘 밤 그가 쓰는 글은 지금까지 그가 살아온 모든 이야기를 담아야 할 것이고, 앞으로 그가 써야 할 모든 글들을 대신할 만한 그런 글이 되어야 할 것이다. 말하자면 일생일대의, 오직 단 한 편밖에 없는 필생의 작품을 써야 했다.

내가 아는 모든 사람들이 이 글을 읽고 눈물을 흘리게 되리라. 그리고 가슴을 치며 안타까워하리라. 그들은 비로소 그들이 잃어버린 것이 얼마나 귀중하고 가치 있는 존재였던가를 깨닫고 회한에 몸을 떨게 되리라.

그런데 참으로 이상한 일이었다. 막상 글을 쓰려고 하니까 그의 머릿속에 아무것도 생각나는 것이 없었다. 어디서부터 무슨 이야기를 써야 할지 참으로 막막했다. 자신의 전 생애를 건 필생의 글을 써야 하는데, 유감스럽게도 그의 머릿속은 깨끗하게 비워진 백지처럼 단 한 줄의 글도 떠오르지 않았던 것이다. 곁에서는 잠들지 못한 새들이 찍찍거리는 소리가 계속 들려오고 있었다.

그에게 아주 기묘한 생각이 떠오른 것은 바로 그때였다. 자신이 먹을 약들을 새들에게 먼저 먹여 봐야겠다는 생각이 든 것이다. 그 순간까지도 죽음이란 것이 너무나 추상적이어서 실감이 나지 않았기 때문이었을까. 그래서 우선 자신의 눈앞에서 죽음이란 것의 실체를 확인하고 싶었던 것일까.

그는 약봉지에서 약을 꺼내 컵 밑바닥으로 갈아서 부수기 시작했다. 꽤 시간을 들여 미세한 가루로 만든 뒤, 모이에 물을 타서 가장 가까이 있는 새장 안에 넣어 주었다. 카나리안지 십자매인지 연두빛의 작은 새 두 마리가 있는 새장이었다. 새들은 배가 고팠던지 달려들어 정신없이 쪼아 먹기 시작했다. 그는 그 새들 중에 어떤 놈에게서든 반응이 생기기를 오랫동안 기다리고 있었다. 그러나 반응은 쉽게 나타나지 않았다. 그들은 여전히 자기들끼리 속삭이며 그를 내려다보고 있을 뿐이었다. 그는 끈질기게 기다렸다.

　한 삼십 분쯤 지났을 때였을까. 놀랍게도 그중 한 마리가 머리를 처박고 가냘픈 소리로 쨱쨱거리기 시작했다. 그리고 날개를 안타깝게 버둥거리더니 거짓말처럼 다시는 움직이지 않았다. 새가 죽은 것을 확인하는 순간, 그는 소름이 등허리를 타고 흐르는 것을 느껴야 했다. 먹이에 약을 타서 먹이긴 했지만, 조금 전까지만 해도 정답게 부리짓을 하며 지저귀던 새가 실제로 눈앞에서 뻣뻣하게 죽어버린 사실을 도저히 믿을 수가 없었다. 그는 꼼짝 않고 오랫동안 그 새의 시체를 바라보고만 있었다. 그때 그를 사로잡은 것은 지금까지 한 번도 경험한 적이 없는 공포감이었다.

　카나리안지 십자매인지 알 수 없는 그 작은 연두빛 새는 바로 그를 대신해서 죽은 것이었다. 그 순간 그는 바로 자신의 시체를 바라보고 있었던 것이다.

　그가 그 여인숙을 몰래 빠져나온 것은 통금해제 사이렌이 들려올 때였다. 거센 바람에 여인숙의 낡은 간판이 소리 내어 덜컹거리고 있었다. "바람이 분다. 살아야겠다."라고 노래한 시인이 누구였던가. 차가운 바람에 몸을 떨며 얼어붙은 좁은 골목길을 내려오다가 그는 머리 위에서 빛나는 별 하나를 보았다. 캄캄한 하늘 가운데에서 오직 그 별 하나만이 외롭게 반짝이고 있었다. 그때 그의 마음속에서 들려온 목소리는 이런 것이었다.

　이제 살아야겠다. 이름 모를 작은 연두빛 새의 눈빛을 지닌 저 별이 빛나고 있는 한.

　시간이 지난 뒤 그는 작가가 되었고, 영화감독이 되었다. 그러나 그는 지금도 글을 쓰기 전 백지 앞에서 공포를 느낀다. 그날 밤 마

이창동

지막 글을 쓰기 전에 느꼈던 공포처럼. 백지 앞에서 그는 묻는다. 이게 네가 쓰는 마지막 글이라면 너는 무슨 이야기를 할 것인가?

이창동 대구고 13회. 1954년 대구 출생. 경북대 국어교육학과 졸업. 1983년 동아일보 신춘문예 중편소설 「전리(戰利)」 당선으로 등단. 한국일보 창작문학상 수상. 소설집으로 『소지(燒紙)』 『녹천에는 똥이 많다』 등. 1993년 「그 섬에 가고 싶다」의 시나리오 및 조감독으로 영화계 데뷔. 「초록 물고기」 「박하사탕」 「오아시스」 「시」 등 감독. 베네치아영화제 감독상, 제50회 칸영화제 각본상 수상. 제25회 프리부르 국제영화제 대상 수상. 문화관광부 장관 역임. 한국예술종합학교 영상원 영화과 교수 역임.

환상동화

영

여정

1-1.

거울 앞에서 샤워를 한다. 거울 속의 내가 희미하게 사라지면 비누를 가득 묻힌 손으로 거울을 닦는다. 거울에 묻은 비누를 샤워기로 씻어내면 거울 속의 내가 다시 선명해진다. 희미해지기와 선명해지기를 반복하면서 샤워를 계속 한다. 몸도 마음도 모두 깨끗해질 때까지.

욕실 문을 열자 냉기가 밀려든다. 보일러가 깔려 있지 않은 오래된 단독주택의 거실이라 샤워를 하고 나서기가 무서울 정도다. 안방에서 어머니의 코골이 소리가 들려오고 나는 동동걸음으로 어두운 거실을 지나 주방으로 간다. 주방에서 2층 내 방으로 이어진 계단을 오른다.

서랍장을 열어 속옷을 갈아입고 양말을 신는다. 옷장을 열어 언제나 한쪽 끝에 걸어놓은 봄옷들을 챙겨 입는다. 청바지를 입고 면T를 입고 바람막이 점퍼를 입는다.

1-2.
거울 앞에서 스킨과 로션을 바른다. 40대 중후반의 내 얼굴은 아무리 봐도 볼 때마다 낯설다. 나는 침대 밑에 놓아둔 캔버스 운동화를 신고 침대에 눕는다. 두 눈을 감고 호흡을 가다듬는다. 나는 여느 때와 같이 잠자기 전에 마인드 컨트롤을 하고 있다.

하지만 늦게 마신 커피 탓인지 어머니가 마음에 걸려서인지 호흡이 자꾸 흐트러진다. 몇 번을 시도해 봐도 매한가지다. 오늘 일들이 스치듯 떠올라 그때마다 호흡이 불안정해지면서 몰입상태로 빠져들지 못한다. 마침 잊어버린 물건도 생각나서 잠들기 틀려버린 몸을 일으켜 행거로 간다.

나는 오늘 입고 나간 오리털 파카 주머니에서 키링 인형 하나를 꺼내 지금 입고 있는 바람막이 점퍼 주머니로 옮겨 넣는다. 다시 침대로 돌아와 마인드 컨트롤을 해본다. 몇 번을 더 시도해보다가 결국 반듯하게 누운 몸을 뒤척여 모로 눕고 만다.

1-3.
여전히 잠은 오지 않고 모로 누워 거울을 본다. 거울 속에 걸려 있는 시계는 거꾸로 돌아간다.

어머니는 결혼에 대한 미련을 버리지 못하셨는지 식사 때마다 결혼을 강요한다. 오늘은 명함까지 한 장 내밀면서 전화를 해보라고 하셔서 나도 모르게 그만 언성을 높이고 말았다. 어머니께 이러면 안 되는데 하면서도 식사 때마다 반복되는 결혼 결혼에 소화도 안 되고 신물이 나서 나도 모르게 그만.

"어머니, 제발 좀 그만하세요. 전 결혼 같은 건 하기도 싫고 할 수도 없어요."

자신을 속이듯 어머니를 속이듯 그렇게 언성을 높였고 답답한 마음과 차오르는 화를 어쩌지 못해 먹던 밥숟가락을 놓고 집을 나왔다.

1-4.
동네를 몇 바퀴나 돌았다. 날은 너무 추웠고 갈 곳도 불러낼 친구도 마땅찮았다. 그나마 다행인 것은 놓고 나왔으리라 생각한 지갑이 주머니에 들어 있었다. 나는 이대로 집에 들어가기가 싫어 혼자 작업을 할 때나 찾곤 했던 카페로 발길을 돌렸다.

그렇게 찾아간 카페에서 우연찮게 한 선배를 만났다. 30대 후반에 알게 된 그 선배는 언제나 소년이기를 꿈꾸는 소설가이다. 안 그래도 곧 장편이 나온다면서 조만간에 우리 한번 뭉치자고 했다. 요즘은 애니메이션과 인형 뽑기에 빠져 지낸다면서 가방에서 키링 인형을 하나 꺼내 주었다.

"인형 싫어하는 여자 잘 없으니까 이 거 제수씨 갖다 드려."

선배가 준 인형은 원피스 만화에 나오는 쵸파였다. 쵸파는 악마의 열매 중 하나인 사람사람나무의 열매를 먹고 특정 부분이 사람이 된 순록이다. 명의를 꿈꾸는 쵸파는 해적선을 타고 자신들의 꿈을 좇는 동료들과 함께 신세계를 떠돌며 모험을 한다. 바다로, 육지로, 섬으로, 심지어 하늘까지.

1-5.
선배가 준 키링 인형이 결혼반지라도 되는 양 나는 키링을 약지에 끼고 집으로 돌아왔다. 20대 중반부터 이어진 투병 탓에 내가 만나는 지인들의 대부분은 30대 후반부터 알게 된 사람들이다. 오늘 만난 선배가 그렇듯 그들 대부분은 내가 결혼을 한 걸로 알고 있다. 그것도 아주 일찍.

그들이 알고 있는 이 사실은 특정 부분 거짓이 아니다. 나에게는 아주 어릴 때부터 결혼을 약속하고 만나온 여자가 있다. 그녀는 모를 수도 있겠지만 우리 나이 스물다섯이 되던 날 우리는 결혼을 했다. 그녀는 여전히 잠들어 있겠지만.

그녀의 이름은 영이다.

거울 속의 나는 여전히 잠을 이루지 못하고 모로 누워 있다. 나는 바람막이 점퍼 주머니에 손을 넣고 영에게 전해줄 키링 인형을 만지고 있다. 키링을 약지에 끼우고 영을 생각하는 나는 거꾸로 돌아가는 시계의 초침을 따라 점점 소년이 되고 있다.

1-0.
숲을 헤매고 있는 한 소년이 있다. 소년은 눈물을 글썽이며 에덴동산에나 있을 법한 이상한 열매를 찾고 있다. 엄마가 죽을 지도 모른다는 생각에 눈물이 자꾸만 앞을 가린다. 이모가 아빠에게 그랬다. 수술한 실밥이 터져 창자가 튀어나왔다고, 빨리 병원에 가보라고, 전화기에 대고 울면서 죽을 지도 모른다고.

이상한 열매는 고사하고 아무런 열매도 발견하지 못한 소년은 시간이 지날수록 점점 어두워져 간다. 소년은 지친 걸음을 옮기면서 아프지도 않고 슬프지도 않고 죽지도 않는 에덴과 같은 그런 세상을 그려본다. 그러다가 또 아픈 엄마 생각에 정신없이 나무들을 둘러보고 정신없이 걸음을 재촉한다.

어쩌면 소년은 이 숲에서 길을 잃어 자신이 꿈꾸는 세상으로 가고 싶었는지도 모른다. 열매라곤 하나 찾아볼 수 없는 숲을 빠져나온 소년이 또 다른 숲을 찾기 위해 지친 걸음을 옮기고 있다. 멀리 한 소녀가 등을 보이고 쪼그리고 앉아 무언가를 하고 있다. 소년은 자신의 꿈이 누군가의 현실이 되기를 바라면서 소녀를 향해 간다.

0-1.
내 꿈속에서 소녀인 나는 진흙놀이를 하고 있어. 한 소년을 만들고 있어. 조금은 나와 닮은 소년. 소년이 차츰차츰 완성되어갈 때 등 뒤에서 이상한 기운이 느껴져. 나는 망설이며 뒤를 돌아봤어. 순간, 나는 놀라고 말았어. 진흙으로 만들고 있는 소년과 너무나 똑같이 생긴 한 소년이 나를 향해 걸어오고 있는 거야.

 소년은 내가 알아들을 수 없는 이상한 말들을 하고 있어. 엄마가 아프다는, 구급차에 실려 병원에 갔다는, 죽을 지도 모른다는. 나는 마음속으로 아픈 게 뭐야, 구급차는 병원은 뭐야, 죽는 거는 뭐야, 하면서 소년에게 그것들을 물어보고 싶었지만 그러지 않았어. 진흙 소년과 똑같이 생긴 소년이 마냥 신기했고 물기가 고여 있는 소년의 눈이 그냥 좋아서 나도 모르게 소년의 손을 꼭 잡았어. 그러자 소년의 몸에 생기가 도는 것 같았어.

 소년도 내 손을 꼭 잡으며 내가 만든 진흙 소년을 바라봤어. 어떻게 내가 입고 있는 옷까지 똑같지 하면서 신기해했어. 한참을 그렇게 보다가 소년은 무언가가 떠오른 듯 내게 열매들이 많이 있는 숲을 물었어. 나는 왼손 검지를 들어 서쪽을 가리켰어. 소년은 열매를 찾고 싶다며 함께 숲으로 가자고 했어. 조금은 미완인 진흙 소년을 그대로 두고 나는 소년의 손을 꼭 잡고 서쪽 숲을 향했어.

 0-2.
 가는 길 내내 우리는 즐거웠어. 엄마아빠 놀이도 했어. 소년은 나중에 어른이 되면 나랑 결혼하고 싶다는 이상한 말을 했어. 이런 저런 얘기를 통해 알게 됐지만 소년은 정말 이상한 세상에 살고 있었던 거야. 그래서 나는 이곳에서는 나이에 상관없이 서로가 서로의 손을 꼭 잡는 게 약혼이고 스물다섯이 되면 자연스럽게 결혼을 하는 거라고 했어. 소년은 자기의 볼을 몇 번 꼬집어보더니 진짜구나 하면서 웃었어.

0-3.
숲으로 들어서자 소년의 눈이 토끼 눈 마냥 똥그래졌어. 나는 소년의 눈이 재미있어서 그냥 웃었어. 소년은 나무가 이렇게 많아, 이렇게 커, 열매들도 가득해, 별의별 열매들이 다 있네, 하면서 똥그래진 눈을 더 크게 떴어. 나는 소년의 눈이 다시 원래의 크기와 모양으로 돌아올 때까지 아무 말도 없이 숲을 거닐었어. 소년의 눈이 다시 원래대로 돌아왔을 때 나는 물었어.

"어떤 열매를 찾고 싶은 거야?"

순간, 소년의 낯빛이 어두워지는 것 같았어. 소년은 자기가 찾고 있는 나무의 모양이나 그 열매의 생김새도 모른다고 했어. 엄마가 너무 아파서, 죽을지도 몰라서, 엄마를 살리고 싶어서, 에덴동산에 있는 생명나무의 열매와 같은 그런 열매를 찾고 싶어서라고 말끝을 흐렸어. 아프다는 게 뭐야, 죽는다는 게 뭐야, 하면서 내가 소년에게 묻자 소년은 이상한 눈으로 나를 쳐다봤어.

"정말, 그걸 모르니?"

소년은 내 손을 놓고 양손을 번갈아가며 자기 볼을 꼬집었어. 소년의 알 수 없는 행동을 보면서 나는 소년이 어떤 말이라도 해주기를 기다렸어. 한참을 기다려도 소년은 아무 말이 없었어.

0-4.
　나는 소년이 했던 말들과 생명나무에 대해 알고 싶어서 숲과 나무는 물론이고 다른 세상에 대해서도 많이 알고 있는 친구 쵸파를 불러봤어. 쵸파는 우리와 가까운 곳에 있었는지 이내 달려왔어. 쵸파가 달려오는 것을 보고 놀랐는지 소년은 놓았던 내 손을 잡고 다급하게 나를 끌었어. 나는 괜찮다며 두 팔을 벌려 쵸파를 맞았어. 소년은 내 뒤로 물러섰고 나는 쵸파와 생명나무에 대해, 소년이 했던 내가 알 수 없었던 말들에 대해 물어봤어.

　쵸파에게는 일이 년에 한 번 정도 썰매를 끌고 다른 세상으로 여행을 하는 친구들이 많아. 쵸파는 그들에게 들었던 아픔과 죽음에 대한 얘기들을 내게 들려줬어. 알기 쉽게 설명해줬어.

　또 생명나무에 대해서는 우리가 살고 있는 이 세상에는 없다고 했어. 하지만 그것과 비슷한 열매를 내는 나무가 이 숲 중앙에 있긴 한데 하면서 말끝을 흐렸어. 나는 그게 무슨 나무냐고 하면서 쵸파를 다그쳤어. 한참을 뜸을 들이다가 쵸파는 수명나무야 하면서 내 뒤에 서 있는 소년을 살폈어. 아마 저 소년이 찾고 있는 나무 열매가 그것 같다면서, 하지만 그 열매의 기운을 이 세상 밖으로 내보내선 절대 안 된다고 했어. 그 열매의 기운을 내보낸 사람은 큰 벌을 받게 될 지도 모른다면서.

내가 쵸파와 얘기를 나누는 내내 소년의 낯빛은 어두웠어.

0-5.
"너는 사슴과 말도 할 수 있는 거야?"

나는 소년이 살고 있는 세상이 많이 다를 거 같다는 생각에 말 대신 소년의 손을 다시 잡았어. 나는 밝은 표정으로 쵸파는 사슴이 아니고 순록이야 하면서 그냥 웃었어.

"숲 중앙으로 가자. 네가 찾고 있는 열매를 알아냈어."

숲 중앙에는 커다란 나무 한 그루가 서 있었어. 나는 소년에게 저 나무야 하면서 수명나무를 가리켰어. 우리는 수명나무로 다가가 끝이 보이지 않을 만큼 큰 나무를 올려다봤어. 소년은 너무 높아 하면서 열매들을 살폈어. 나는 잠깐만 하면서 소년의 손을 놓고 나무에게 조금 더 다가갔어. 나무에 손을 대고 마음으로 나무에게 말을 했어.

'수명나무야, 열매를 하나 부탁해.'

하늘만큼 높은 곳에서 열매 하나가 천천히 떨어지고 있었어. 열매는 천천히 내 손으로 떨어졌어. 소년은 처음에는 신기한 듯 밝은 표정으로 바라보더니 이내 어두워졌어. 나는 한 손에는 열매를 들고 또 다른 한 손으로는 소년의 손을 잡고 숲 밖으로 나왔어. 우리는 우리가 처음 만난 진흙 소년이 있는 곳까지 걸었어. 걸어오는 내내 소년은 이건 꿈인데 꿈이 틀림없는데 하면서 또 꿈일까봐 무섭고 겁이 난다고 했어.

"자, 이제 내 손을 놓으면 안 돼. 두 눈을 감고 내가 주는 이 열매를 먹어. 먹으면서 마음이 원하는 걸 꼭 빌어야해. 집중해야해."

소년은 두 눈을 떴을 때 꿈이면 어떡해, 하면서 한참이나 눈을 감지 못하고 나를 봤어. 그리고 천천히 눈을 감았어. 나는 지금 내 손을 잡고 내가 쥐고 있는 열매를 먹고 있는 소년을 바라보고 있어. 현재의 약혼자이자 미래의 배우자인 영원한 내 사람을.

열매와 함께 소년이 사라졌어. 나는 그 자리에서 쓰러져 내 이름을 부르며 달려오는 쵸파를 보고 있어. 점점 희뿌옇게 사라지고, 점점 캄캄해지고…….

0-0.
소녀의 집을 향해 쵸파와 쵸파의 친구들이 썰매를 끌고 간다. 썰매에는 잠에 빠져버린 소녀가 꿈을 꾸고 있다. 그 소녀의 이름은 영이다. 영의 꿈속에는 자기가 만든 진흙 소년과 똑같이 생긴 소년이 두 눈을 감고 있다. 영의 꿈속에서 그 소년이 두 눈을 떴다.

0.

그때부터 지금까지 끊임없이 꿈을 꾸고 있는 영이 있다. 그녀의 나이, 계속 서른. 영의 꿈속에서 눈을 뜬 소년은 숲에서 집으로 돌아갔고 소년의 엄마는 수명나무 열매의 기운으로 괜찮아졌다. 영의 꿈속에서 소년은 기뻐했고 자고 있는 영도 그 기쁨을 함께 했다.

영의 꿈속에서 소년은 성장했다. 수명나무 열매의 기운을 다른 세상으로 보낸 일로 긴 잠을 자고 있는 영은 꿈을 통해 소년을 보고 소년을 통해 소년이 살아가는 세상을 함께 겪는다. 영의 꿈속에서 소년은 소녀인 영을 잊지 않으며 성장했다. 그 소년의 이름은 영혼이다.

영의 꿈속에서 영혼은 사춘기를 겪으며 자기가 살고 있는 세상에 대한 반항과 방황을 많이 했다. 어떻게 보면 그것은 영과 영이 살고 있는 세상에 대한 그리움이었는지도 모른다. 그리움의 사무침이었는지 영혼의 반항과 방황은 자학과 자살시도로까지 이어지기도 했다.

그러던 어느 날, 영의 꿈속에서 영혼은 마인드 컨트롤을 하기 시작했다. 꿈 조절 법을 통해 소녀로만 알고 있던 영의 이름을 알아냈고 이후 영이 살고 있는 세상으로 갈 수 있는 꿈의 지도를 마련했다. 영의 꿈속에서 영혼이 마인드 컨트롤을 하기 위해 호흡을 가다듬으면 자고 있는 영의 귀에 그녀에게로 다가오는 영혼의 발소리가 들려왔다. 자고 있는 영의 가슴이 두근거렸다.

영의 나이 스물다섯 되던 해, 영의 꿈속에서 영혼은 침대에 누워 자고 있는 영을 보고 있었다. 영혼은 너무 늦어서 미안해, 하면서 영의 손을 잡았다. 그리고 오늘이 우리 결혼 날이야 하면서 양손으로 영의 손을 어루만졌다. 자고 있는 영의 얼굴에 미소가 스쳐갔다.

이후, 영의 꿈속에서 영혼이 영과 함께 있는 시간이 길어졌다. 자고 있는 영은 자신의 꿈속에서 이제 자신뿐만 아니라, 아빠와 엄마, 살고 있는 집과 세상, 숲과 하늘, 그리고 쵸파와 쵸파의 친구들까지 볼 수 있었다. 영의 꿈속에서 쵸파는 영혼에게 혹시 영혼이 없을 때 깨어나면 친구들과 함께 꼭 썰매를 태워 영을 데려다주겠다고 했다.

지금, 영의 꿈속에서 영혼은 모로 누워 거울을 보다가 반듯하게 눕고 있다. 호흡을 가다듬고 호흡에 집중하고 있다. 영이 살고 있는 세상의 기후에 맞는 옷을 입고 영에게 가기 위해, 한 호흡, 한 호흡, ……, 걸음을 옮기고 있다. 발소리가 끊기고 영의 꿈속에서 영혼은 다시 모로 누워 거울을 본다.

영혼의 그곳 나이, 마흔일곱. 영의 이곳 나이, 계속 서른. 영이 깨어나면 영혼의 나이는 몸도 마음도 모두 영을 따르게 된다. 영이 깨어나 영혼의 세상에 가면 영혼의 생각처럼 영혼의 세상도 어쩌면 모두…….

영은 이제 그만 잠에서 깨어나고 싶다. 반듯하게 누워 있던 영이 이제 모로 누워 영혼의 거울을 본다. 영혼의 모습이 점점 희미해지고 거울 속에 영이 보이기 시작한다.

'이제 그에게 가고 싶어.'

여정　본명 박택수. 대구고 29회. 1998년 동아일보 신춘문예에 시 「자모의 검」으로 등단. 시집 『벌레 11호』 『몇 명의 내가 있는 액자 하나』 등.

문인수
추모특집

추모시

그대였기에, 우리는 서로 아름다워서
―문인수 형을 그리며

이하석

작은 돌이 내 책상 위에서 깜빡, 눈 뜨고 있습니다.
그대가 내게 주워준 까만 돌이 나를 원고지처럼 꼬옥, 누르고 있습니다.
인도에서 가져다준 불상 하나가 내 죄의 방구석을 성스럽게 부스럭거립니다.
그대의 몸에 맞추어졌던 옷 몇 벌도 헐렁하니 내게서 건들거립니다.
그 뿐만 아닙니다. 많은 것들이, 그대의 은근한 부르짖음이라서 내게 아주, 들끓고, 있습니다.

아아 그대 때문입니다. 그대로 인해 우리는 함께 아름다워서
동화천과 남한강, 동강의 여울에 재잘재잘 노을처럼 탔지요.
우리는 서로 눈부셔서, 주전 바닷가 파도 소리에 돌의 말들 닳도록 부볐지요.
우리는 서로 화안해서 동해처럼 서해 해안처럼 퍼덕였지요.
우리는 서로 수줍어서 함께 고령과 성주의 신작로를 닦았지요.
우리가 서로 마주 불러서야 지리산도 굽이굽이 텅텅거렸지요.

그대와 함께 했던 모든 자리가 그렇게
절로 어슬렁거리는 풍경*이었지요.
마구, 끄떡없이, 꽃불 났지요.
그대의, 우리 불후의 말들이여.
그러나 그대의 상실로 모든 말들은 내겐 마음의 깜깜한 짐승**
입니다.

그리운 이여. 그대는 이제 저 문 밖에서
그 눈부심과 화안함, 그 수줍음과 아름다움의 꽃 언덕을 넘어가
네요.
그대의 뒷모습이 눈부심과 화안함과 수줍음과 아름다움으로 물
들었네요.
서로 자꾸 땡기지만, 그러나 자꾸 불러도 돌아보지 않으면,
그대는 가는 사람. 이미 간 사람. 어쩌면 마구, 가버린 사람.
그래, 인생이 저렇듯 아름다울 수 있었겠으나
어떤 죄가 모르고 자꾸 버려졌으리라***.

그대가 시로 지피던 서정과 명랑성의 울부짖음은
무한히 환하고, 눈부시고, 탁월하게 수시로 열리지만,
그대는 마침내 가는 사람, 이미 간 사람,
어쩌면 다 가버린 사람.

---

*「대숲」의 한 구절.
**「대숲」의 한 구절.
***「동강에서 울다」의 한 구절.

그래, 공백이 뚜렷*해서
내겐 곁이 없어졌네요.

이 적소에 그리움은 그러나 혼자 살지 못하고*
그 바닷가에, 산등성이에, 강여울에,
함께 앉았던 수성구청 앞 벤치에
꽃차처럼 달려가는 수줍음과 눈부심으로 자꾸
그대와 함께 나타나 뭐든 짓네요. 아아, 그대였기에
우리는 서로 아름다워서.

---

*「공백이 뚜렷하다」의 한 구절.
**「매미소리」의 한 구절.

추모글
새 날아간다, 한 점 시간처럼

이하석

트기

"이제 우리 그만 트지."라고 형(나는 그를 늘 형이라 불렀다.)은 말했다.

나는 의아했다. "새삼, 뭘 트요?"

"서로 미워하는 거."

"미워하는 거라니요?"

"네가 날 미워하는 소리를 들었어. 증인도 있어." 그리고는, 어느 날 내가 지인들의 모임 자리에서 '저만치서' 자기더러 "저 영감은 왜 살아서 저리 떠들어. 빨리 죽지 않고."라고 주위 사람들에게 말했다고 했다. 기가 막혔다. 나는 화를 버럭 냈다. "형, 그게 되는 소리라고 하는 거요. 내가 그런 소리를 하다니, 내 참." 그러고 보니, 지인들로부터 내가 자기를 미워한다는 말을 그가 한다는 걸 더러 들은 터였다. 대수롭지 않게 그 말을 귓전에 흘렸는데, 그런 말을 본인의 입으로 들으니 화가 치밀었던 것이다. 내가 화를 내자 그는 우물쭈물했다. 어쨌든 그렇게 해서 우리는 그런 일이 오해로 빚어진 거라며, 서로 다시 '텄다'. 그래, 그런 매듭들이 나 말고도 더러 있었던 모양이다. 미워한다는 마음은 기실 우리의 우정 앞에서는 지엽적인 일에 지나지 않는 사소한 일이었다. 바로 화해가 이루어질 수밖에 없는 그런 미움과 사랑이 더러 없을 수 없었으리라. 나는 그의 다채로운 감정의 변화는 '생각이 너무 많고' '예민해서' 그러려니 했다.

어쨌거나 그가 갑자기 타계하자 나는 그와의 그런 '트기'가 참으로 다행한 일이라 여겼다. 오해를 풀고 갔으니, 망정이지, 안 그랬다면 두고두고 마음에 걸렸을 뻔했기 때문이다. 허긴 이런 사소한 일들은 마음에 걸릴 일도 아닌데도 문득 그런 일을 떠올리는 것이다.

기실 우리가 '트기' 시작한 건 오래전이다. 그는 나의 고등학교 3년 선배다. 1945년 경북 성주군 초전면 소재지에서 출생한, 5남매 중 막내였다. 대구로 전학 온 것은 고등학교 2학년 때였다. 문학에 뜻을 두었으나, 그가 등단한 것은 이후 한참 지난 1985년 마흔 살 때였다. 서울의 동국대 국문과에 진학했으나 이내 그만 두고, 이리 저리 떠돌면서 그동안 문학과 절연한 삶을 살았다고 한다. 등단한 것은 아내의 채근 덕분이라 말하기도 했다. 이후 대구 생활이 시작됐고, 우리가 서로 격의 없이 트기 시작한 것도 이 무렵 이후가 아닌가 한다. 오랜 연분답게 우리는 거의 잘 떨어지지 않았다. 그야말로 사흘 들이 만나 생짜로 어울리곤 했다.

동강, 어스름

"형, 정선에 놀러 갑시다."

"어, 좋지."

1980년대 중반 무렵. 아리랑 취재차 정선에 갈 일이 있어서 같이 가자고 했다. 취재 시간은 그리 길지 않으니, 이틀 동안 동강 일대나 둘러보자고 한 것이다. 먼 길이었지만, 소풍처럼 즐거웠다. 그는 정선 읍내로 들기 전 자신을 강가에 놓아달라고 했다. 그를 내려놓고 취재를 마치고 오니 저녁 어스름 때였다. 그가 먹먹하게, 강물 속에 발을 담그고 있는 게 보였다. 돌을 들추기도 하면서 동강 경치에 흠뻑 빠져 있었던 모양이다. 그날 저녁 우리는 숙소를 정해 놓고, 아리랑 전수자를 만나 몇 곡의 정선 아리랑을 들었다. 그는 열정적으로 아리랑을 따라 불렀다. 그날 이후 그는 동강 마니아로 바뀌었다. 열렬하게 동강을 사랑했다. 동강 관련 시들이 쏟아져 나왔다.

기실, 이런 여행들이 잦았다. 탐석을 빙자하여 물 좋은 곳으로 나들이를 참, 열심히 하기도 했다. 수석에 대한 남다른 애착이 있었다. 그의 친형의 영향인 듯 여겨진다. 우리도 덩달아 그와 함께 탐석 흉내를 내곤 했으나, 기실은 아름다운 강가에서 노는 맛에 더 빠져 있었다는 게 맞는 말인 듯싶다. 남한강의 질펀한 모래밭에서 맞던 소나기는 얼마나 장대했던가? 문경의 영강 상류와 경주의 산과 들, 낙동강 상류와 길안천, 그리고 동해의 울산과 울진, 남해와 서해의 유적지들과 바닷가들에는 우리들의 웃음소리와 탄식, 천진난만하게 엮이던 체취들이 남아 있다.

시는 사람들 속에 있다

"시는 사람들 속에, 사람들의 생활 속에 식물의 싹처럼 숨 쉬고 있다. 그것은 부지불식간 어떤 표현 욕구로 피어난다." 그의 산문 속에 있는 말이다. "절경은 시가 되지 않는다."라고 말하기까지 했다. 사람이 없다면, 절경이 무슨 말할 거리가 되겠는가라는 생각을 한 듯하다. "시는 생활하는 사람들의 가슴 속에 무의식 속에 꿈결처럼, 샘물처럼 숨어 있다."고 말하기도 했다. 그의 땀내 나는 몸 부비는 말들이 거기서 나왔다.

> 폐가는 이제 낡은 외투처럼 사내를 품는지
> 밤새도록 쌈 싸 먹은 뒤꼍 토란잎의 빗소리, 삽짝 정낭 지붕 위
> 조롱박이 시퍼렇게 시퍼런 똥자루처럼
> 힘껏 빠져나오는 아침, 젖은 길이 비리다.
>
> 「배꼽」부분

 죽음의 기분이 의외로 사람의 용쓰기 같은 말을 통해 생명감과 역동성으로 두드러지는 역설의 묘미가 있다. 폐가의 음산함이 '시퍼렇게 똥자루처럼/ 힘껏 빠져나오는' 조롱박의 '젖은 길'로 덩굴로 배꼽의 상징으로 몸틀임하면서 신생의 의미로 전환되는 광경을 보라!
 그는 무엇보다 사람들과 어울리는 걸 좋아했다. 함께 술을 할 때는 젓가락 장단이 일품이었다. 곧잘 노래를 불렀다. 상여소리를 시나브로 뽑어냈다. 「봄날은 간다」를 좋아해서, 그 노래 가사의 4절을 쓰기도 했다(시 「봄날은 간다, 가」). 술자리나 담소 자리에서 곧잘 맞장구를 치면서 말을 채근하거나 자신의 특이한 기억들을 불러와 '시적'으로 형상화한 문장들을 드러내곤 했다. 좋은 말이나 기발한 생각을 누가 피력하면 "어이, 그거 내가 써먹어도 돼?"라고 말하는 경우가 더러 있었다. 그렇게 써진 시들 가운데 뛰어난 말들이 곧잘 있어서, 그 말을 처음 피력한 친구들로부터 원고료 30퍼센트를 달라는 농 섞인 요구(?)에 시달리기도 했다.

문득 맥을 놓다

그는 갑작스럽게 가버렸다. 마치 '주전자 꼭다리 떨어져나가듯 저, 어느 한 점 시간처럼 새 날아간다'고 그가 노래한 것처럼. 시마(詩魔)에 걸린 듯 주절주절 쓰던 시도 병고로 어쩔 수 없이 끊었지만, 몸이 불편한 상태에서도 더러 친구들과 후배들을 만나 식사도 하곤 했다. 그게 바로 얼마 전의 일이었는데, 문득 맥을 놓아버린 것이다.

대구시인협회장(葬)으로 그를 보내고 나서 그의 집을 찾아 유품들을 둘러보았다. 생전에 아픈 몸으로 불러준 것을 부인이 받아 쓴 시 원고가 몇 편 있다고 들었는데, 그 스스로 그것들을 다 태워버렸다고 아들 동섭은 전한다. 아깝다. 작품의 완결성을 특별하게 챙긴 그로서는 마음에 차지 않는 걸 그냥 두고 가긴 싫었던 모양이다. 아아, 그가 또 보고 싶다.

르네쌍스

이하석

고 문인수 시인을 기억하는, 아주 작으나 우리로서는 의미 있는 일이 있었다. 대구 동구 시장 입구의 오래된 연립상가 2층에 있는 르네상스 다방을 그를 기억하는 공간으로 정하고 표식을 한 것이다. 그는 만년에 이곳의, 시장통이 내려다보이는 창가를 자신의 '관람석'으로 정했다. '낡은 호마이카 식탁이 대여섯 개, 비닐 커버를 씌운 철제 의자들, 크고 작은 화분들이 탁자 사이에 예 저기 놓여 있는' 아주 소박한, 옛 도시 변두리의 다방 풍경을 여전히 갖고 있는 공간이다.

이곳에서 그는 혼자 앉아 멍을 때리기도 했다. 더러 누굴 만날 때는 응접하는 곳이 되기도 했다. 시를 봐달라고 하는 이들도 있어서 부정기적인 개인 문학 교실이 되기도 했다. 그는 그러한 생활을 시로 남겼다. 제목이 「르네쌍스」다. '르네상스'라는 현실 공간을 굳이 '르네쌍스'라는 이름으로 고쳐 씀으로써 그의 공간으로 만든 게 아닌가 여겨진다. 우리들 몇몇 그와 가까이 지냈던 이들은 그가 즐겨 앉았던 창가 벽에다 손바닥만 한 작은 동판을 붙였다. 얼굴을 그린 케리커처와 함께 "나는 걸핏하면 르네쌍스의 관람석에 갇힌다"라는 그의 시의 한 구절을 새긴 것이었다.

르네상스 창가 벽면에 부착한 문인수 시인의 초상과 시 「르네쌍스」의 마지막 구절을 새긴 작은 동판.

표식에 참여한 문인들. 뒷줄 왼쪽부터 장옥관 신상조 엄원태 송재학 윤일현, 앞줄 왼쪽부터 박상봉 이하석.

함께 했던 한 시인은 이를 두고 "의미 있는 장소를 발명하고 유지하는 데 자그마한 역할을 했다."고 말하기도 했다. 그러면서 참석한 문인들은 각자의 은밀한 문학 공간을 헤아리기도 했다고 털어놓았다. 장소를 기억하는 형식은 이렇듯 현재를 미래로 잇는 하나의 문화 형식이 되기도 한다고 의미를 부여하기도 했다.

이하석 대구고 7회. 1971년 『현대시학』 추천으로 등단. 시집 『투명한 속』 『김씨의 옆얼굴』 『우리 낯선 사람들』 『연애 간(間)』 『천둥의 뿌리』 『기억의 미래』, 서사 시집 『해월 길노래』 등. 김수영문학상, 김달진문학상, 이육사시문학상, 김만중문학상 등 수상. 전 대구문학관장.

동시랑 더 놀고 싶다

김석

1. 고마, 형이라 캐라

　시인이 태어난 곳은 경북 성주입니다. 자칭 촌사람입니다. 산 곳은 만촌동이고요. 누구나 상을 받으면 좋아하죠. 동리목월문학상을 받고 가장 좋아했던 거 같아요. 상금이 많은 상이어서일까요? 집으로 돌아오는 길에 두 가지 이야기를 했지요. 하나는 어린아이처럼 자랑을 하는 거예요. 미당문학상을 받고 동리목월문학상을 또 받았다고요. 그리고 또 하나, 너무 슬프데요. 큰 상을 받았는데 왜 슬프냐고 물었죠. 시인이 아픈 거를 자기 입으로 전국에 알려 버렸다나요. 수상소감을 발표할 때였지요. 자기가 파킨슨병을 앓고 있다고 공식발표를 해 버렸지요.

　나하고 만난 이야기를 해야겠네요. 또 상 이야기네요. 대구문화상 받고 나서입니다. 축하전화를 드릴 때 일입니다. '선생님' 하고 다음 말을 잇기도 전에 대뜸 '선생님은 무슨, 가볍게 하자, 가볍게' 캐서 축하한다는 말도 못하고 '그라면 형님 카까예' 카니 '고마 형이라 캐라' 그래서 형이 되었답니다. 그 이후로 형과의 인연은 '길고 긴 뜨신 끈'으로 이어지고 그 일이 계기가 되어 다음과 같은 시가 나왔지요.

시는 말의 씨앗// 입김에도 훅, 날아오르는 민들레 씨앗은/ 아무 어깨에도 쉽게 내려앉아/ 스마트폰도 아닌 구형 폴더폰으로/ 접었다 펴는 말의 씨앗// "선생님은 무슨. 가볍게 하자, 가볍게"/ "예, 그라면 형님 카까예"/ "고마, 형이라 캐라"/ 시인은 형님이 아니라 형(兄)이다// 대구의 문인 수는 천 명이 넘지만/ 문 인수는 한 명이다/ 선생님도 형님도 아닌, 민들레 같은/ 형은 성주 촌사람이다// 만촌동의 '촌'자에 정을 주고는 삼십 년째/ 골목길 구석구석 촌티를 박는 중인/ '선생님' 보다는 '형'이 더 잘 어울리는// 시인은 민들레 씨앗// 개똥쑥, 이질풀, 며느리밑씻개에도 내려앉는/ 가볍고도 가벼운 한 줌 구름의/ 민들레 씨앗이다

김석, 「고마, 형이라 캐라」 전문

2. 쪽 팔린다, 아이가

형, 동생하기로 한 날 이후부터, 인수 형과 홍식이 형과 나 셋이서 자주 어울렸지요. 나는 운전기사 겸 자칭 수행비서가 되었지요. 그때 숨겨진 이야기 몇 개를 풀어 볼까요.

이야기 하나, 두 형은 정말 국수를 좋아했어요. 밥만 먹으러 가면 밥이 아닌 국수, 그것도 면발이 굵은 국수. 맨날 칼국수 아니면 짬뽕. 가뭄에 비 오듯 돼지국밥 아니면 뼈다귀해장국. 그리고 형의 기억에 남아 있는 금호강변, 팔공산, 동촌유원지 갈 때면 한 말이 있었지요. 혹시 '한차한상'이라고 들어보셨는지요. 차에는 정원이 네 명, 밥은 한상이 네 명이 되어야 격이 맞다나요. 가끔 김동원 시인이 동행해서 한차한상을 만들었죠.

이야기 둘, 외출을 할 때 형수님으로부터 들은 이야기입니다. 약

은 가방에, 카드는 윗도리 오른쪽 주머니에 있다고, 그리고 화장실 갈 때 꼭 같이 가라고요. 아프고 난 후 알았지요. 자주, 오랜 시간 같이 있는 사람은 우리라는 것을. 우리가 친해서일까요? 그 답은 '편해서'입니다. "보여줄 것 다 보여준 사람은 너 거 둘이고, 너 거 둘이가 제일 편하다." 그러면 우리는 형 거 볼 것은 다 봤다고 너스레를 떨었죠. 많은 사람에게 못 볼 거 보여주기에는 쪽 팔려서, 화장실 갈 시간이 되면 서둘러 집으로 간데요. 편한 사람 만날 때를 제외하고는. 그래서 모른 척 형에게 넌지시 제안을 했죠. 외출할 때는 휠체어를 타면 어떠냐고요. 그랬더니 죽어도 그거는 안탄다는 거예요. "왜요?" 그 답이 명품입니다. "시인이 쪽 팔린다, 아이가." 그래서 내가 그 '툭, 툭, 끊기는 오줌발'을 가장 많이 본 것 같네요.

  이야기 셋, 형이 아프고 난 뒤로는 술과 담배를 끊었지요. 정확하게 말하면 끊겼지요. 한 번은 제가 담배를 피우니까 나도 한 대 주면 안 되나, 그래서 이거는 전자담배라 예전 담배처럼 한 대 줄 수 있는 담배가 아닙니다. 신문물입니다. 그랬더니 신문기사에 담배가 파킨슨병에 좋다고 그러면서 한 대 달래는데 끝까지 안주었죠. 그러니 약이 올라서인지 "나도 술 한 잔 따라봐라, 너 거는 술 먹고 나는 왜 안 주노." 그래서 정말 참새 눈물방울만큼 드리니, 저거는 가득 처묵고 나는 쪼매만 준다며 커피를 한 잔 더 시키더라고요. "커피 '투 샷에 원 샷' 추가해서 한잔 더." 그날 술값과 커피값은 형이 냈지요. "독한 커피 '원 샷 추가'는 어디서 배웠어요?" 문무학 시인한테 배웠는데 '원 샷 추가'가 그렇게 멋있게 보여서 따라 해 봤데요.

3. 동시랑 더 놀고 싶다

 많은 시집을 낸 시인으로, 상도 많이 받고 이름을 날린 형이 동시집도 낸 것을 알고 있는지요? 동시집은 2010년 「문학동네」에서 발간한 『염소 똥은 똥그랗다』입니다. 형은 동시에 참 잘 어울리는 사람 같았어요. 특히 아프고 난 후, 얼굴은 밝고 마음은 동자승처럼 말은 옹알이 하듯 몸은 민들레 씨앗처럼. 아마도 살아계셨다면 동시를 더 쓸 수도 있었을 거라는, 지금도 하늘나라에서 동시를 쓰고 있을 거라는 생각. 동시집 책머리에 형은 이렇게 말했네요. '동시랑 더 놀고 싶다' 라면서.

> 두려움 반, 설렘 반으로 동시를 썼다. 어릴 때 쓴 거 말고는 처음 써 봤다. 내 속의 관념들이 불쑥불쑥 간섭을 해 대 이런저런 한계를 절감했으나, 동시에 매달리는 일이 그 어떤 글쓰기보다 재미가 있었다. 왜 재미있었는지 모르겠다. 내게 일말의 동심이 남아 있어서? 그런 것이라면 좋겠다. 그러나 사실 도저히 가닿을 수 없는 시절, 동심의 세계! 바로 그 아이가 말하는 것이 동시라면, 여기에 실린 편편의 '어린 목소리'는 적이 의심쩍은 것일 수밖엔 없는 게 아닐까 싶다. 그 점이 자꾸 캥긴다. 그렇지만 참, 행운을 만난 것. 나는 지금 동시랑 계속 더 놀고 싶다.
>
> 「머리글」 전문

4. 염소 똥은 똥그랗다

 형이 촌에서 자라서인지 '염소'와 '돌'에 대한 시와 동시가 있네요. 시 「각축」에서는 장날 서로 헤어질지도 모르는 어린 염소들이

'어미의 반경 안에서만' 놀면서 '상사화 잎싹만한 뿔을 맞대며 톡, 탁'거리며 노는 모습을 '나중에라도 서로 잘 알아 볼 수 있'도록 '각인'중이라 했네요. 시 「뿔의 뿌리는 슬프다」에서 '단단하고도 뾰족하게 밟히는 돌들'을 '하나씩 뒤집어 보'면서 '젖어 있'는 것을 발견하며 '슬픔으로 된 뿌리'인 것 같다'라고 했네요. '돌과' '염소'는 자유롭지 못하다는 공통점이 있네요. '돌'과 '염소'에게서 연민을 느끼며 쓴 동시 두 편을 소개하면서 글을 닫을게요.

    염소가 맴맴 풀밭을 돈다

    말뚝에 대고 그려내는 똥그란 밥상,
    풀 뜯다 말고 또 먼 산 보는 똥그란 눈,
    똥그랗게 지는 해,

    오늘 하루도 맴맴 먹고 똥글똥글,
    똥글똥글 염소 똥

「염소 똥은 똥그랗다」 전문

    냇가 돌밭에서
    돌멩이 하나를 뒤집어 보니
    바닥이 젖어 있다 젖은 채
    단단하게 뭉쳐져
    옴짝달싹 못하는 돌멩이
    그 돌멩이를 주워 힘껏 던져 올렸다

공중 높이 풀려난 돌멩이는
저만큼 날아가
풀밭 한복판을 툭, 떠받았다

돌멩이 마음에도 슬픔이 있고
날개가 있고 또
뿌리가 있었다

「돌멩이 마음에도」 전문

*이 글은 『동시발전소』 2022년 가을호에 문인수 시인 1주기 추모 특집으로 발표한 글이다.

김석   대구고 16회. 2004년 『시인정신』으로 시, 『문학청춘』으로 시조 등단. 시집으로 『거꾸로 사는 삶』 『침묵이라는 말을 갖고 싶다』 『괜찮다는 말 참, 슬프다』 『바위 속을 헤엄치네, 고래』 외. 삼성생명 대구지역단장, 경북지역단장, 금복주 기획·홍보 담당 상무 역임.

홰치는 산에 긴 잠 들다

박상봉

    문인수 시인은 해마다 추석이나 설 명절이 다가오면 찾아뵙던 존경하는 선배 시인 중 한 분이다. 이제 그는 '없는 사람'이다. 지난 8여 년간 파킨슨병을 앓다가 2021년 6월에 유명을 달리하여 경북 군위 카톨릭공원묘원에 긴 잠 들었다.

    그는 나보다 열세 살 연상의 고등학교 선배로 지난 40여 년간 나의 시나 삶이나 직업관까지 영향을 미친 스승이고 멘토다. 대구고등학교 문예반 선배로 1980년대 중반에 처음 만나 돌아가시기 직전까지 줄기차게 만나왔으니 그와는 '길고 긴 뜨신 끈' 같은 인연을 이어왔다.

저 흰 구름, 잘못 접어든 길
    문인수 시인은 1945년생 해방둥이로 경북 성주(星州)가 고향이다.

    문인수에 대한 글을 써 달라는 원고청탁을 받고, 나는 오래전부터 가보고 싶었던 시인의 생가를 먼저 찾아갔다. 성주군 초전면사무소에 들러 물어물어 찾아간 경북 성주군 초전면 대장리 630번지.

방울음산이 내려다보는 이 번지에 그의 생가가 있다. 그 집은 "소잔등 둥두렷한 등성이 넘어 불쑥이// 해 떠오르"(「아버지」)던 아버지의 집이요, "여름날 저녁 칼국수 반죽을 밀"면서 "둥글게 둥글게 어둠을 밀어내면/ 달무리만 하게 놓이던"(「칼국수」) 흰 땅, 거기 지어진 어머니의 집이었다.

방울음산이 내려다보는 곳에 자리한 시인의 생가는 이미 헐리고 빈터만 덩그러니 남았다. 시인이 나고 유년기를 오롯이 안겨 자란 옛집은 헐려 흔적 없고 잡풀만 무성해 시인의 '공백이 뚜렷하다.' 길 안내를 해준 이 동네 김정호 이장은 누군가 땅을 매입해 새 건물을 지으려고 준비 중이라고 설명해주었다.

문인수 시인에게 시적 영감을 많이 주었다는 고향 마을 앞에 흐르는 하천도 둘러보았다. 이 하천을 동네 주민들은 '백천'(白川)이라고 부른다는데 시인은 '흰내'라고 표현했다.

> 방울음산은 북벽으로 서 있다.
> 그 등덜미 시퍼렇게 얼어 터졌을 것이다 그러나
> 겨우내 묵묵히 버티고 선
> 산
> 아버지, 엄동의 산협에 들어갔다.
> 쩌렁쩌렁 참나무 장작 찍어낸 아버지,
> 흰내 그 긴 물머리 몰고 온 것일까
> 첫 새벽 홰치는 소리 들었다.

집 뒤 동구 둑길 위에 아버지 우뚝 서 있고
여명 속에서 그렇게 방울음산 꼭대기 솟아올라
아, 붉새 아래로 천천히 어둠 가라앉을 때
그러니까, 이제 막 커다랗게 날개 접어 내리며
수탉, 마당으로 내려서고
봄, 연두들녘 물안개 벗으며 눕다.

「홰치는 산」 전문

네 번째 시집 『홰치는 산』 첫머리에 실린 시다. 이 시집은 문인수 시인이 가장 왕성하게 작품을 생산해낸 시기에 쓴 것들이 아닌가 싶다. 그 무렵에 만난 시인은 매일 온종일 엎드려 시만 쓴다는 말을 자주 했다.

휜내 둑을 따라 걷다 보면 북쪽 방향 정면에 마주 보이는 삼각형으로 뾰족이 솟은 산이 '홰치는 산'이다. 그 산 이름은 방울소리가 울리는 산이라 하여 '방울음산'(方兀音山)이라 부른다. "이 고장 사람들은 지금까지도 이 이두식 표기를 좇아 방울음산, 바우람산, 바아람산 등으로 편하게 부르고" 있다. "경상북도 성주군 초전면 용봉리의 북쪽 머리맡을 오래 지키고 앉아있"는 "해발 칠백팔십이미터인 이 산은 마치 삼각의 푸른 종 하나가 하늘 깊이 걸려 있는 그런 형상을 하고" 있어 "현령산(懸鈴山) 또는 영산(鈴山)으로 기록되어" 있기도 하다. "실제로 그 옛날엔 이른 새벽이거나 늦은 저녁 시간이면 은은한 종소리가 울려 퍼져 널리 사람의 정신을 맑히고 지친 몸 한없이 추스르게 했"다. "그 아래 자고

일어난 사람들, 살다 죽은 사람들, 아버지의 농경에도 힘줄에도
아 그 파란만장에도 산의 푸른 종소리 흐르고 있"다.

「방울음산 이야기」 참조

  그의 고향 관련 시가 무려 100편이 넘는다. 시집 『헤치는 산』 자서에 보면 "인간에게도 나무나 풀의 그것과도 같은 섬세하고도 집요한, 흰 뿌리가 있다면 그것은 바로 고향을 향한 그리움의 정서일 것이다. 현실의 깜깜한 바닥을 뚫고 내려가 보면 거기, 그 모든 것이 아름다워지고 깨끗해지는 데가 있다. 바로 고향이라는 곳이다." 라고 쓰여 있다. 그에게 고향은 '육친' 같은 것이다.

소년 시인 문인수

  그는 말썽장이 아이였다. 위로 두 형이 그랬고 시인도 골목대장 노릇을 단단히 했다. 학교에 가서도 온갖 만행을 다 저질렀는데 선생님들의 골치를 썩였다. 칭찬받을 일이 전혀 없었다. 그런데 어떤 전기가 왔다. 1954년 쯤 초등학교 4학년 때 숙제로 동시 한 편을 써냈는데 선생의 뇌성벽력 같은, 융단폭격과 같은, 소나기 같은 칭찬을 듣고 어안이 벙벙해졌다. 제목이 「흰 구름」인데 내용은 이렇다.

    둥둥둥 흰 구름 어디로 가나
    김삿갓 할아버지의 옷자락인가
    둥둥둥 흰 구름 어디로 가나

그날 그렇게 처음 시를 쓰기 시작해서 초등학교를 졸업하고 중학교를 거쳐 고등학교를 졸업할 때까지 줄곧 글쓰기에만 매달렸는데 교내 백일장이다 뭐다 해서 상 탈 일이 더러 생겨 으쓱해져 티를 내고 다녔다.

성주농업고등학교 1학년 때 교내 백일장에서 2, 3학년 선배들을 제치고 장원으로 뽑아준 지역의 유명한 시인 권오택 선생을 스승으로 만난 게 중요한 계기가 됐다. 선생은 문학전문지 『현대문학』, 학생문예지 『학원』, 『매일신문』 학생문예란, 경주 신라문화제 백일장, 그리고 이런저런 책 이야기와 여러 유명 시인과 그들의 작품에 대한 이야기를 들려주어 한없는 기대와 벅찬 설렘을 갖게 됐다.

> 가을 맑은 하늘은
> 일요일 하오.
> 석점을 치면 학교 마당에선
> 코스모스가 핀다.
> 곱게 열을 앓던 어린 날의
> 어머님 치마폭이
> 뺨에 차가운데
> 손뼉을 치며 치며
> 아득한 그리움
> 춤을 춥니다.

1962년 학생문예지 『학원』에 발표한 「코스모스」라는 시다. 이때

대구고등학교 재학시절

부터 주변에 문학소년으로 알려지게 됐다. 소년 시인은 대처로 나가 활동하고 싶은 욕심에 아버지를 졸라 1962년 가을 대구고등학교로 전학을 했다. 문예반에 들어 이준석, 손성호, 김종섭, 이채형, 노명석, 정덕환, 윤용섭 등 학생 글쟁이들과 어울려 다니며 『학원』이나 「매일신문」에 몇 차례 얼굴을 내밀면서 자연히 다른 학교의 이재행, 박해수 등과 안면을 트고 멀리 광주의 김만옥, 대전의 윤채한 등과 아는 사이가 됐다.

　　하찮은 기인 밤을 메꾸는 동안에
　　허공진 내 속에는 누구도 없었다.

부우엉 부우엉 부우엉

사위어지는 내 소리에 귀를 모으면
아슴한 메아리에 행여나? 싶어
이 산에도 저 산을 옮아 울었다.

부우엉 부우엉 부우엉

가슴서 울려 가슴벽을 치고
가슴 안을 맴돌아 가슴 속에서
오뚜기처럼 멈춰 선 것은
내일 밤을 울기 위한 고독이었다.

「부엉이」라는 제목의 이 시는 1963년 가을, 「매일신문」 학생시원에 발표한 작품이다. 어린 시절의 문인수 시인의 작품을 찾아보면 그가 생래적으로 시인 기질을 타고났음을 짐작할 수 있다.

그 시절 "열일곱 살 되던 해인 1962년. 성주농업고등학교에서 2학년 1학기를 마치고 아버지를 졸라 대구의 대구고등학교로 전학을 해버렸다. 바깥 세계에 대한 동경과 질투가 '쟁취'한 길. 그것이 나의 최초 '출향'이었던 것이다. 그러나 돌이켜보면 그 일이 내 '잘못 든 길의 시작'이었던 것 같다."고 시인은 회고하고 있다.

시인은 소년기를 보내고 서울의 동국대학교 국문과로 진학해 강희근, 박제천, 정의홍, 선원빈 같은 선배와 홍희표, 송유하, 이계홍, 김갑기, 김철진 등을 만났다. 1966년 육군 자원입대와 더불어 문학청년 시절은 막을 내린다. 모든 문학인구와 문학 환경으로부터 완전히 빠져나와 버린 것이다. 그는 문학에 대해 깊이 좌절했던 것 같다. 어디 한 번 도전해 보지도 않고 시인에의 꿈을 완전히 접어 버렸다.(이상의 성장기 이야기는 2004년 발간된 '문학청년 시절의 추억여행'이라는 부제가 붙은 『부서진 조각처럼 반짝였다』에 수록된 문인수 시인의 산문 「저 흰 구름, 잘못 든 길」을 참고하였다.)

타관 객지를 떠돌다 늦깎이 등단

그는 1970년 대한관광공사 부설 호텔학교 6개월 과정을 수료하고, 서울 라이온스호텔, 제주 한라호텔 등에서 웨이터 생활도 했다. 간이상수도공사에도 다녔으며, 자전거 수리점, 소매점 등을 운영했으나 모두 실패했다. 이런저런 분탕질과 퇴폐가 밥이었던 그 시절을 시인은 스스로 '문학적 공백기'라고 말한 바 있다.

1975년 3월 23일 전성수(田性洙)와 이갑조(李甲祚)의 외동딸 전정숙(田貞淑)과 결혼해 12월 장남 동섭을 낳았다. 1978년 11월 딸 효원을 얻었다. 두 아이를 위해 쓸 돈을 벌지 못했던 변변찮은 아버지였다. 대구 북성로에 폴리에틸렌 대리점을 열었으나 1년 만에 걷어치우고 타관 객지를 떠돌면서 간헐적인 글쓰기를 이어갔다.

1983년 2월 어느 날 아내 전정숙 여사가 한마디 던졌다. "아무나 시인이 되나. 당신이 시인만 되면 모시적삼을 입혀 아랫목에 앉혀놓고 먹여 살릴게." 아내의 핀잔에 등을 떠밀려 시인이 되기 위한 등단 출구를 찾아다니기 시작했다.

마침내 20여 년간의 허송세월을 지나 마흔이 넘어 소위 등단이란 걸 했다. 1985년 『심상』 신인상에 「능수버들」 외 4편이 당선되어 문단에 나온 시인은 이듬해 첫 시집 『늪이 늪에 젖듯이』를 심상에서 펴내고, 4년 뒤 두 번째 시집 『세상 모든 길은 집으로 간다』를 문학아카데미에서 펴냈다. 1992년 민음사에서 세 번째 시집 『뿔』을 펴내고, 그해 대구 영남일보에 입사해 일생에 처음으로 신문사 기자라는 번듯한 직업도 갖게 됐다.

마흔에 띄운 시의 화살은 참 신바람나게도 너풀너풀, 쭉쭉 닿는 곳마다 신명으로 명중하였다. 문단에서도 새삼 그 명사수를 바라보기에 이른다.

영남일보에 입사하기 전 그는 서울 장충동에 살면서 『월간 비디오』 잡지사 주간으로 일 년 남짓 근무한 적이 있다. 나 역시 변변한 밥벌이도 못 하고 빈둥대던 어려운 시절이었다. 선배랍시고 찾아갔더니 당장 출근하라고 해서 나도 덩달아 뽀대 나는 기자 신분이 되어 서울 생활을 하게 됐다. 잡지사는 그 당시 유행하던 이른바 삼류 에로 비디오 영화를 만드는 프로덕션이 경영하던 곳이었다. 박봉이었지만 선배 덕분에 팍팍한 서울을 그럭저럭 견딜 수 있었다.

문인수 시인은 서너 평 정도 될까, 다리 펴고 눕기도 비좁은 천장 낮은 다락방에 살았다. 종종 놀러 가서 밤늦도록 쪼그리고 앉아 시담(詩談)을 나누다 왔다. 1989년 무렵 이야기다. 서울지하철 노조 파업으로 무임승차를 할 수 있었던 게 다행으로 여길 정도로 주머니에 땡전 한 푼 없이 출근하는 날이 많았다. 서울이라는 낯선 땅에 올라와 그나마 견딜 수 있었던 것은 문인수 시인과 수시로 시담을 주고받으면서 깊은 공감대를 나눌 수 있었던 덕분이었다. 낯선 객지 생활에 마음이 쓸쓸해지는 저녁이 오면 그의 다락방으로 찾아갔다. 시인은 종이에 휘갈겨 쓰던 시를 보여주며 조언해 달라고 채근하기 일쑤였다.

'기댈 데란 허공뿐'인 '거처'에 기거하며, 거의 끼니마다 국수만 먹는 모습을 자주 봤다. "국수를 너무 좋아해서 국수만 먹는다."고 말했지만, 생활비를 아끼려고 그리 산줄 내 다 안다. 나는 서울의 그 잡지사에 근무한 지 일 년도 채 안 돼 노사분규에 휩쓸려 갈등을 겪다가 사표를 던지고 대구로 낙향하였다. 그는 얼마간 뒷수습을 한 뒤에 낙향해 대구로 내려왔다.

그의 세 번째 시집 『뿔』은 아마도 알량한 직장 때문에 어쩔 수 없이 서울에 올라와 객지 생활할 때 쓴 시편들이 아닐까 싶다. 이 시집에서 시인은 고향과 유년으로의 회귀성, 집으로의 귀로 의식을 현실의 시간과 공간에 막혀 이루어질 수 없는 꿈으로 인식한다.

그래서 슬픔이 비극적으로 심화한 양상을 보여준다.

그 어디에서도 뿌리내리지 못하고 떠돌던 타관객지에서 '그의 유배지인 몸'은 '나무 속의 새'였다. 유배지에는 "바람 소리 거칠게 찢어진다./ 하늘도 거칠게 찢어진다./ 달빛도 거칠게 찢어진다." (「나무 속의 새」) "나무의 팽팽한/ 긴 외로움의 끝에 와서 덜컥,/ 덜컥, 걸린" "저 나무 비바람 속에서 걷잡을 수 없이/ 타오른" "슬픔은 물로 된 불인 것 같다"(「슬픔은 물로 된 불인 것 같다」)라고 노래한다. 시인의 슬픔은 물의 속성과 불의 속성을 모두 내포하고 있다.

이윽고 슬픔으로 상징된 "나무는 폭발한다." 시인은 「달팽이」라는 시에서 "검은 수렁 한복판을 느릿느릿 간다 저런 절 한 채를 뒤집어쓰고 살 수 있다면……"이라고 소망한다. 시인 자신이기도 한 달팽이가 느리게 가고 있는 '검은 수렁'은 '동해안 아름다운 길'에서 '길게 풀린다.' 그 길은 '정선 가는 길'이다. 정선 가는 길은 다시 육친과도 같은 고향으로 귀착된다.

    흐린 봄날 정선 간다.
    처음 길이어서 길이 어둡다.

    노룻재 새재 싸릿재 넘으며
    굽이굽이 막힐 듯 막힐 것 같은
    길

끝에
길이 나와서 또 길을 땡긴다.

내 마음 속으로 가는가

뒤 돌아보면 검게 닫히는 산, 첩, 첩,

비가 올라나 눈이 오겠다.

「정선 가는 길」 전문

송재학, 이성복 시인과 함께

싱싱한 서정의 문맥, 황혼의 전성기

서울에서 짧은 직장생활을 접고 대구로 낙향해 다시 실업자가 된 시인은 그 무렵 시인과 화가들의 모임인 '시화오리'들과 어울리기 시작했다. 이하석, 문무학, 김선굉, 박기섭, 박진형, 송재학, 엄원태, 장옥관 시인 등과 이규목, 이영철, 홍창용, 이수동, 이정웅, 김성호, 김영대 등의 화가들이 어울려 시화전과 시화집을 내기도 했다. 이 무렵에 쓴 「가오리연」과 「간통」이라는 시가 대구문단이 떠들썩할 정도로 주목받기도 했다.

이때부터 문인수 시인은 하나의 서사를 서정의 문맥 위로 건져 올리는 날렵한 솜씨를 보여준다. 시적 수사(修辭)는 금방 건져 올린 물고기처럼 싱싱하고 젖은 비늘을 번쩍이며 퍼덕거렸다. 김선굉 시인은 "이러한 작업이 미당의 『질마재 神話』와 다른 점은 추억의 깊이다. 미당은 설화적 공간 속으로 내려갔지만 문인수는 유년의 추억 속에서 다시 수면 위로 솟구쳐 오르는 것이 말하자면 양자는 서로 시간의 차원을 달리하고 있다. 미당이 설화의 원형을 재구성하여 우리 앞에 내놓았다면, 문인수는 아직 숨줄이 한참이나 붙어 퍼덕이는 물고기를 한 마리씩 건져 올려 우리의 발아래 내동댕이치고 있다. 그것에 「간통」과 같은 것일 경우 그 현란한 리비도적 정서의 원색이 주는 탄력으로 인해 그 살아 있음의 감각이 더욱더 강하게 전해지는 것이다."(「대구민족문학회보」 1997년 가을)라고 상찬한 바 있다.

늦깎이 시인은 후생 각이 우뚝했다. 이 시기에 「채와 북 사이, 동백진다」, 「바다책, 다시 채석강」, 「달북」, 「쉬」, 「식당의자」 등 주옥 같은 명작들이 잇따라 나오면서 2000년 제11회 김달진문학상을 시작으로 2003년 제3회 노작문학상 수상, 2007년 제17회 편운문학상과 제10회 한국 가톨릭문학상, 제7회 미당문학상을 잇달아 수상하여 큰 주목을 받게 됐다.

정진규 시인의 부친상에 문상을 갔다가 선친에 대한 회고담을 듣고 쓴 시 「쉬」에 대해 정끝별 시인은 "해방둥이 문인수 시인은 마흔이 넘어 등단한 늦깎이 시인이다. 하지만 시적 성취는 어느 시인보다 높아 환갑 지나 시의 전성기를 구가하고 있다."고 극찬을 아끼지 않았다. 뛰어난 작품들이 셀 수없이 많지만, 이 시야말로 그의 출세작으로 손꼽고 싶다.

"불혹을 넘긴 나이에 늦깎이로 등단한 이후 미당문학상 등 여러 문학상을 수상하며 황혼의 전성기"에 이른 듯 왕성한 창작열을 보여주는 시인은 이번 시집에서 "폐경기를 모르는 시인"이라는 젊은 시인들의 존경 어린 감탄에 걸맞게 "한 편 한 편 아름답다는 말로 밖에 표현할 길이 없"는 빼어난 시편들을 선보인다.(웹진 「시인광장」, 2006)

2016년에는 무려 7천만 원이라는 최고의 상금이 걸린 제9회 목월문학상까지 받고 한국시단에서 전무후무한 지존의 자리에 올랐다. 그러나 이 무렵부터 파킨슨 증후군 초기 증세가 시작되어 일상적 삶이 조금씩 불편해지기 시작했다.

털썩 낳아 김이 나는 한 무더기 말씀

요즘처럼 날씨가 추워지면 더욱 그리워지는 것이 돼지국밥이다. 뜨신 돼지국밥 한 그릇 먹고 나면 강추위도 잊을 만큼 속이 든든해진다. 돼지국밥은 좋은 사람을 만나서 함께 먹으면 더 맛있다. 나는 문인수 시인을 만나 이야기를 나누다가 식사 시간이 되면 주로 돼지국밥을 먹었다.

그는 돼지국밥과 아주 잘 어울리는 시인이다. 삶의 내용과 철저하게 육화된 그의 시는 돼지국밥의 누리끼리한 냄새와도 닮았다. 이규리 시인이 쓴 「문인수 시인의 스케치」라는 산문에 보면 "그의 몸과 태도가 돼지국밥집과 절묘하게 어울린다."면서 "돼지국밥에 둥둥 뜬, 꺼먼 돼지 털이 숭숭 박힌 비계를 질경질경 씹고 있는 그의 어금니 사이에서, 그리고 벌건 노을 같은 국물 훌훌 마시고 나서 먼지 낀 창 넘어 먼 마을을 보는 그의 눈빛 사이에서 그의 빛나는 시가 나오고 있음을 알 수 있었다."고 회고한 바 있다.

어느 해 겨울 어느 날에도 선배이고 스승인 문인수 시인을 만나 뜨신 돼지국밥 한 그릇과 '털썩 낳아 김이 나는 한 무더기 말씀'을 뜨시게 잘 얻어먹고 나왔는데 바깥에 나오니 갑자기 날씨가 너무 추웠다. 먼저 들어가시라고 해도 기어이 나를 택시 타는 곳까지 바래다주고 그의 발길은 내가 떠난 뒤에도 그 자리에 오랫동안 머물러 있었다.

집에 도착하니 또 전화를 해왔다. "잘 갔냐. 춥지 않았냐. 모자 쓰

김용락, 박상봉 시인과 함께(2020년 11월)

고 다녀라."라고 말하는 그의 따뜻함은 방금 토렴해 나온 돼지국밥에서 솟아오르는 김처럼 훈훈하게 몸을 데워주었다. 그는 누구에게나 정이 넘치고 사랑이 넘치는 어진 사람이다. 그를 조금이라도 아는 사람은 남의 상처를 깊이 들여다보고 뜨겁게 끌어 안아주는 인품에 감동하지 않을 수 없다. 밥값을 지불하는 일도 절대로 양보하는 법이 없다. 심지어 이하석 시인과 함께 돼지국밥을 먹은 적이 있는데 서로 밥값을 내겠다고 옥신각신하다가 문인수 시인이 탁자를 밟고 뛰어넘어가 먼저 계산하는 모습을 보고 혀를 내둘렀던 기억이 난다.

시인의 마지막 모습

시인이 작고하기 일 년 전에 추석 문안 인사차 자택에 들린 적이 있다. 대구시 수성구 만촌동 "폭염의 잔류부대가 마당에 집결하고 있"(「9월」)는 그의 단독주택 거실에 들어서니 시인은 야윈 얼굴에 웃음기 가득한 표정으로 반갑게 맞아주었다.

다가가 손을 잡았다. 그의 손이 파르르 떨렸다. 시인이 앓고 있는 병마가 "잘 씹지도 않고 삼킨 길" 같이, '막힌 길'처럼 "깜깜 오래 질기"(「귀성길」)게 시인을 붙들고 있는 것을 보았다. 시인의 일상은 미당문학상을 받은 그의 출세작 「식당의자」 같은 모습이었다. "수성못 유원지 도롯가에, 삼초식당 천막 안에, 흰 플라스틱 의자" 처럼 "몇 날 며칠 그대로 앉아"(「식당의자」) 지내는 시간이 많다고 했다. 천천히 걷는 것은 어느 정도 할 수 있었지만, 걸음걸이가 예사롭지 못하고 말을 하는 것도 힘겹게 보였다.

시인은 "운동 도우미의 도움을 받거나 아내와 함께 거의 매일 동네 공원까지 걸어가서 간단한 근력운동을 꾸준히 하며 지낸다."고 했다. "가끔 한 동네 사는 심강우 시인의 산책길과 동선이 겹쳐 마주치면 심 시인과 나란히 걷기도 하고 나무벤치에 앉아 두런두런 시 이야기를 나누며 시간을 보낸다."는 것이었다.

그해 추석 연휴 지나고 나서 심강우 시인과 함께 또 한 번 찾아뵈었는데 문인수 시인의 "명절이 편안해 보였다." 걱정과 근심이 없어 편안해 보이기보다는 내려놓은 데서 오는 편안함이 느껴졌다. 독서도 시작(詩作)도 다 내려놓았다고 했다. 세간의 이목을 집중시키며 무진장 부려놓던 절창들, 그 빛나는 시(詩)의 자궁이 거세된 시인의 무기력증에 대한 고백은 오히려 새장을 벗어나 푸른 창공을 나는 자유를 찾은 새 같았다. 경지에 오른다는 것이 그러할 것이다. 문단 말석의 시인인 내가 보기에는 잠잠 앉은 자세와 표정만 봐도 시의 경지가 느껴졌다.

들릴 듯 말듯 더듬더듬 한 무더기 말씀을 풀어놓는 시인의 어눌한 말투에 마음의 꽃이 활짝 만발한다.

어느 날 저녁 퇴근해오는 아내더러 느닷없이 굿모닝! 그랬다. 아내가 웬 무식? 그랬다. 그러거나 말거나 그 후 매일 저녁 굿모닝. 그랬다. 그러고 싶었다. 이제 아침이고 대낮이고 저녁이고 밤중이고 뭐고 수년째 굿모닝, 그런다. 한술 더 떠 아내의 생일에도 결혼기념일에도 여행을 떠나거나 돌아올 때도 예외 없이 굿모닝, 그런다. 사랑한다 고맙다 미안하다 수고했다 보고 싶었다 축하한다 해야 할 때도 고저장단을 맞춰 굿모닝, 그런다. 꽃바구니라도 안겨주는 것처럼 굿모닝, 그런다. 그런데 이거 너무 가벼운가, 아내가 눈 흘리거나 말거나 굿모닝, 그런다. 그 무슨 화두가 요런 잔재미보다 더 기쁘냐, 깊으냐. 마음은 통신용 비둘기처럼 잘 날아간다. 나의 애완 개그, '굿모닝'도 훈련되고 진화하는 것 같다. 말이 너무 많아서 복잡하고 민망하고 시끄러운 경우도 종종 있다. 엑기스, 혹은 통폐합이라는 게 참 편리하고 영양가도 높구나 싶다. 종합비타민 같다. 일체형 가전제품처럼 다기능으로 다 통한다. 아내도 요즘 내게 굿모닝,그런다. 나도 웃으며 웬 무식? 그런다. 지난 시절은 전부 호미자루처럼, 노루꼬리처럼 짤막짤막했다. 바로 지금 눈앞의 당신, 나는 자주 굿모닝! 그런다.

「굿모닝」 전문

문인수 시인과 헤어지면서 나도 '굿모닝' 그랬다. 그러고 싶었다. 틈날 때마다 자주 찾아뵙고 '굿모닝' 그러고 싶었다. 하지만 이제 그는 '없는 사람'이다. 지난 8여 년간 파킨슨병을 앓다가 2021년 6월 7일 유명을 달리하여 경북 군위 카톨릭공원묘원에 긴 잠 들었다. 향년 76세. 100세 시대라는 요즘 아쉬운 나이가 아닐 수 없다.

6월 9일. 군위군 군위읍 가톨릭 공원묘역에서 마지막 고인을 보내는 장례 절차가 슬프고 엄숙한 분위기 속에서 열렸다. "그의 관 위에 손을 얹었다." 생전에 참 선한 인상이던 그의 미소가 한 마리 흰나비가 되어 잡힐 듯 사뿐 날아올라서 창공 멀리 사뿐사뿐 스며드는 것 보았다.

"그리하여 죽음 또한 한 표정을 갖는구나. 사방 구만리가 고요한 하늘의 덧니, 저 맑은 낮달"(「덧니―이성선 시인을 추모함」) "나무 한 그루를 얹어 심는 것으로 무덤을 완성"하고 채와 북 사이 동백 지는 소리 보듬어 넣고 "그 일생이 보이지 않도록 쓸어모아 흙으로 덮어 평평하게 밟아"(이상 「수장」) 기도로 마무리 지었다. (실제로 그날 입관할 때 김선굉 시인은 붓글씨로 써온 문인수의 대표시 「채와 북 사이, 동백진다」를 그 자리에서 낭송하고 북채와 함께 말아서 관에 넣어 심었다.)

박상봉

"다시는 아픈 꽃으로 피어나지 말고 주님의 품안에서 영원한 안식을 누리게 하소서."

기도하는 동안 "굿모닝! 여보! 여보! 굿모닝!" 사모님의 곡소리가 애잔하게, 애달프게 훼치듯 산을 울렸다. 그때 느티나무든 측백나무든 애통하는 바람소리를 들었다. "명아주 바랭이 참비름 강아지풀 같은 초록의 정강이"(「벽의 풀」)를 붙들던 말도 들렸다. 먼 하늘에 "슬픔이 새파랗게 만져"(「벽의 풀」)졌다. 나는 마지막으로 이별노래 한 무더기 봉분에 부려놓았다.

> 밤 깊은 시간엔 창을 열고 하염없더라
> 오늘도 저 혼자 기운 달아
> 기러기 앞서가는 만리 꿈길에
> 너를 만나 기뻐 웃고
> 너를 잃고 슬피 울던
> 등 굽은 그 적막에 봄날은 간다.
>
> 「봄날은 간다 4절」 전문

아들 동섭 씨의 말에 의하면 "아버지를 칠성꽃시장 한가운데에 자리한 '천유원실버타운'에 보내면서 그곳이 또 다른 '배꼽'이 되기를 간절히 기도했다."고 전한다. "어머니를 모시고 요양원에 가서 처음이자 마지막으로 아버지 면회를 했을 때 그 어느 날보다도 또렷한 표정과 눈으로 남편으로서 아비로서 '책임을 다하듯' 안부와 당부를 이어가는 아버지를 보면서 '이제 됐다' 싶었다."고 한다. "그날 면회가 끝나고 돌아서는 어머니와 아들을 돌려세우며 사진 한

장 찍자고 하였고, 그 사진은 또렷한 문인수 시인과 함께한 마지막 사진이 되었다."는 것이다.

박상봉 대구고 18회. 1958년 경북 청도 출생. 1981년 동인지 『국시』로 작품 활동 시작. 1990년 『오늘의 시』 하반기호, 1995년 『문학정신』 가을호에 작품 발표. 시집으로 『카페 물땡땡』 『불탄 나무의 속삭임』 『물속에 두고 온 귀』 『불 꺼진 너의 단어 곁에서』 발간. 2024년 제34회 대구시인협회상 수상.

자전 연보
자화자찬, 나는

문인수

1945년 6월 2일(음력 사월 스무하루) 경북 성주군 초전면 소재지인 대장리(630번지), 대마(大馬)마을에서 아버지 문종협, 어머니 조묵단 사이의 3남 2녀 중 막내로 태어났다. 말하자면 해방둥이다. 중요한 것은 해방둥이 중에서도 왜정강점기를 두 달 보름간이나 견뎌 낸 태생이라는 것이다.

1956년 국민학교 4학년, 학교에 특별활동이라는 게 생겼다. 나는 문예반에 들게 됐다. 이때 「흰 구름」이라는 처녀작(?)을 써 뜬구름과 같은…… 잘못 든 길의 시작이 되었다.

1958년 초전국민학교를 졸업하고

1961년 성주중학교를 졸업하고

1962년 성주농업고등학교 2학년 2학기 때 아버지를 졸라 대구로 전학, '문학소년기'를 열렬히, 성과(?) 있게 보냈다.

1963년 대구고등학교를 졸업했지만 공부가 걸린 학업, 학력, 진학 문제 등은 될 수 있는 대로 대충 넘어가고 싶다.

  1966년 소위 가정형편으로 동국대학교 국어국문과를 중퇴, 짧은 '문청기'를 마감했다. 같은 해 육군에 자원입대(군번: 11593579)했다. 이때부터 20여 년간 나는 모든 문학환경과 문학인구 곁을 완전히 떠났다. 군 생활이 고생스럽기도 했지만 지금 생각하면 가장 마음이 편했던 기간이었던 것 같다. 생활일습이 이미 결정돼 있어서 고민될 게 없었다. 적응하기에 편했다. 단순하거나 솔직한 것이 잘 통해서 기죽거나 상처받을 일 없었다. 유·소년기 다음으로 돌아가고 싶은 시절이다.

  1969년 어떤 작정이나 대책도 없이 35개월 15일 만에 만기 제대했다. 이후, 구태여 입에 올리고 싶지 않은, 밝히고 싶지 않은 5년여의 허송세월이 있었다. 일탈과 방황, 온갖 퇴폐가 밥이었던 시기였다.

  1975년 3월 23일 대구 고려예식장에서 당시 이미 고인이었던 장인 전성수와 지금도 생존해 계시는 장모 이갑조씨의 무남독녀 전정숙과 결혼했으나 결혼 직후 곧바로 제1기 백수기간이 시작됐다. 평생 8할이 넘는 세월을 놀고먹은 나를 놓고 볼 때 단순무구, 성실 근면한 아내, 우리 전 선생(현 초등교사)의 입장에서는 이 결혼이 피해 갔어야 할 운명, '사고, 사건'이었다. 그러나

  1975년 12월 23일 아들 동섭이가 서둘러 태어났고

1978년 11월 5일 딸 효원이가 태어나 혈육·가족이라는 인연, 가정이라는 굴레로 꽁꽁 묶여 버렸다.

1985년 1월 1일자로 만 나이 40에 시전문지 『심상』의 신인상으로 문단엘 나왔다. 거의 생면부지의 문단이었지만 많이 기뻤다. 그러나 지금은 곤혹스런 이력이 되고 있다. 왜냐하면 등단작 「능수버들」 외 4편과

1986년 심상사에서 뭣도 모르고 성급히 펴낸 첫 시집 『늪이 늪에 젖듯이』와

1990년 문학아카데미에서 출간한 두 번째 시집 『세상 모든 길은 집으로 간다』는 치부처럼 감추고 싶기 때문이다. 그리하여 시선집 한두 권 정도는 갖고 싶지만 전집은 결코 갖고 싶지 않은 불행한 시인이 됐기 때문이다. 이 해 9월, 시인 이하석의 주선으로 대구의 영남일보 주간부 교열 아르바이트로 들어갔다. 연말엔 교열부 계약직으로 정식 입사, 결혼 후 처음 아내의 기를 살려놓은, 안도케 한 유일한 경사였다.

1992년 딴엔 비로소, 진정한 첫 시집으로 삼고 싶은 세 번째 시집 『뿔』을 시인 이하석의 도움으로 민음사에서 냈다. 또 한 번 기뻤다.

1996년 12월 대구의 도광의 시인 덕분으로 제14회 대구문학상

(대구문협)을 받아 아내를 호강시킨 첫 무대(?)가 되었다.

1998년 5월 IMF 기간 한복판에 스스로 손들고 퇴출자 명단에 들어가 생애 처음이자 마지막(예정) 직장생활, 장장(?) 8년을 마감, 국가와 사회와 이웃이 '공인'하고 아내와 아이들이 용인하는 제2기 백수생활을 시작, 지금에 이르렀다. 우선 연령상, 그 누구의 눈치도 볼 것 없는 이 '안정적 백수기간'이 내 글쓰기엔 참 큰 도움이 됐고, 되는 것 같다.

1999년 한 시대 전의 고향 성주를 기록한 네 번째 시집, 『홰치는 산』을 대구의 만인사, 시인 박진형의 출판사에서 냈다.

2000년 6월 참으로 뜻밖에 제11회 김달진문학상을 받아 아내를 찔끔거리게 한, 행복하게 해준 두 번째 무대가 되었다. 또 한 번 기뻤다. 그러나 당시엔 없었던 상금이 요즘은 꽤 짭짤한 액수가 생겼다. 그러더니, 최근년엔 2천5백만 원까지 올라갔다. 나는 참 '불운'한 수상자. 그래서 매년, 이 상 시상식에 갈 때마다 '농담'으로 배가 좀 아프거나 고프다. 이해에, 평론가 이경호와 이야기가 돼 도서출판 세계사에서 다섯 번째 시집 『동강의 높은 새』를 냈다. 10여 년 매달려온 정선 관련 시편들을 실었다. 나로선 가장 애착이 가는 시집이다. 김달진문학상을 받고, 네 번째 시집을 낸 이후 나는 스스로 시 쓰기에 무슨 발동이 새로 걸린 듯한 느낌을 받았다. 말하자면 시 쓰는 일이 그 어느 때보다 재미가 났으며 은근히 혼자 신명이 붙어 있었다. 아닌 게 아니라 이때부터 지금까지 이런저런 문학상 후보에 자꾸 이름이 올라가곤 한다.

2003년 12월 제3회 노작(홍사용)문학상을 받았다 상(칭찬)이란 참 매번 처음처럼 기뻤다. 거기다 이번엔 5백만 원의 상금(금세 사라졌다)까지 챙겼으니 더욱 좋았다. 그러나 이 상도 이듬해부터 천만 원으로 상금을 올렸다. 나는 마음을 비웠다.

2004년 서울의 '천년의 시작' 출판사에서 네 번째 시집이었던 『홰치는 산』을 재발간, 초판을 발행했던 만인사, 시인 박진형에 대해 배신을 때리다.

2005년 12월 대구시인협회 제8대 회장으로 선임돼 벼슬길에 올랐다.

2006년 여섯 번째 시집 『쉬!』가 '문학동네'에서 나왔다. 1월 27일 1쇄, 3월 17일 2쇄를 찍었고, 문예진흥위원회로부터 우수도서로 선정되어 5쇄를 찍었다. 거기다 경향 각지 신문들이, 라디오 방송들이 이 시집에 대한 관심을 보여주었다. 웬 '횡재'인가 싶어 한동안 표정 관리를 했다. 그러나 친구들이 아직도 자꾸 핀잔을 준다. 쉬- "온 동네, 지린내가 진동한다."고 11월 16일 주식회사 금복주의 금복문화재단에서 주는 '금복문화상'을 받았다.

시집 『쉬!』로 제11회 '시와시학작품상'을 받았는데, 이 외에도 2006년 한 해 동안 '미당문학상', '대산문학상', '정지용문학상', 비공식이긴 하지만 '소월문학상' 등에 최종 후보로 올라 상 받은 것만큼이나 얼마간은 고무가 된 한 해였다. 그런데, 해프닝 하나. 전년도(2005년)분 시집을 대상으로 주는 '한국시인협회상' 심사위원회에서 이 시집 『쉬!』가 수상 시집으로 별 이견 없이 결정되었다. 그러나 시협 사무국(사무국장 장석주)에서 심사위원들이 일(심사)을 마치고 일어서려는 순간, 아뿔싸 사무국장이 '이의'를 '발견'했다. 이 시집 출판일자가 2006년 1월인 것을 밝혀낸 것이다. 따라서 수상자 결정을 취소, 신현정 시인의 시집 『자전거 도둑』으로 변경되었다는 후문.

2007년 5월 2일, 역시 시집 『쉬!』로 시인 조병화 선생이 생전에 제정해둔 상, 제17회 '편운문학상'을 받았으며,
6월 7일 같은 시집 『쉬!』로 제2회 이형기 문학상 최종후보에 올랐으며, '한국가톨릭문학상'을 받았다.
여름 제7회 미당문학상 10명 최종후보에 선정됨(연속 3년).
8월 27일 제7회 미당문학상 수상자 결정 통보를 받음.(심사위원: 황현산, 이시영, 황지우, 이남호, 김혜순) 같은 시기에 여러 차례 '소월시문학상'에도 2명 최종 후보에까지 오르기도 했다.

2008년 4월 일곱 번째 시집 『배꼽』을 '창작과비평'에서 냈다. 모두 7쇄를 찍었다. 나로선 처음으로 약 1만 권이 팔린 유일한 시집이었다. 이 시집으로 창작과비평에서 주관하는 만해문학상 최종후보에 올랐으며

2009년 한국문화예술진흥위원회가 주관하는 '2008, 올해의 시

집'으로 선정돼, 순금 1냥짜리 메달을 받기도 했다. 또
   11월엔 '문학과지성사'가 발간한 『한국문학선집』에 졸시 「채와 북 사이 동백 진다」 「비」 「달북」 「동강의 높은 새」가 선정돼 이 선집에 수록되기도 했다.

   2010년 첫 동시집 『염소똥은 똥그랗다』를 '문학동네'에서 펴냈다. 초판 1쇄 3천부 발행으로 끝났다.

   2012년 1월엔 시집 『적막 소리』(창작과비평)를, 7월엔 또 시집 『그립다는 말의 긴 팔』을 냈다.

   2013년 미국 하버드대학에서 내는 정기간행물 『AZALEA』에 졸시 「식당의자」, 「달북」, 「최첨단」, 「등대」, 「배꼽」 등이 번역돼 재수록되었다.

   2014년 4월엔 나의 첫 시조집 『달북』을 냈다. '반응'이 썰렁했으나, 시조가 된 '달북'이 나로선 대견할 수밖엔 없다.

   2015년 3월엔 시집 『나는 지금 이곳이 아니다』(창작과비평)를 내고, 왠지 "이로써 마지막 시집"이구나 싶어 씁쓸하였다.

   2016년 10월엔 대구시 문화상(문학부문)을 수상하였다.
   12월에 목월문학상을 수상하였다.

문학청년 시절의
추억여행

이 한 권의 책

남명희

　그저께 재활용 쓰레기 버리는 날, 차곡차곡 모아둔 책들을 폐지 수거장에 내다 버리며 나도 모르게 눈시울이 시큰했다. 거의가 학창시절부터 내 손때가 묻은 아끼던 책이었다. 시멘트 바닥에 나뒹구는 그 많은 책은 마치 내 곁을 떠나지 않겠다고 발버둥을 치는 것 같았다.

　난감한 심정으로 그것들을 내려다보고 있던 어느 순간, 분홍색 표지의 책 한 권이 내 눈 속으로 확 달려들었다. 그 책을 주워 든 나는, 버릴까 말까 몇 번을 망설이다 차마 버리지 못하고 다시 주워 담았다. 유별난 책은 아니다. 대구고 2학년 때였던 1964년 12월, 한 여학생이 내게 생일 선물로 준 『고요한 밤에』라는 책이다. 내용은 HLKA중앙방송국(KBS 전신)의 라디오 심야 음악프로 진행 멘트를 모은 것이다.

　그 여학생을 처음 만난 건 그해 초가을이었다. 서울 시민회관(지금의 세종문화회관)에서 MRA(Moral Re-Armament, 도덕재무장운동) 세계대회가 열렸다. 대구시에서는 대회에 참가할 남·여 고등학생 대표 각 1명씩을 선발하는 시험 공고를 냈다. 대구 시골뜨기인 나는 서울에 가보고 싶은 마음에 응시를 했다. 시험은 미국 원어민이 영어로 인터뷰를 하는 것이었다. 그리고 나는 대구시 고등학생 남자 대표로 뽑혀 난생처음으로 서울 구경을 할 수 있게 되었다. 여학생 대표는 대구여고의 '김순희'로 나와 같은 2학년이었다. MRA세계대회는 생각보다 규모가 큰 국제대회였던 것으로 기억된다. 인도의 간디 손자가 대표 연설자로 등단하여 절대순결(Absolute Purity), 절대사랑(Absolute Love), 절대정직(Absolute Honestness)을 부르짖던 목소리가 지금도 생생하게 들리는 듯하다.

아무튼 그것이 인연이 되어 그 후로 가끔 그녀와 만나게 되었다. 수업이 끝나면 교복 차림으로 함께 걸으며 그녀의 집이 있는 대봉동 골목까지 바래다주었다. 서로 마주보기가 부끄러워 다른 아이들은 잘도 드나드는 빵집 한 번 가지 못했다. 그래도 그녀를 만날 생각만 하면 가슴이 콩닥콩닥 뛰고 얼굴이 홧홧 달아올랐다. 그땐 왜 그렇게 부끄러웠던지 한 번도 얼굴을 똑바로 마주 본 적이 없었다. 옆으로 나란히 걸으며 언뜻언뜻 스쳐보았던 그녀의 옆모습만 아련할 뿐이다. 오로지 기억나는 것은 그녀의 오뚝한 코밖에 없다. 그녀와의 사귐도 고3 여름이 되면서 둘 다 대입 준비로 점차 시들해졌고, 내가 연세대에 입학하여 서울로 올라온 뒤로는 아예 그녀를 만나지 못했다.

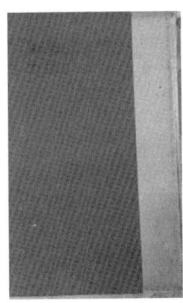 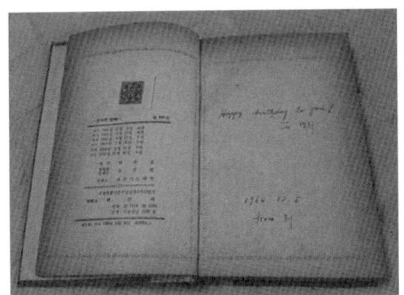

그녀가 지금 어딘가에 살고 있다면 검은 머리 파뿌리처럼 희어진 할머니가 되어 있을까? 그동안 어떻게 변했을지, 또 그녀가 누구를 만나, 어떻게 살아왔는지 궁금하기도 하다. 가끔 고등학교 시절의 그녀가 생각날 때면 서가에 꽂힌 『고요한 밤에』를 뽑아 들어 펼쳐보곤 한다. 그럴 때면 그녀와 함께했던 순간들을 영영 잊어버리고 말 것 같은 안타까움과 슬픔이 쓰나미처럼 덮쳐온다. 『고요한 밤에』의 저자는 후기(後記)에서 이렇게 묻는다.

"왜 살아야 하는가?" 그리고 "무엇을 위해 살고 있는가?"

나는 이 후기를 읽을 때마다 꼭 그녀와의 인연을 말하는 것 같아 마음은 60여 년 전의 그녀에게로 달려간다.

에필로그(Epilogue)

손때 묻은 낡고 오래된 물건들을 정리하다 문득 깨닫게 되었다. 잃어버린 순간순간들이 나도 모르게 이어지며 내가 삶의 생명력을 잃지 않고 지금까지 살아올 수 있었던 것이라고.

그 순간들은 지극히 나만의 개인적이고 은밀한 것으로, 나만 느끼는 그리움이고 슬픔이고 아픔이고 환상이라 나에게는 더욱 소중한 것들이다.

분홍색 표지의 그녀가 준 책 만은 세상 끝 날까지 꼭 간직하고 싶다.

남명희 대구고 6회. 2014년 『문학나무』에 「이콘을 찾아서」로 등단. 소설집 『자밀』, 미니픽션집 『당신은 GPS로 추적을 받고 있습니다』. 경북일보 문학대전 수상(2014, 2015). 연세대학교 상학과, 서울대 대학원 경영학과(MBA), 미국 펜실베니아대학교 워튼스쿨(AMP). 금융기관 등 기업체에서 오랫동안 일함. 현재 성북문화원 마을아카이브 주민기록단 활동 중.

60년 전, 그 시절의 시 2편, 단편소설 1편

김주완

    2011년 4월 11일에 발간된 '계단문학동인회'의 문집, 「문학청년 시절의 추억여행」 장에 나는 이미 「나의 문청 시절 이야기」를 게재하였다.* 거기에 덧붙일 추억도 없고 할 말도 없다. 다만 거기서 상술하지 못한 그 시절의 시 2편과 단편소설 1편이 있다. 내게도 큰 의미는 없고 남들에게는 아무 의미도 없는 작품들이겠지만, 그래도 그 시절은 그 시절이다. 여기에 간략히 옮긴다. 띄어쓰기와 맞춤법은 그때 그대로를 따른다. 오타나 탈자도 그대로 따른다.

    1965년 가을, 대구고등 1학년 때 한글날 기념 교내 백일장에서 차하로 입상한 시가 「흙」이다. '차하'니까 전교 24학급에서 3등을 한

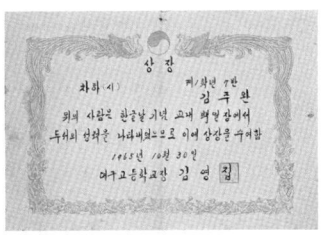 

---

* 김주완, 「시와 철학―내 삶을 이끌어 온 두 개의 지주」, 계단문학동인회, 『봄날의 계단에서 그리움에 젖다』, 250~257쪽, 도서출판 화남, 2011. 4. 25.

셈이다. 교지『達丘(달구)』5호에 실려 있다*. 꼭 60년 전의 일이다.

Ⅰ
사람이 가고
풀이 가고
나무가 가고 짐승이 가도
너만은 아스라한 영겁에 살아남았다.
오늘을 보고
어제를 보아
내일을 짐작해도
너는 말 없이 보고만 있다.
그래서
우리의 할아버진 너를 짐승도, 풀도,
나무도 아닌 흙이라 이름하였다.

Ⅱ
죽어간 충신의 원혈이 젖어들고
봉오리진 젊은이들의 슬픈 핏방울이
스며들어도 너는 그저 묵묵히 삼켜
버리고 말았다.
그래도 너는
고귀한 피의

---

* 김주완, 「흙」, 대구고등학교, 『達丘』5호, 102~103쪽, 경북인쇄소, 1966. 1. 19.

방울, 방울들은
마귀로 변해버린 나무떼서리에겐
주지말아야 했었다.
그래서
우리의 할아버진 너를 사람아닌
흙이라 이름하였다.

Ⅲ
언젠가
포탄이 하늘을 수놓던 날,
쓰러진 낯선 병사가
살려고, 살려고 발악을 하다
푹 고개 숙여 죽어 간 것처럼
나도 언젠가
아우성치다 죽어 간다.
가치 잃은 두 눈은
굶주린 까막까치가 물어가고
남겨진 살결들은
늑대가 뜯다, 뜯다 말면
나는 너에게 돌아간다.
네가 된다.

Ⅳ
할아버지가 그랬고

형님이 또 그랬듯 나는
너를 밟고 살아 왔고
또한 죽어 가고 있다.
살아 선 나는 너를 밟고
죽어 선 나는 또 사람에
밟힘을 당한다.
우린 너에게서 태어나
영원을 살기위해
다시 너에게로 돌아가고,
죽어 가면서
살고 있는 것이다.

「흙」

1966년, 대구고등 2학년 때는 「크리스마스 이브」라는 단편소설 한 편을 써서 교지 『達丘(달구)』 6호에 실었다. 200자 원고지 67매 분량이다.

고등학교 졸업반 청소년의 사랑 이야기로, 당시의 관심 분야가

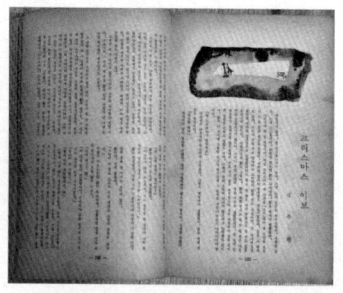

소설화 되었다. 발췌해서 옮긴다. 삽화는 1년 위인 이하석 선배가 그린 것으로 보인다.

시계를 본다. 七시 二二분이다. 五분만 있으면 影이 나타난다. 影은 얼마나 변했을까. 그러니까 꼭 일년만이다. 작년 크리스마스 때 다과홀 「고려」에서 몇 시간을 보낸 뒤 그 후 줄곧 보지를 못했다. 자꾸만 쫓기는 입시공부 때문이었을까.

(…중략…)

그 날밤 친구들의 소란으로 정신 없이 끌려가 한 방 가득한 친구들과 또 그 날에야 비로소 알게 된 影은 친절했다.

(…중략…)

살며시 문을 열고 밖으로 빠져나왔다. 온 천지가 하얗다. 언제부터 내렸을까. 능금나무 사이 멀리 탱자나무 울타리에서 부터 눈은 하얗게 쌓여 있다. 능금나무의 가지도 축 늘어졌다. 서서히 뜰로 내려섰다. 아직 아무도 밟지 않는 눈속 과수원을 어느새 난 걷고 있었다. 능금나무, 잔 가지가 어깨에 걸렸다. 후두둑 눈이 떨어졌다.

(…중략…)

눈을 뭉치고 능금나무를 향해 던졌다. 「퍽-」 여운이 사라지기도 전이다. 나의 뒷통수에도 눈뭉치가 하나 날아왔다. 세워진 「쟘바」의 깃으로 부터도 분명히 느껴질 수 있었던만큼 그 것은 강타였다.

(…중략…)

누굴까? 고개를 휙돌렸다. 影이었다. 어느새 나왔을까 아직 影의 손엔 두 개의 눈뭉치가 들려져 있다. 影은 눈 위에 서서 바시시 웃었다. 그러면서 그 두 개의 눈뭉치를 날려 보냈다.

(…중략…)

　방천은 완만히 허리를 틀고 있었다. 환한 달빛 속에서 아직 N강은 멀리로만 그 위세를 번뜩이고 방천 옆으론 얼어진 냇물이 간혹 달빛을 받아 반사하고 있었다. 影은 말을 않으며 그냥 발 끝만 내려다 보며 걷기만하고 있다. 影을 바라다 보았다. 조각진 뷔너스의 얼굴은 달빛을 받아 더욱 뚜렷한 입체감을 준다.

(…중략…)

　影은 뭔가 가다듬는 듯이 말을 끊었다. 그리고 무슨 큰 얘기나 하려는듯이 가는 기침을 두어 번 했다.

「어머니가 옛날에 수녀였어요. 그러다가 어떤 계기로 해서 아버지와 결혼해 버렸죠. 그리고 전 날 때부터 벌써 세례를 받고 신자가 되었었죠. 어머니는 불쌍하시죠. 파계되어 버렸으니까 말이에요. 허나 어머니의 신앙심은 조금도 변하지를 않았어요. 오히려 더욱 강해지셨다는 게 옳을런지도 모릅니다. 어머니가 이루지 못한 걸 어머니의 딸인 저라도 한 번 이뤄 드려야만 할 게 아니에요. 植, 이제 저를 이해하실 수 있으세요? 이해해 주셨으면 더 이상 기쁠 게 없을 것만 같군요」

　影은 숨이 채이는지 얘기를 끊었다.

「그럼 어머니에겐 미안한 얘기지만 어머니의 속죄의 제물로 影이 희생된단 말이지. 그 건 안 돼, 한 사람의 비극이 그 다음 세대까지 미쳐선 안 되니까 말이야」

「植 이제 그만해요. 난 정말 어머니를 위하고 싶어요. 물론 어머니도 제가 수녀가 되는 걸 원하시지는 않아요. 허지만 전 자꾸만 어머니의 염원을 이뤄 드리고만 싶어지는 건 어쩔 수 없어요.

植 이해해 주세요. 꼭」

 이제 影은 웃는 것도 아니다. 우는 것도 아니다. 다만 대리석의 조각처럼 뷔너스의 얼굴은 근엄할 뿐이다.

(…중략…)

 어느새 우린 강까지 와버린 것일까. 강변을 거슬러 올라갔다. 파르스름한 달빛을 왼 편으로 받으면서 자꾸만 강변을 거슬러 올라갔다. N강의 하얀 물줄기가 반짝이고있다.

「植, 이젠 모든 걸 잊어버려요. 네? 어쩌면 전 주교님의 주선으로 지금 오빠가 계시는 바티칸으로 가게 될 것 같아요. 植은 사관학교에 가고 저는 바티칸으로 가고 언제 만날 수 있을지도 모르겠죠. 아니 오랜 훗날 만날 기회가 있다해도 그땐 우린 많이 변해 있겠지요. 환경에 순응하는 겁니다. 아니 적응 하려고 노력하는 겁니다. 植, 이제 모든 건 잊어버려요, 네.」

 影은 환경에 순응하라고 한다. 보잘것 없는 나의 힘이고 또한 影의 힘이다.

(…중략…)

 나는 어느덧 시계를 보고 있었다. 十一시三十분. 이제 집에 들어갈 때도 되었다. 강변에서 다시 골목으로 꺾어져 들었다. 다시 큰 길을 건너 몇 골목을 꺾어 影의 집을 향했다.

「植, 이번 한 달동안 스케이팅을 하시겠다고 하셨죠. 그러면 낮에 N강으로 나가면 植을 볼 수가 있겠군요. 저도 스케이팅을 하겠어요. 우리에게 남겨진건 이제 단 한 달 뿐이니까요. 이 한 달을 좀더 의미있게 살아보고 싶어지는 군요.」

 影의 말이 끝났을 때 우린 影의 집 앞에 와 있었다.

김주완

「影! 잘가라………」

「植! 잘가요………」

그리고는 影은 들어가 버렸다.

왠지 콧잔등이 시큰해온다. 죄 없는 돌을 힘껏 차버렸다. 발이 찌르르 아파온다. 影은 한 달을 보람 있게 살겠다고 했었다. 허나 그것의 의미는 얼마쯤이나 될까. 影의 체온이 스민 털장갑을 만져보았다. 그리고 라이터를 꺼내 꼬옥 쥐어보았다. 그리고는 걸음을 빨리 하려고 안간힘을 썼다.

「크리스마스 이브」

1966년, 대구고등 2학년 때는 시탑 동인으로 시화전에 참여했으나 그 작품은 지금 남아 있지 않다. 같은 해 연말에는 '대구지구 송년문학제'에 참가했다. 나는 「黎明(여명)」이라는 제목의 시를 써서 오프닝 무대의 서시로 낭독했다. 이 시는 대학 1학년 때 발간된 대구고등학교 교지 『達丘(달구)』 7호에 실려 있다.

새벽은

그 밀려나는 어둠의 무게만큼

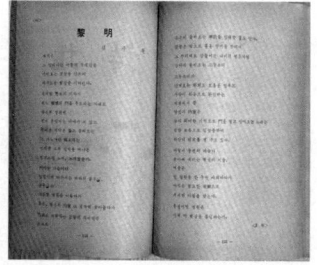

어려오는 꽃꿈을 안으며
다사로운 햇살을 기다린다.

갈매빛 망또의 기사가
어느 領成의 門을 두드리는 자세로
당신의 정원엔
검게 출렁이는 바다가 서 있고
두터운 적막을 뚫고 울려오는
그 가느다란 鍾소리는
언제쯤 그의 언덕을 떠나온
정갈스런 노래, 노래였을까.

미미한 가슴마다
일렁이며 다가서는 바다의 물무늬,
물무늬는
고요한 정원을 더듬다가
혹은, 당신의 內室 그 깊숙이 찾아들다가
內部로 개화하는 꽃꿈의 의미만큼
스스로
은은히 울려오는 來日을 잉태할 줄도 안다.
꽃꿈은 밖으로 훌훌 향기를 뿌리며
그 뿌리께로 잠들어간 나비의 영혼처럼
심하게 울려오는 고동소리

김주완

고동소리가
안겨오는 환희로 호흡을 멈추고
사랑이 화음으로 환원하는
지점에서 쯤
당신의 內室은
잠시 희미한 기억으로 門을 열고 안겨오는 노래는
심한 포옹으로 입맞춤하며
화안히 램프를 켤 수도 있다.

마침내 동편의 하늘가
쏟아져 내리는 햇살의 여울,
여울은
빈 정원을 한 두번 배회하다가
아직은 청초한 音樂으로
서서히 아침을 맞는다.

출렁이던 정원은
이제 막 햇살을 흡입하는가.

「黎明」

김주완 대구고 8회. 1949년 경북 칠곡군 왜관읍 출생. 경북대, 계명대 대학원 졸업(철학박사: 예술철학 전공). 1984년 『현대시학』 등단. 시집으로 『그늘의 정체』 『주역 서문을 읽다』 『선천적 갈증』 등과 카툰 에세이집으로 『짧으면서도 긴 사랑 이야기』 등. 저서로 『미와 예술』 『아름다움의 가치와 시의 철학』 등, 논문으로 「시와 언어」 「시의 정신치료적 기능에 대한 철학적 정초」 등이 있다. 대구한의대 교수, 대한철학회장, 한국동서철학회장, 새한철학회장, 경북문협 회장 역임. 제54회 한국문학상 등 수상.

계단과 성종하

김재덕

  몇 년 전 반가운 분들을 만난 적이 있었다. 멀리 제주에서, 안동에서, 대구에서 온 형님들이 서울에 오셨다. 오래된 계단문학동인회로 맺어진 인연들이다. 지금은 거의 명맥이 끊어졌다고 하는데 당시에는 학교마다 있던 문예반이 있었다. 내가 나온 대구고등학교 문예반의 이름이 계단문학동인회였다. 문예반 서클 룸이 계단 밑에 있어서 지어진 이름이라 들었는데 진위는 잘 알지 못한다. 그 계단에 속했던 4, 5년 선배들의 오래된 모임이 있는데, 사십 년 이상을 매년 봄 가을에 두 번씩 모이는 자리에 몇 년 전부터 한참 후배인 나를 끼워주고 있다. 이번에는 마침 모임이 서울에서 열려 함께 한 것이다.

  서촌의 오래된 노포에서 저녁 겸 막걸리를 마시고 신촌 숙소로 옮겨와 지난 4월 나온 내 졸시집 출판 축하파티를 열어 주셨다. 막내인 내가 환갑이 넘었으니 선배들은 모두 예순 중반을 넘겼다. 그래도 함께 시를 낭송하고 내 시에 대해 이런저런 감상을 이야기하는 자리가 몹시 쑥스러웠지만 내내 고마운 마음을 감출 수가 없었다. 집에 일이 있어 같이 밤을 보내진 못하고 밤늦게 먼저 자리를 떴는데 주말이 지나는 동안 계속 여운이 남았다.

사실 고등학교 시절 나는 문예반 활동을 열심히 하진 않았다. 애초에 가입하지 않았는데 어쩌다 교내백일장에 시가 당선되면서 선배들의 권유로 뒤늦게 일원이 됐다. 하지만 여전히 겉도는 정도의 활동만 했을 뿐이었다. 어떤 모임이건 그 모임이 활력을 가지려면 한두 사람의 열정이 필요하다. 지난 주말 모임(정식 이름은 계단문학동인회 오사랑단이다)만 해도 열심히 하는 몇몇 선배들의 역할이 그 긴 세월의 우정을 지키는 원동력이 되었을 것이다.

계단문학동인회 17회 우리 기수의 지킴이는 성종하라는 친구다. 물론 회장이 따로 있었지만, 물심양면 실질적으로 모임을 지킨 건 종하의 역할이었다. 공부를 젖혀 두고 시화전 준비나 백일장 참여, 선후배 챙기는 일들 모두 종하의 열정에 기대어 이루어졌다. 스스로 평생 시를 쓰고 읽으며 살고 싶다고 말했던 그는 대학시절에 우리 곁을 떠났다. 종하가 떠나고 우리는 구심점을 잃고 뿔뿔이 흩어져버렸다. 선후배들과의 인연은 이어지고 있지만 우리 동기들과의 연락은 끊어진 지 오래다.

그의 죽음 소식 또한 한참 뒤에 들었다. 기가 막힌 일은 그가 세상을 떠난 자리가 바로 계단이었다는 것이다. 계단을 오르다 뒤로 넘어져 목숨을 잃었다는 말을 들었을 때 많은 생각이 들었다. 종하를 처음 만난 고등학교 1학년 이래 그에게 계단문학동인회는 삶의 대부분을 차지하고 있었는데 그런 그가 유명을 달리 한 자리가 바로 계단이라는 사실에 몸서리가 쳐졌다.

종화가 아직 살아 있었다면 계단문학동인회는 지금보다 훨씬 시끌벅적했을 것이다. 검은색 뿔테 안경 아래 번득이는 눈과 조금은 돌출된 입으로 쉴 새 없이 떠들던 종하의 열정이 지금처럼 우리 동기들이 뿔뿔이 흩어져 있도록 두지 않을 것이다.

세월이 많이 흘렀고 이제 선배들도 종하를 잘 기억하지 못한다. 그리고 그 시절을 함께 했던 바로 위의 선배들도 두 분이나 세상을 떠났다. 그래도 내 인생에 계단문학동인회는 깊게 새겨져 있다. 세상의 수많은 계단을 오르내릴 때 종하를 생각하곤 한다. 온몸으로 계단에 머물다 계단에서 떠난 친구를 어찌 잊을 수 있겠는가?

김재덕 대구고 21회. 1962년 대구에서 출생. 경북대 무역학과 졸업. 굿모닝보청기안양만안센터 원장. 2010년 『월간 모던포엠』 신인상으로 등단. 한 사십여 년 시를 끼고 살았지만 2010년 이래 이름 없는 문예지 몇 군데서 신인상을 받은 후 세상에 시와 시조를 몇 편씩 내보내고 있다. 늦은 나이인 2010년 시인이 된 이후에도 시의 열정을 버리지 않고 공동시집 『무시로 그리워지는』과 첫 시집 『나는 왼쪽에서 비롯되었다』를 펴냈다.

계단문학, 그 시절의 기억

신종연

1990년.

내게 대구고등학교는 거대한 공간이었다. 교문을 지나 야구장 아래로 난 오르막길을 한참 올라 방향을 틀면, 왼쪽에는 운동장이, 오른쪽에는 야구장이 자리했고, 정면에는 붉은 벽돌 건물이 웅장하게 서 있었다. 그 왼편으로는 전교생을 수용할 수 있는 대형 도서관이, 오른편에는 체육관이 있었다. 작은 대학이라고 불러도 될 만큼 규모가 컸다.

지금은 상상하기 어렵지만, 한 반에 50명 넘는 학생들이 빼곡히 앉아 있었고, 한 학년에 12반, 거의 700명에 이르던 시절이었다. 학교에는 다양한 동아리가 있었다. 산악반, 사진반, 서예반, 방송반 등 수많은 선배들이 찾아와 신입생 모집 홍보를 하던 때, 나는 계단문학을 선택했다.

본관 옆 하얀 별관에는 여러 동아리가 자리하고 있었다. 그곳에서 우리는 대화를 나누며 생각의 힘을 키워갔다. 교과서 속에 갇힌 사고에서 벗어나 더 넓은 세상과 교류할 수 있는 시간이었다. 주류 언론이 사회적 이슈를 대부분 통제하던 시절, 우리는 책을 통해 세상과 소통하며 시야를 넓혔다. 창작과비평, 문학과지성, 민음사 시집들을 읽으며 비로소 제대로 된 현대문학을 접할 수 있었다.

　세월이 흘러 지금은 동기들과 연락이 대부분 끊겼지만, 이름만큼은 여전히 마음속에 하나둘 떠오른다. 그때 우리는 스스로를 '동인(同人)'이라 불렀다. 정식 시인도, 소설가도 아니었고, 습작이라 부르기에도 부족했지만 서로를 그렇게 불렀다. 하나의 모임은 자연스레 여러 행사를 만들어냈다. 신입생 환영회, 시화전, 종합전, 문집 편찬 등 해야 할 일이 많았다.

　가장 기억에 남는 장면 중 하나는 행사들을 준비하며 여러 선배들을 찾아뵙고 인사드렸던 일이다. 그 과정에서 만났던 분이 문인수 선배와 이하석 선배였다. 특히 이하석 선배는 우리가 1학년이던 1990년에 이미 김수영 문학상을 수상해 지역 방송 9시 뉴스에 얼굴이 나왔던 분이었다. 계단문학 후배로서 우리는 모두 뿌듯함과 자부심을 느꼈다. 영남일보 기자로 계시던 선배를 찾아가 부탁드렸을 때, 바쁜 일정에도 불구하고 시간을 내주시며 후배들을 위해 흔쾌히 찬조금을 내어주셨다. 옆에 계셨던 문인수 선배 역시 따뜻한 도움을 주셨던 것으로 기억한다. 당시 두 분은 마흔을 갓 넘긴 나이, 가정과 생계를 책임져야 하는 무거운 시기를 지나고 계셨을 텐데, 까마득한 고교 후배들의 부탁을 마다하지 않고 반갑게 맞아주신 모습은 지금까지도 감사한 기억으로 남아 있다.

　세월이 흐른 뒤, 훗날 서울에서 두 분 선배를 뵌 적이 있었다. 멀리서 바라보기만 해도 가슴이 벅찼다. 그 순간, 고등학교 시절 영남일보 건물에서 처음 뵈었던 장면이 눈앞에 선명하게 떠올랐다. 문학을 업으로 삼아 큰 발자취를 남기신 분들이기에 더 큰 존경심이 일기도 했다.

돌이켜보면 나는 참 운이 좋았다. '뺑뺑이'라 불리던 추첨제 속에서 대구고등학교에 입학했고, 덕분에 계단문학이라는 특별한 동아리를 만날 수 있었다. 30년이 훌쩍 지난 지금, 시집을 손에 잡을 일은 예전만큼 많지 않지만, 여전히 매일 책을 읽는 습관을 이어오고 있다는 사실은 아마 그 시절 덕분일 것이다.

신종연 대구고 33회. 경북 영양 출생. 경북대 및 성균관대 대학원 졸업. 한화생명 재직 중.

다시 봄날의 계단에서

1판 1쇄 찍은 날 2025년 12월 19일
1판 1쇄 펴낸 날 2025년 12월 26일

지은이 계단문학동인회
펴낸이 김완준

펴낸곳 모악

출판등록 2016년 1월 21일 제2016-000004호
이메일 moakbooks@daum.net

ISBN 979-11-88071-79-1 03810
ⓒ계단문학동인회, 2025

값 20,000원